U0936523

普通高等教育"十一五"国家级规划教材

Blitzlichter der deutsch-europäischen Geistes-Geschichte der Neuzeit

智慧的闪光

——近代德国与欧洲文化史选读

Andrea Grote-Schmitz
〔德〕Bettina Katharina Dinter　　〔中〕舒雨 主编
Bettina Clemens

商務印書館
2010 · 北京

图书在版编目（CIP）数据

智慧的闪光——近代德国与欧洲文化史选读/舒雨主编.
北京:商务印书馆,2010
ISBN 978-7-100-06755-3

Ⅰ.近… Ⅱ.舒… Ⅲ.文化史-欧洲-近代 Ⅳ.K504

中国版本图书馆 CIP 数据核字(2009)第 159223 号

智慧的闪光

——近代德国与欧洲文化史选读

主编　舒雨

商 务 印 书 馆 出 版

(北京王府井大街36号　邮政编码 100710)

商 务 印 书 馆 发 行

北 京 瑞 古 冠 中 印 刷 厂 印 刷

ISBN 978－7－100－06755－3

2010 年 5 月第 1 版　　　　开本 787×1092　1/16

2010 年 5 月北京第 1 次印刷　　印张 14¾

定价：28.00 元

前　言

在我国的改革开放进程中,国际交往日益增多。人们普遍认识到,文化背景在各种交往中起着举足轻重的作用。因此,了解、认识和分析对象国文化的愿望亦随之日益强烈。在欧洲,尤其是德国的近现代文化史中,思想家辈出,如:笛卡儿、康德、马克思和弗洛伊德等。这些重要的人物和他们的代表思想应当成为大学德语教学中不可缺少的组成部分。传统的高校外语专业教学历来将提高学习者的语言水平作为首要任务,但往往偏重学习语言的结构和形式,而相对缺乏语言始终是人类交流思想和表达思想的工具这一理念。

《近代德国与欧洲文化史选读——智慧的闪光》面向大学德语本科高年级学生,研究生以及同等学力读者。本教材的基本编写宗旨是对学习者进行专业素质教育,着力于提高学习者分析问题和解决问题的能力,帮助他们掌握科学工作方法,培养他们事实求是,勤于思考,具有团队精神和批判创新等能力。

结合中国学习者的实际情况和特点精心选材,并在编者所在大学进行了长期试用,将其逐渐由文选读本改变为一本有教学要求和全套教学安排的教材,大大增加了本书在教学方面的可操作性。

本教材的内容以时间为序,主要介绍近现代德国和同期其他欧洲国家的一些具有代表性的哲学家、社会学家和心理学家等,以及对德国和欧洲人文科学发展具有深刻影响的理论、运动和概念。由于篇幅限制,内容不求面面俱到,但各有侧重,历史跨度仅限于近现代。

本教材共 15 个单元。每单元开始处有课文说明,介绍内容要点和文章的类别(是原文还是介绍性的文章),然后用不同形式的作业贯穿衔接各个选材片断,引导学生发现、讨论、再现要点。书中的作业形式主要分为四种:一、为准备和总结工作提出的要求(Aufgaben),如专题小型学术报告的题目和完成准备工作以及总结工作的具体要求;二、每篇文章后面都提出了帮助理解内容的问题(Fragen zum Text);三、在每单元后面还设置一些跨单元或拓展内容的作业;四、每个单元的学习之后,学生可以借助附录六总结学习要点。为方便使用,书后提供多个附录:一、课堂讨论用语;二、哲学概念解释;三、哲学家和科学家简介;四、学习参考书目;五、编写参考书目;六、哲学基本问题表;七、欧洲和中国历史年代对照表。

教学方法所遵循的几条原则如下:一、力图打破教师授课、学生听讲的传统方式,改为在教师指导下,学生在课前充分准备,课上研讨,课后独立总结的方式,增强学习者的主动性和积极性；二、学生在使用本教材中逐渐掌握科研方法和撰写学术论文的正确方法；三、为提高学习效率，同时为培养学习者的协作能力和团队意识，鼓励开展学习小组活动；四、教师在使用本教材时已不再单纯是知识的传播者，应同时是教学的组织者和引导者，尽量为学生营造一个宽松的学习环境，增强学生的自信心和分析批判能力。具体教学法请见本书前面的教学法说明，其主要内容可总结为：一、如何在精神，心理，语言和知识方面做准备；二、如何做专题学术报告（包括准备，写陈述要点和课堂陈述）；三、如何撰写概要和小结；四、如何讨论等。

在本教材正式出版之际，我们想对一直大力支持这项工作的德国学术交流中心表示衷心的感谢。德国学术交流中心曾两度以讲义的方式帮助印刷本教材，解决了试用阶段的用书问题。曾不同程度地参加编选和试用工作的格雷特－施米茨女士，凯思特女士，丁特女士和克雷门丝女士都是由德国学术交流中心选派到校工作的外籍专家，在这里我们也向她们表示诚挚的谢意。我们要感谢的还有使用本教材的历届学生，是他们的求知欲望，学习热情，不怕困难的精神，不断增强的学习自信心和明显提高的科研能力大大地鼓舞了我们，使这项工作最终得以顺利完成。

最后，恳请广大读者对本教材提出宝贵的批评建议。

舒雨

2008 年 2 月

Wir lernen es nicht,
uns über die Welt zu wundern,
wir vergessen es vielmehr

Vorwort

Die vorliegende Textsammlung ist durch den Wunsch motiviert worden, Studierenden und Lehrenden im Fachbereich Germanistik sowie chinesischen Geisteswissenschaftlern aus Bereichen wie deutsche Geschichte, Philosophie usw. eine Einführung in die geistesgeschichtliche Entwicklung der europäischen Neuzeit anzubieten.

Aufgrund immer wiederkehrender Fragen zu Verbindungen zwischen literarischen und anderen Phänomenen in der westlichen Kunst und Kultur erhoffen wir uns von der vorliegenden Textsammlung einen Erkenntniszuwachs für die interessierten Leserinnen und Leser.

Durch die Auswahl von wichtigen Begriffen und Texten wird das europäische Wissenschaftsverständnis vom Übergang vom Mittelalter zur Neuzeit bis ins 20. Jahrhundert vorgestellt, um so Aspekte des Subjekt- und Wissenschaftsdiskurses zu beleuchten und den Bezug zur Gegenwart deutlich zu machen.

Die Auswahl der Materialien ist wegen der Länge des behandelten Zeitraums und der thematischen Vielfalt unvollständig.

Die Textsammlung haben wir unter Berücksichtigung der Situation der chinesischen Germanistik und der Lerngewohnheiten der chinesischen Studierenden nach langer Probezeit sorgfältig didaktisiert. (siehe: Didaktische und methodische Hinweise).

Die ausgewählten Texte haben wir zum Teil gekürzt und mit Fußnoten (Worterklärungen und Anmerkungen) versehen, um das Verstehen zu erleichtern. In vielen Fällen bleiben schwierige Textabschnitte jedoch vollständig erhalten. Deshalb befinden sich im Anhang zwei Glossare mit Erklärungen zu wichtigen philosophischen Begriffen und Stichworten zu den vorgestellten Philosophen. Der Anhang enthält auch eine Zeitleiste sowie eine Tabelle mit fünf Grundfragen der Philosophie, die für verschiedene Themen und Philosophen ausgefüllt werden kann.

Die Sammlung ist in 15 Kapitel gegliedert, die nach unserer praktischen Erfahrung in 2 Semestern unterrichtet werden können. Zielgruppe sind vor allem fortgeschrittene Studierende. Dieses Lehrwerk kann im 6. und 7. Semester in einem vierjährigen Studium eingesetzt werden (4 Stunden pro Woche).

Jedes Kapitel hat einen Schwerpunkt um ein Motiv wie z. B. den Begriff *Neuzeit, Kultur* und *Zivilisation* oder führt in das Werk epocheprägender „Denker" wie *Descartes, Kant, Freud usw.* ein.

Wir stellen die Entwicklung von Begriffen wie: Individuum, das Ich, Glück, Freiheit usw. vor, damit diese für Lesende aus einem anderen Kulturraum verständlicher werden.

Der Titel „Blitzlichter der deutsch-europäischen Geistes-Geschichte der Neuzeit" weist darauf hin, dass die Sammlung neben der historischen Kontinuität der Textfolge die geschichtlichen Rahmenbedingungen, die Entwicklung der Kultur (Literatur, Kunst, Architektur) und Wissenschaft thematisiert.

Gleichzeitig soll anhand der Materialien in den wissenschaftlichen Umgang mit Texten eingeführt und das sprachliche Niveau der Lesenden entwickelt werden (Sprachliches Übungsmaterial im Anhang).

Die Kapitel sind wie folgt gegliedert: Die Einführung gibt einen Überblick über das Thema und stellt den Bezug zum Gesamtzusammenhang her. Die Texte stellen Philosophen, deren Theorien oder bestimmte Begriffe vor. Sie sind zum Teil Einführungen zum Leben und Werk aus der Sekundärliteratur, aber auch philosophische, soziologische oder psychologische Originaltexte. Die Aufgaben und Fragen sind als Hilfestellung zur Erarbeitung der wichtigen Textinhalte gedacht. Die textübergreifenden allgemeinen Fragen sollen zum Nachdenken anregen und helfen, den Entwicklungszusammenhang herzustellen.

Dieser Textausgabe liegen mehrere Probefassungen zugrunde, an denen neben den Herausgeberinnen auch die DAAD-Lektorin Katrin Kester gearbeitet hat.

Wir hoffen, das Interesse am Philosophieren zu wecken.

Beijing, im Februar 2008

Prof. Shu Yu
Andrea Grote-Schmitz (DAAD)
Bettina Katharina Dinter (DAAD)
Bettina Clemens (DAAD)

Didaktische und methodische Hinweise

Wenn das vorliegende Buch als Unterrichtsmaterial verwendet werden soll, sind nach unserer achtjährigen Unterrichtserfahrung folgende Punkte bei der Behandlung jedes Kapitels wichtig:

1. Zur Vorbereitung auf den Unterricht

Die geistige und kapitelbezogene Vorbereitung der Studierenden: Wir betrachten sie also notwendige Voraussetzung für die erfolgreiche Mitarbeit im Kurs.

1.1. Worauf sollen sich die Studierenden vorbereiten?

Vorbereitung bedeutet nicht einfach nur, wie sonst oft üblich, dass die Studierenden vor dem Unterricht den jeweiligen Text ein- oder mehrmals mit dem Ziel lesen, die sprachlichen Schwierigkeiten zu klären. Das ist nicht ausreichend für unseren Kurs. Unter Vorbereitung verstehen wir ganz allgemein:

- die gedankliche Vorbereitung auf das Thema
- in Bezug auf die Sprache
- in Bezug auf den Inhalt

1.2. Wie soll man sich auf jedes Kapitel und jeden Text vorbereiten?

Man kann sich beispielsweise vor dem Lesen der Texte folgende Fragen stellen:

- Mit welchem Thema beschäftige ich mich jetzt?
- Welche Vorkenntnisse (z. B. über die Epoche, die Person, deren Theorie und Bedeutung in der Geschichte) habe ich bereits?
- Welche Vorstellungen habe ich von dem jeweiligen Begriff (z. B. von Freiheit, Glück)?

In dieser Phase ist es wahrscheinlich, dass man nicht weit kommt, weil fast alle ausgewählten Themen in diesem Lehrwerk den meisten chinesischen Studierenden fremd sind. Deshalb bieten wir unter dem Stichwort ***Aufgaben*** Hinweise auf die jeweilige Vorbereitung.

1.3. Das Referat

Das Referat einer Kommilitonin oder eines Kommilitonen ist eine Möglichkeit der Vorbereitung auf ein Thema.

Zu einem Referat gehören:

- Ein festgelegtes, eingegrenztes Thema: z. B. über eine Person, ein Zeitgeschehen, eine Bewegung.
- Die Auswertung der entweder vorgegebenen Literatur oder Literatur, die man selber für das Thema gefunden hat. Hierbei ist zu beachten, dass stets mehrere Quellen benutzt werden müssen. Aus dem ausgewerteten Material macht man eine Kurzfassung mit sinnvollen Schwerpunkten.
- Vor den *Referieren* muss ein Thesenpapier für die Hörenden verfasst werden.
- Mit dem Thesenpapier wird das Referat dann vor der Klasse frei vorgetragen.

Hinweise zun *Verfassen eines Referats:*

Inhalt:

- Vollständige Namen und alle wichtigen Jahreszahlen nennen.
- Bei der Vorstellung einer Person sollen die Epoche (wichtige geschichtliche, politische, wirtschaftliche, kulturelle Ereignisse), Zeitgenossen, der familiäre Hintergrund und wichtige Stationen des Lebens genannt werden.
- Die wichtigsten Werke und deren Hauptinhalt (Was ist das Neue?) erklären.
- Vorbilder, die Bedeutung und der Einfluss auf die Nachwelt müssen erläutert werden.
- Alle für das Verständnis notwendigen Hintergrundinformationen müssen genannt werden. Nichts ist selbstverständlich!
- Alles Unverstandene aus dem Referat herauslassen.

Wie sieht ein *Thesenpapier* aus?

- Die Überschrift ergibt sich aus dem Thema.
- Die Struktur soll sinnvoll und übersichtlich sein.
- Alle wichtigen Informationen nennen.
- Vollständige Namen und alle wichtigen Jahreszahlen (deutsche Schreibweise) angeben.
- Werke vollständig auf Deutsch und mit Jahreszahl (evtl. auch chinesische Übersetzung) nennen.
- Wichtige Begriffe, Fachwörter müssen definiert werden.
- Sprache: in Stichworten.
- Bilder machen den Inhalt anschaulicher und verständlicher.

- Auf ansprechende grafische Gestaltung achten: weißes Papier benutzen.
- Quellenangaben: Autor: *Titel*. Ort, Jahr.

1.4. Der Vortrag des Referats

Der Vortrag muss auf jeden Fall klar und für die Hörenden verständlich sein. Die Qualität des Referats wird in der Reaktion und dem Verständnis der Zuhörenden sichtbar!

Zur Struktur:

Wichtig ist, dass die einzelnen Teile für die Zuhörenden erkennbar sind:

- Einleitung: Zum Thema hinführen und Aufmerksamkeit erzeugen, Schwerpunkte (Gliederung) vorstellen
- Hauptteil: Informationen anschaulich vermitteln, Beispiele geben
- Schluss: Zusammenfassung, Ausblick

Zur Sprache:

- Einfache Umgangssprache, die beim Hören verstanden wird
- Keine Sätze aus Originalliteratur abschreiben und vorlesen
- Frei sprechen und nicht vom Blatt ablesen
- Laut und deutlich sprechen
- (Blick)Kontakt mit Zuhörenden aufnehmen und halten
- Verständnis der Zuhörenden überprüfen
- Möglichkeit zu Fragen lassen

2. Das Lesen von Texten

Das Lesen ist zielgerichtetes Handeln. Es gibt verschiedenen Zielen entsprechende Lesestrategien. Wenn das Lernziel im Grundstudium darin besteht, dass der Spracherwerb als Selbstzweck betrachtet wird, dient der Text hauptsächlich der Beherrschung der Sprache. Man konzentriert sich beim Lesen des Textes wie selbstverständlich auf Wörter und Grammatik, während der Inhalt des Textes nur eine Nebenrolle spielt.

Im Hauptstudium liegt das Lernziel mehr im Verständnis des Fachgebiets, und die Sprache dient als Medium der Gedankenbildung, des Gedankenausdrucks und Gedankenaustausches. Wer unter diesen Umständen seine Lesestrategie nicht verändert, läuft leicht Gefahr, das Ziel nicht zu erreichen. Deshalb geben wir hier einige Hinweise für das inhaltorientierte Lesen.

Beim inhaltorientierten Lesen gibt es je nach Ziel verschiedene Ebenen des Textverständnisses:

Globalverständnis:
Der Textzusammenhang soll schnell erfasst und die wesentlichen Informationen gefunden werden. Die Lesestrategien sind das schnelle Überfliegen des Textes oder das diagonale Lesen. Hierbei spielen die Überschrift, die Abbildungen zum Text sowie der erste und der letzte Satz eines jeden Abschnitts eine große Rolle.

Selektives Verständnis:
Aufgrund eines bestimmten Interesses oder einer vorgegebenen Fragestellung werden nur bestimmte Informationen aus einem Text herausgearbeitet. Das Durchsuchen nach bestimmten Informationen oder diagonales Lesen sind hier die Strategie.

Detailverständnis:
Alle Informationen sollen sprachlich und sachlich verstanden werden. Meistens ist das Detailverständnis die Vertiefung des Globalverständnisses, weil längere oder schwierige fremdsprachliche Texte nicht beim ersten Lesen vollständig verstanden werden können.

Für dieses Lehrwerk sind sowohl das Globalverständnis als auch das selektive Verständnis notwendige Vorbereitungen auf die Unterrichtsstunden. Es ist eine Routinearbeit der Studierenden, die nicht mehr erwähnt wird.

2. 1. Umgang mit unbekannten Wörtern

Es ist normal, dass man beim Lesen eines fremdsprachlichen Textes auf viele unbekannte Wörter trifft, besonders zu Kursbeginn wird dies so sein. Der Erfolg im Studium hängt auch vom richtigen Umgang mit diesem Phänomen ab. Hier einige Hinweise:

- Man braucht nicht alle Wörter zu kennen und zu verstehen: Insbesondere beim Globalverständnis und zum Teil auch beim selektiven Verständnis ist das nicht nötig.
- Es gibt viele Hinweise, die helfen können, die Wortbedeutung zu erschließen, z. B. Internationalismen und die Wortbildung.

Eine besondere Rolle spielt auch das Erschließen aus dem Kontext. Hier gibt es beispielsweise Umschreibungen, Generalisierungen, Synonyme (Wörter mit gleicher oder ähnlicher Bedeutung), Antonyme (Wörter mit gegensätzlicher Bedeutung) oder auch Definitionen und Beispiele des Autors oder Abbildungen.

- Nur, wenn diese Erschließungsversuche nicht weiterhelfen, nimmt man das Wörterbuch zur Hilfe.
- Am besten benutzt man ein deutsch-deutsches Wörterbuch, in dem die Wörter gut erklärt werden und ihr Gebrauch durch Beispiele erläutert wird.

2.2 Umgang mit bekannten Wörtern

Der mangelnde Mut gegenüber unbekannten Wörtern führt häufig zu Übermut gegenüber den bekannten Wörtern. Auch hier einige Hinweise:

- Die chinesischen Übersetzungen von manchen Wörtern und Begriffen reichen nicht immer, um die Wortbedeutung im Deutschen zu verstehen.
- Um die innere Struktur des Textes zu verstehen, spielen manchmal „kleine" Wörter, die man auch Textverknüpfer nennen kann, eine große Rolle.

Dies sind Konjunktionen, Pronomen und andere verweisende Textelemente, durch die man erkennen kann, wie der Text zusammenhängt und wie sich die einzelnen Teile aufeinander beziehen und ein Ganzes bilden.

3. Umgang mit dem Text

3.1. Definieren

Beim Lesen des Textes ist es wichtig, zentrale Begriffe (Schlüsselbegriffe), die immer wieder auftauchen, zu definieren. Oft werden im Text selber Erläuterungen zur Bedeutung der Wörter gegeben. Wenn nicht, muss die Bedeutung mit Hilfe eines (einsprachigen) Wörterbuchs, eines Lexikons, oder mit einem philosophischen oder einem anderen Fachwörterbuch geklärt werden. So können Ungenauigkeiten und Missverständnisse vermieden werden. Dabei ist folgendes zu beachten:

- Die Bedeutung der Fachbegriffe kann von der Bedeutung im Alltagsdeutsch verschieden sein.
- Eine Begriffsdefinition des Autors kann von der im Lexikon verschieden sein.

3.2. Textwiedergabe

Die Textwiedergabe überprüft normalerweise, ob man den Hauptinhalt eines Textes oder einer bestimmten Frage verstanden hat. Dies ist eine reproduktive Aufgabe. Die Wiedergabe muss mit eigenen Worten gemacht werden. Nur Schlüsselbegriffe und zentrale Textstellen dürfen zitiert werden und müssen selbstverständlich als Zitat kenntlich gemacht werden (Autor: *Titel.* Seite, evtl. Zeile.).

Eine Textwiedergabe ist sachlich und enthält auf keinen Fall Ihre persönliche Meinung zu dem Thema.

3.3. Zitieren

Eine wichtige Technik des wissenschaftlichen Arbeitens ist der sachgemäße Umgang mit Erkenntnissen anderer Fachleute.

Alle Aussagen, Ergebnisse und Meinungen, zu denen Sie nicht selber gelangt sind, müssen Sie als „geistiges Eigentum" anderer kennzeichnen. Dies geschieht durch die Form des Zitats.

Das gibt den Lesenden die Möglichkeit zu überprüfen, ob das Zitat stimmt, d. h. ob richtig zitiert wurde. Das heißt nicht, dass die im Zitat selber getroffene Aussage richtig sein muss, aber die Quelle, aus der das Zitat stammt, muss richtig wiedergegeben werden.

Zitate werden aus zwei Gründen verwendet. Man zitiert entweder einen Text, mit dem man sich beschäftigt und den man interpretiert, oder man zitiert einen Text zur Unterstützung seiner eigenen Interpretation.

Dabei müssen folgende Regeln beachtet werden:

1. Stellen, die man analysiert und interpretiert, werden zitiert. Zu beachten ist die Kürze des Zitats, nur das Notwendige wiedergeben.
2. Textstellen aus der Sekundärliteratur werden zitiert, um die eigene Auslegung zu unterstützen. Hier müssen Sie sicherstellen, dass die Textstellen etwas Neues enthalten. Zitieren Sie keine Banalitäten. Das Zitat sollte außerdem von einer Person stammen, die für das Fachgebiet kompetent ist.

3. Wer eine Aussage zitiert, lässt entweder erkennen, dass er die Ansicht des zitierten Autors teilt, oder das Zitat wird verwendet, um eine Kritik daran zu äußern.
4. Der Autor und die Quelle müssen bei jedem Zitat erkennbar sein.

Zitate in schriftlichen Aufgaben sind als Anmerkung deutlich zu machen. Bei einer kürzeren Aufgabe, bei der Sie sich mit nur einem Text beschäftigen, reicht die Angabe des Autors, des Titels, der Seiten- und Zeilenzahl am Ende des Zitats.

Bei längeren Arbeiten mit verschiedenen Texten müssen Sie die Anmerkungen als Fußnoten mit fortlaufenden Nummern deutlich machen.

Ein wortgetreues Zitat darf nicht verändert werden und muss immer mit Anführungszeichen („. . . “) wiedergegeben werden. Eventuelle Kürzungen müssen durch drei Punkte in Klammern (. . .) deutlich gemacht werden.

Bei einem sinngemäßen Zitat wird die Idee einer anderen Person mit eigenen Worten wiedergegeben. Es werden keine Anführungszeichen benötigt und es wird in den fortlaufenden Text eingearbeitet. Die Quellenangabe eines sinngemäßen Zitats wird in der Fußnote mit „vgl. “ (vergleiche) eingeleitet.

Es gibt verschiedene Fußnoten und Anmerksysteme, von denen der Einfachheit halber hier nur eines vorgestellt wird:
Familienname, Vorname: *Titel. Untertitel.* Erscheinungsort, Erscheinungsjahr. Seite.

3.4. Konspekt und Textzusammenfassung

Am Ende eines Kapitels wird oft ein Konspekt oder eine Zusammenfassung unter einer bestimmten Aufgabenstellung verlangt. Sie haben drei Aspekte:

- Die wichtigsten inhaltlichen Informationen (keine unnötigen Details) müssen genannt werden.
- Die logischen Zusammenhänge: Gründe, Ursachen, Einflüsse, Entwicklungen, Folgen, Konsequenzen, (Aus) Wirkungen, Ergebnisse, positive und negative Seiten/Aspekte, Widersprüche und Gegensätze müssen deutlich werden.
- Die von Ihnen herausgearbeitete Redeabsicht des Verfassers muss genannt werden.

Der Unterschied zwischen dem Konspekt und der Zusammenfassung besteht darin, dass der Konspekt eine satzunabhängige Form (meist in nominalen Wendungen) hat, während die Zusammenfassung einen zusammenhängenden Text über einen Text darstellt. Schlagwörter und Andeutungen sind als Zusammenfassung nicht ausreichend. Die Zeitform bei der Textwiedergabe und Zusammenfassung ist das Präsens. Sie sollen in einer sachlichen, klaren Sprache verfasst sein.

4. Zur Gestaltung des Unterrichts

Wegen der Knappheit der Stundenzahl (üblicherweise vier Stunden pro Woche) ist die Behandlung des Textes auf traditionelle Weise (Satz um Satz erklären) völlig ausgeschlossen.
Um der Sprach-, Fach- und der Sozialkompetenz gerecht zu werden, hat der Unterricht folgende Schwerpunkte:

- Überprüfungen der Vorbereitungsaufgaben
- Vortrag der Referate
- Diskussion über wichtige Inhalte und Fragen (Detailverständnis)
- Zusammenfassung

Hierbei soll die Lehrkraft die Rolle eines Diskussionsleiters spielen. Nach unseren langjährigen Erfahrungen haben Studierende am Anfang oft erhebliche Schwierigkeiten, sich an Diskussionen zu beteiligen. Der Hauptgrund liegt unserer Ansicht nach darin, daß die Sozialkompetenz in der Ausbildung sowohl in den Schulen als auch in den Hochschulen sehr vernachlässigt wird. Studierende sind nicht nur nicht in der Lage, sondern zuweilen auch nicht bereit, sich richtig an Diskussionen im Unterricht zu beteiligen. Die Fähigkeit, sich eine eigene Meinung zu bilden und diese in der Diskussion zu vertreten, muss entwickelt werden. Wenn die Diskussion keine Alibi - Übung sein soll, sollte die Lehrkraft den Studierenden den großen Wert, aktiv an den Diskussionen teilzunehmen, verdeutlichen und wiederholen: Durch die aktive Beteiligung an einer Diskussion kann das Denken geschult und der sprachliche Ausdruck verbessert werden. Die Bildung einer eigenen Meinung fördert die Entwicklung der Persönlichkeit. Das gemeinsame Nachdenken über wichtige Fragen fördert die soziale Kompetenz und die Gruppenbildung. Eine Diskussion erhöht die Fähigkeit, Meinungsäußerungen von anderen be-

wusst aufzunehmen und auf sie sprachlich und thematisch zu reagieren. Es ist wichtig, Toleranz gegenüber anderen Meinungen und Einstellungen zu entwickeln. Während der Diskussion sollte die Lehrkraft unbedingt an der Rolle des Diskussionsleiters festhalten und nicht in die Rolle des Schiedsrichters fallen.

Inhaltsverzeichnis

1. Vorbereitungsphase

1.1. Das Mittelalter

Um zu einem Verständnis der Epoche *Neuzeit* zu gelangen, müssen wir uns mit der Epoche *Mittelalter* und dem *Übergang zur Neuzeit* vertraut machen. Wir möchten diese Phase wiederum in zwei Teile teilen. Den ersten Teil dieses Kapitels widmen wir dem *Mittelalter* und den zweiten dem *Übergang zur Neuzeit.*

Wir bieten außer einer Weltkarte keine Texte und Materialien über das Mittelalter an, sondern stellen zunächst eine wissenschaftliche Arbeitsmethode vor, mit der man sich selber notwendige Kenntnisse erarbeiten kann. Dies ist das Referat (siehe: Didaktische und methodische Hinweise). Zum zweiten Teil möchten wir eine Lektüre empfehlen, nämlich zwei Kapitel aus dem Buch *Sofies Welt* des norwegischen Autors Jostein Gaarder: *Die Renaissance* und *Das Barock* (S. 224–274).

Aufgaben:

Referate über das Mittelalter:

- Diskutieren Sie in der Klasse, welche Aspekte für das Verständnis des Mittelalters wichtig sind und legen Sie diese Aspekte fest (z. B. Gesellschaft, Wirtschaft, politisches System usw.).
- Bilden Sie entsprechend der Anzahl der Aspekte kleine Arbeitsgruppen, die jeweils ein Thema bearbeiten.
- Bereiten Sie sich gruppenweise auf das Thema vor, indem Sie gezielt Materialien auswählen und lesen.
- Verfassen Sie ein Thesenpapier über Ihren Aspekt und halten Sie das Referat.

Lassen Sie uns mit einem Blick auf eine alte mittelalterliche „Weltkarte“ beginnen, die das Weltbild und das Weltwissen der damaligen Zeit in Europa spiegelt.

Mittelalterliche Weltkarte

Aufgaben:

1. Beschreiben Sie das Bild.
2. Wer ist die Figur in der Mitte oben? Warum ist sie an dieser Stelle abgebildet?
3. In der Landkarte ist Jerusalem der Mittelpunkt der Welt. Warum?
4. Versuchen Sie, den Stil des Bildes zu beschreiben.

Aus einer Psalmenhandschrift um 1299
London, Britisches Museum

1.2. Der Übergang vom Mittelalter zur Neuzeit

Beantworten Sie folgende Fragen zu den zwei Kapiteln *Die Renaissance* und *Das Barock* (S. 224 – 274) aus dem Buch *Sofies Welt* des norwegischen Autors Jostein Gaarder:

Fragen zur Renaissance:
1. Wie wird der Begriff *Renaissance* definiert?
2. Welche Neuerungen sind in der Renaissance beim Menschenbild und in der Lebens- und Naturauffassung entstanden?
3. Welche Erfindungen und wissenschaftlichen Erkenntnisse liegen dem Weltbild zugrunde?
4. Wie veränderte sich die Einstellung zu Gott und der Religion?
5. Was erfahren Sie beim Lesen des Textes direkt und indirekt über das Mittelalter?

Fragen zum Barock:
1. Wie wird der Begriff *Barock* definiert?
2. Welche Kontraste sind für das Zeitalter des Barock typisch?
3. Auch die Philosophie ist geprägt durch zwei sehr unterschiedliche Denkweisen (Materialismus und Idealismus). Was ist ganz allgemein der Unterschied zwischen diesen beiden Auffassungen?
4. Was erfahren Sie über die Kunst des Barock?

Zur Vertiefung folgen Aufgaben über die Religion, Kunst und Wissenschaft der Renaissance.

Das Barock wird durch ein Gedicht von Andreas Gryphius vorgestellt.

1.2.1. Albrecht Dürer

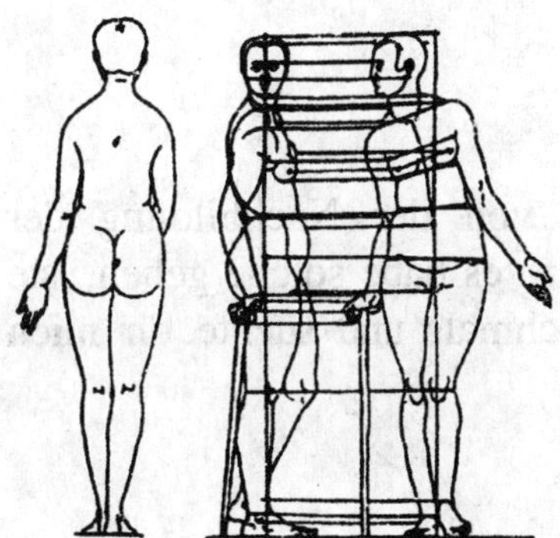

Proportionsstudien, Albrecht Dürer

Die Mutter, Albrecht Dürer, Kupferstich 1514

Aufgaben:

1. Was versucht Dürer, mit den *Proportionsstudien* zu erfassen?
2. Welche Hilfsmittel wendet er an?
3. Beschreiben Sie das Bild *Die Mutter.*
4. Fassen Sie kurz die Unterschiede zur mittelalterlichen Weltkarte zusammen.

Albrecht Dürer (1471 – 1528) ist einer der berühmtesten deutschen Maler. Wie Leonardo da Vinci, dessen Werke er während einer Reise nach Venedig kennenlernte, studierte Dürer sehr genau die Natur. Im Gegensatz zu mittelalterlichen Künstlern war er mit Wissenschaften wie Anatomie, Botanik und Optik vertraut. Das Ergebnis: Dürers Bilder sind näher an der „Realität" als die seiner Vorgänger. In seinen Porträts versuchte er, jede Person in ihrer Eigenart darzustellen. Dürer war außerdem einer der ersten Maler, die sich selbst porträtierten.

Aus einer Widmung an seinen Freund Pirckheimer (1523):

> „Ich fragte, ob es denn auch Bücher gebe, die von der Nachbildung der menschlichen Gliedmaßen handelten. Da sagtest du mir, es habe solche geben, sie seien aber nicht erhalten. Darauf besann ich mich nochmals und suchte für mich selbst nach dieser Kunst."

1.2.2. Martin Luther

Als der Theologe Martin Luther (1483 – 1546) im Jahre 1517 seine 95 Thesen in Wittenberg veröffentlichte, war dies der Beginn der Reformation. Luther selbst hat die Bewegung in den lateinischen Worten „Solus christus, sola fides, sola gratia, sola scriptura" beschrieben. Nur durch Christus, nur durch den Glauben an Gott, nur durch Gottes Gnade, nur durch die Heilige Schrift (das ist: die Bibel, das Evangelium) findet der Christ sein Heil. Um die Bibel allen zugänglich zu machen, übersetzte er sie ins Deutsche. Luthers Kritik am Papsttum und der katholischen Kirche führte zu seiner Exkommunikation, zum Ausschluss aus der katholischen Kirche. In der Folge kam es zu Religionskriegen und zur Gründung der protestantischen bzw. evangelischen Kirche. Protestantisch: Protest gegen das Papsttum. Evangelisch: Im Mittelpunkt der Lehre steht das Evangelium.

An den christlichen Adel deutscher Nation

Kritik an der katholischen Kirche: Die Katholiken haben sehr geschickt drei Mauern um sich gezogen. Bisher haben sie diese Mauern davor beschützt, dass sie von jemandem reformiert werden. Deshalb ist das Christentum in einer furchtbaren Lage. Die erste Mauer: Wenn man die Katholiken mit weltlicher Gewalt zwingen wollte, haben sie gesagt, weltliche Gewalt habe kein Recht über sie. Im Gegenteil, geistliche sei über weltlicher Gewalt. Die zweite Mauer: Wenn man zu zeigen versuchte, dass sie im Widerspruch zur Heiligen Schrift stünden, entgegneten sie: Niemand als der Papst dürfe die Heilige Schrift auslegen. Die dritte Mauer: Drohte man mit einem Konzil, so behaupteten sie: Niemand als der Papst dürfe ein Konzil berufen. (...)

Unterdrückung des Denkens durch die Autorität des Papsttums: Es ist selbstverständlich ein Frevel und eine Lüge zu behaupten, allein der Papst dürfe die Heilige Schrift auslegen. Die Macht dazu hat er sich selbst genommen.

Die Befreiung des Denkens: Wir sind alle mit gleichem Recht Priester. Wir haben einen Glauben, ein Evangelium, einerlei Sakrament. Wie sollten wir da nicht auch Macht haben, zu prüfen und zu beurteilen, was im Glauben richtig oder falsch sei.

Martin Luther, 1520

1. Vorbereitungsphase

Fragen:

1. Was kritisiert Martin Luther am Papst und an der katholischen Kirche?
2. Was sind seine Forderungen?

Die Grenzen der Freiheit: Wenn nun jemand die Welt nach dem Evangelium regieren wollte und alles weltliche Recht aufheben wollte, so als seien alle Menschen gute Christen: Was würde er tun? Er würde den wilden bösen Tieren die Bande und Ketten lösen, dass sie jedermann zerreißen und zerbeißen würden (...). Als würden die Bösen die evangelische Freiheit missbrauchen (...).

Martin Luther, 1522

Fragen:

1. Auf welche Freiheit bezieht sich Luther hier? Wie ist seine Einstellung dazu?
2. Vergleichen Sie abschließend die Beurteilungen zu den verschiedenen Formen der Freiheit?

1.2.3. Nikolaus Kopernikus

Neben Johannes Kepler und Galileo Galilei war Nikolaus Kopernikus (1473 – 1543) einer der wichtigen Naturwissenschaftler seiner Zeit. Aufgrund seiner Studien und Beobachtungen entwickelte er ein astronomisches Modell mit der Sonne als Mittelpunkt des Planetensystems. Die Erde wie auch die anderen Planeten drehen sich nach Kopernikus auf Kreisbahnen um die Sonne. Dies stand im Widerspruch zu dem von der Kirche akzeptierten geozentrischen Weltbild. Kopernikus' Erkenntnis, die erst in seinem Todesjahr veröffentlicht wurde, setzte damit das ptolemäische Weltbild des christlichen Mittelalters außer Kraft und wurde von Katholiken und Lutheranern feindselig betrachtet. Kopernikus war frommer Christ und seine Erkenntnisse stürzten ihn in Glaubenskonflikte.

Das heliozentrische Weltbild wirkte nicht nur auf die Kirche revolutionär, sondern auch auf die unmittelbare Lebenserfahrung. Kopernikus forderte dazu auf, sich nicht als Mittelpunkt zu sehen, sondern das Universum aus einer anderen Position zu betrachten.

Diese grundlegende Neu- und Umorientierung des Forschers, der Perspektivwechsel und die reflexive Distanz werden als *kopernikanische Wende* bezeichnet.

Ptolemäisches oder geozentrisches Weltbild: Im Mittelpunkt des Weltsystems steht die Erde
Heliozentrisches Weltbild: Im Mittelpunkt steht die Sonne

Aufgabe:

Informieren Sie sich über Nikolaus Kopernikus, Johannes Kepler, Galileo Galilei und Giordano Bruno. Wie unterscheiden sich ihre Theorien?

Über die Bewegung der Himmelskörper

Ich weiß, dass die Einsicht des Philosophen dem Urteil der Menge entzogen ist, weil sein Bestreben darin besteht, die Wahrheit in allen Dingen (...) zu erforschen. (...) Die Meinung von der Unbeweglichkeit der Erde durch das Urteil vieler Jahrhunderte (schien) bestätigt. (...) Ich dagegen behaupte, die Erde bewege sich. (...) Als ich nun die Unsicherheit der mathematischen Überlieferung über die zu berechnenden Kreisbewegungen lange überlegt hatte, da fand ich bei Cicero, dass Nicetus geglaubt habe, die Erde bewege sich. Nachher fand ich auch bei Plutarch, dass einige andere ebenfalls dieser Meinung gewesen seien. (...)

Ich war der Meinung, dass es auch mir wohl erlaubt wäre, zu versuchen, ob unter Voraussetzung irgendeiner Bewegung der Erde zuverlässigere Erklärungen für die Kreisbewegung der Weltkörper gefunden werden könnten als bisher. Und so habe ich denn (...) durch viele und lange Beobachtungen endlich gefunden, dass die Erde und die Planeten sich um die Sonne drehen.

Nikolaus Kopernikus: Über die Kreisbewegungen der Himmelskörper, 1543

1.2.4. Andreas Gryphius

Das Wort *Eitelkeit* hatte zur Zeit von Andreas Gryphius (1616 – 1664) eine andere Bedeutung als heute. Man würde heute sagen: vergeblich. *Eitel* war, was vergänglich war. *Eitel* war der Körper, die Seele war ewig. Diese Vorstellung bestimmte schon Luthers Denken. Gryphius war wie Luther Protestant.

Bevor Sie sich dem Gedicht von Andreas Gryphius zuwenden, informieren Sie sich über seine Zeit.

Aufgaben:

1. Wann war der Dreißigjährige Krieg?
2. Was wissen Sie über diesen Zeitraum in Europa?
3. Sehen Sie sich eine historische Karte an und beschreiben Sie das Deutschland dieser Zeit.

Es ist alles eitel

Es ist alles eitel

Du siehst, wohin du siehst, nur Eitelkeit auf Erden.
Was dieser heute baut, reißt jener morgen ein.
Wo jetzund Städte stehn, wird eine Wiese sein,
Auf der ein Schäferskind wird spielen mit den Herden.

Was jetzund prächtig blüht, soll bald zertreten werden;
Was jetzt so pocht und trotzt, ist morgen Asch und Bein.
Nichts ist, das ewig sei, kein Erz, kein Marmorstein.
Jetzt lacht das Glück uns an, bald donnern die Beschwerden.

Der hohen Taten Ruhm muss wie ein Traum vergehen.
Soll denn das Spiel der Zeit, der leichte Mensch, bestehen?
Ach! was ist alles dies, was wir für köstlich achten,

Als schlechte Nichtigkeit, als Schatten, Staub und Wind,
Als eine Wiesenblum', die man nicht wieder findt.
Noch will, was ewig ist, kein einig Mensch betrachten!

Andreas Gryphius, in: Gössmann, S. 67

Aufgaben:

1. Sammeln Sie die *positiven* Dinge, die im Gedicht vorkommen.
2. Notieren Sie sich dann die *negativen* Dinge.
3. Welche Grundstimmung wird in diesem Gedicht vermittelt?
4. Stellen Sie eine Verbindung zwischen dem Gedicht und der Epoche her!

Arbeitsvorschlag:

1. Hören Sie sich Johann Sebastian Bachs *Toccata und Fuge in D-moll* oder die *Brandenburgischen Konzerte* an.
2. Sprechen Sie über Ihren Höreindruck.
3. Informieren Sie sich darüber, wer *Johann Sebastian Bach* (1685 – 1750) war und schlagen Sie nach, was eine *Fuge* ist. In welchen Nachschlagewerken sind Sie fündig geworden?
4. Versuchen Sie, Ihre Erkenntnisse über die Fuge beim Hören nachzuvollziehen.

1.2.5. Architektur der Renaissance und des Barock

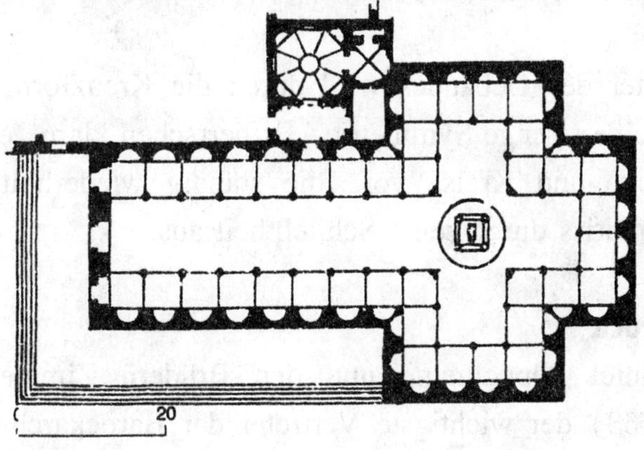

Florenz, San Spirito, begonnen 1436, Brunelleschi

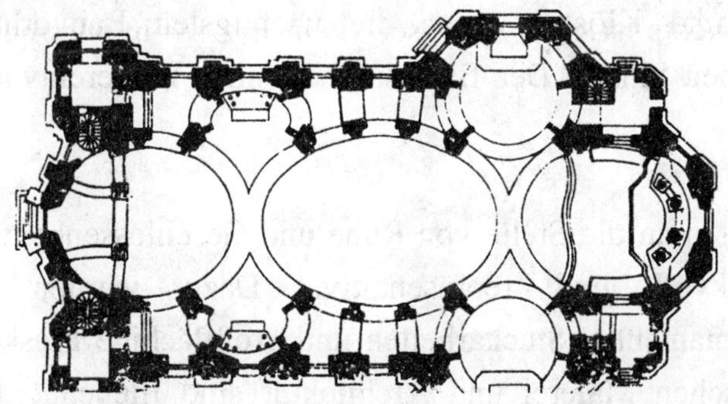

Erlangent, Vierzehnheiligen, 1743 – 1772, Balthasar Neumann

Architektur der Renaissance

Der Grundriss des italienischen Architekten Filippo Brunelleschi (1377 – 1446) ist ein typisches Beispiel für die Architektur der Renaissance, etwa 1440 bis 1600. Brunelleschi gilt als Erfinder der Perspektivkonstruktion und als Schöpfer der neueren Baukunst. Der von ihm geplante Florentiner Dom hat die erste große freitragende Kuppel. Kuppeln (auf diesem Grundriss im Mittelpunkt des Kreuzes) sind ein typisches Merkmal der Architektur dieser Zeit. Die Renaissancearchitektur übernimmt Elemente der antiken und römischen Baukunst, wie z. B. die Säulenordnung. Neben Kirchen wurden besonders Schlösser und Stadtpaläste gebaut.

In Deutschland setzte sich die von Italien beeinflusste Renaissancearchitektur erst Mitte des 16. Jahrhunderts durch und blieb vom Umfang geringer. Bauwerke sind das Heidelberger Schloss, die Michaeliskirche in München und der Salzburger Dom. Renaissancetypisch sind der Sinn für die Horizontalität, die mathematische Gliederung und die architektonische Gesamtkomposition.

Der religiöse Charakter des Gebäudes wird durch die Kreuzform betont. Entlang der Mittelachse herrscht eine strenge Symmetrie. Es herrschen klare, einfache geometrische Formen wie Rechtecke und Kreise vor, die ständig wiederholt werden. Insgesamt zeichnet sich der Grundriss durch seine Schlichtheit aus.

Architektur des Barock

Neben Matthäus Daniel Pöppelmann und den Brüdern Zimmermann ist Balthasar Neumann (1687 – 1753) der wichtigste Vertreter der Barockarchitektur (etwa 1600 – 1750) im deutschen Raum, die erst nach dem Dreißigjährigen Krieg aufblüht.

Schlösser, Burgen und Klöster waren die wichtigsten Bauvorhaben, Theater und Konzertsäle kamen neu hinzu. Der Barockstil ist eine Weiterentwicklung der Stils der Renaissance.

Wucht und Kraft treten an die Stelle von Ruhe und Geschlossenheit. Die Bauten sind in erster Linie prunkvoll und repräsentativ. Dazu werden Figuren, Säulen, goldschimmernde Ornamente, Stuckarbeiten und großflächige Freskomalereien benutzt. Die Übergänge zwischen Malerei und Architektur sind fließend. Die Deckengemälde vermitteln das Gefühl, als setze sich die Architektur bis zum Wolkenhimmel fort. Die Malerei wird zur Scheinarchitektur.

Demgegenüber wird der Außenbau eher vernachlässigt, nur Türme und Fassaden werden besonders betont.

Ganze Städte, besonders in Süddeutschland, (der Barockstil ist von der Gegenreformation geprägt) wie z. B. Wien, Salzburg und Würzburg sind vom Barockstil geprägt. Bauten: Berliner Zeughaus, Dresdner Zwinger, Wiener Hofbibliothek, Würzburger Schloss Belvedere und Residenz, Schloss von Versailles u. a. Die Kreuzform wird beibehalten, doch das klare geometrische Konzept wird ersetzt durch einen verspielteren verschnörkelten Grundriss, der von Kreisen und Ellipsen dominiert wird. Die verschiedenen Raumteile sind nicht mehr getrennt, sondern werden verbunden.

Aufgaben:

1. Beziehen Sie die Beschreibungen der Renaissance- und Barockarchitektur auf die jeweiligen Grundrisse. Welche Aspekte finden Sie wieder? Was fällt Ihnen weiterhin auf?
2. Vergleichen Sie die beiden Grundrisse miteinander.

2. Neuzeit

Bevor man sich mit der Kultur der Neuzeit beschäftigt, muss man sich zuerst über den Begriff *Neuzeit* klarwerden. Dieser Begriff kann eine allgemeine Bedeutung haben, aber er kann auch in verschiedenen Bereichen unter verschiedenen Aspekten betrachtet werden. Hier bieten wir zwei Texte an, die zeigen, wie die *Neuzeit* wirtschaftlich und philosophisch definiert wird.

Aufgabe:

Vergleichen Sie, wie der Begriff *Neuzeit* in verschiedenen deutschen und chinesischen Wörterbüchern und Lexika definiert wird.

2.1. Der sozialgeschichtliche Hintergrund

Max Weber (1864 – 1920), der einflussreichste deutsche Soziologe, ist in seinem Lebenswerk vor allem der Frage nachgegangen: Was ist die Eigenart unserer modernen Welt, und weshalb hat sie gerade in Europa und nicht anderswo entstehen können? Diese Welt hat die industrielle Zivilisation hervorgebracht, die sich anschickt, zur Weltzivilisation zu werden. Dieses geschichtliche Geschehen hat Weber den „okzidentalen Rationalismus" genannt. In der Rationalisierung aller Lebensbereiche erblickt er das Entscheidende. Die „schicksalsvollste ... Macht unseres modernen Lebens" aber ist der *Kapitalismus.*

Einige Hauptcharakteristika sollen kurz genannt werden. So definiert Weber:

> „Ein kapitalistischer Wirtschaftsakt soll uns heißen zunächst ein solcher, der auf Erwartung von Gewinn durch Ausnützung von Tausch-Chancen ruht: auf (formell) friedlichen Erwerbschancen also ... Wo kapitalistischer Erwerb rational erstrebt wird, da ist das entsprechende Handeln orientiert an Kapitalrechnung".

Kapitalismus setzt also die Existenz von Tauschbeziehungen, eines Markts, voraus, und die Menschen orientieren ihr wirtschaftliches Handeln an der Vermehrung ihres Kapitals, am Gewinnstreben. Dieses Handeln ist rational, weil die Maßnahmen im

Dienst solchen Gewinnstrebens exakt auf ihre Erfolgschancen hin kalkuliert werden. Doch bleibt diese Bestimmung noch zu allgemein und zu unbestimmt. Derartiges Gewinnstreben hat es bereits früher und auch außerhalb Europas gegeben. Max Weber präzisiert: „... der Okzident kennt in der Neuzeit ... eine ... sonst nirgends auf der Erde entwickelte Art des Kapitalismus: die rational-kapitalistische Organisation von (formell) freier Arbeit". Das heißt: Das Betriebskapital von Unternehmen befindet sich in der Hand von Privateigentümern, die bestrebt sind, durch rationale Kapitalrechnung Gewinn zu machen. Arbeit im Dienst des Kapitals aber ist freie Arbeit; es wird nur gearbeitet auf der Grundlage freier und formal gleicher Arbeitsverträge, was Sklavenarbeit und Fronarbeit von vornherein ausschließt. Der moderne Kapitalismus unterstellt die Freiheit und Gleichheit von Vertragspartnern, eine *formale* Freiheit und Gleichheit, die *materiale* Ungleichheit, die Existenz verschiedener Klassen, keineswegs ausschließt, sondern vielmehr erfordert: das Privateigentum an Kapital und freie Arbeit, Menschen, die Arbeitsverhältnisse eingehen müssen, weil sie über kein Kapital verfügen. Zum kapitalistischen Betrieb gehört wesentlich die „rationale Buchführung", „die Trennung von Haushalt und Betrieb". Familie als Bereich privater Intimbeziehungen und Wirtschaft als Sphäre der Kalkulation möglichst gewinnbringender Verwendung der ökonomischen Mittel müssen unterschieden sein. Rationale doppelte Buchführung über Einnahmen und Ausgaben ist nur möglich, wenn Geschäftliches und Privates scharf und genau getrennt sind.

Rationalisierung betrifft aber nicht nur die Wirtschaft, die dadurch zu einer kapitalistischen wird. Sie erfasst auch den Staat, und es bildet sich eine strikt an sachlichen und nicht mehr persönlichen Notwendigkeiten orientierte Verwaltung aus, die an das formale, gesetzte Recht gebunden ist. Max Weber hat diesen Vorgang als Bürokratisierung beschrieben, als einen Vorgang, der nicht nur den Bereich des Öffentlichen, den Staat also, sondern auch den des Privaten, die kapitalistische Wirtschaftsweise, ergreift. Doch liegt kapitalistisches Wirtschaften in privater Hand und bleibt vom staatlichen Bereich scharf getrennt. Die Sphäre der Wirtschaft grenzt sich ab gegenüber der Familie wie gegenüber dem Staat, und die Herausbildung dieser eigenständigen Sphäre ist Gegenstand der Theorie der bürgerlichen Gesellschaft.

Es bleibt noch anzumerken, daß der Vorgang universaler Rationalisierung vor allem die Wissenschaft, ebenso die Kunst einbegreift. Die Wissenschaft selbst hat wesentlich die

Rationalisierung der Wirtschaft und des Staats befördert. Doch hatte die Entstehung des „Geists" des modernen Kapitalismus auch eine religiöse Voraussetzung: die innerweltliche Askese der protestantischen Ethik①, ein Tatbestand, den Max Weber eindrucksvoll belegt hat.

Die bürgerliche Gesellschaft ist in erster Linie die Sphäre der Ökonomie, der Wirtschaft. Ihre Geschichte fällt zusammen mit der Entfaltung der kapitalistischen Warenproduktion, die in ihren Hauptetappen kurz und knapp skizziert werden soll. Den Ausgangspunkt bildet das Handwerk; ihm folgt die Manufaktur; sie wird abgelöst von der Industrie, die heute noch unsere Lebenswelt ökonomisch bestimmt.

Im Übergang von den feudalen Zuständen des Mittelalters zur bürgerlichen Welt der Neuzeit hat sich eine Veränderung der gesellschaftlichen Lebenswelt vollzogen, die wohl eine der tiefgreifendsten, wenn nicht die tiefgreifendste in der Geschichte der Menschheit gewesen ist. Ausgang dieser Entwicklung waren die mittelalterlichen Städte. In ihnen und in ihrem Umland breiteten sich Waren- und Geldwirtschaft aus: Die Versorgung der Menschen mit den notwendigen Lebensmitteln wurde fortschreitend durch Waren- und Geldverkehr, durch Tausch, vermittelt. Dies hatte eine tiefgreifende Strukturveränderung der Lebenszusammenhänge zur Folge. An die Stelle des sich selbst versorgenden „ganzen Hauses" der Antike und des Mittelalters trat die Warenwirtschaft, die immer mehr in die ländlichen Verhältnisse eindrang. Der alte feudale Adel, dessen ökonomische Basis der Großgrundbesitz und der Frondienst an die Scholle gebundener Bauern war, verlor seine Herrschaft an Bürger und Patrizier, die über große Geldvermögen verfügten. Solche Vermögen wurden zunächst im Handel erworben, im Fernhandel mit Luxusartikeln – seltenen, wertvollen Stoffen, Gewürzen, Glaswaren, Wein usf. –, dann auch im Handel mit Getreide, Wolle, Salz und anderen Gegenständen des täglichen Bedarfs.

---

① *Die protestantische Ethik und der Geist des Kapitalismus* ist eine soziologische Abhandlung von Max Weber (1905). Die These dieser Abhandlung ist, dass der „asketische Protestantismus" einen entscheidenden Einfluss auf die Entwicklung der modernen Berufs- und Wirtschaftsgesinnung und den modernen Kapitalismus hatte. Die innerweltliche Ethik (die puritanische, religiös motivierte Normierung der Lebensführung) implizierte eine Berufsethik, nach der die stetige, systematische Arbeit als von Gott vorgeschriebener Selbstzweck des Lebens verstanden wurde.

In den spätmittelalterlichen Städten gab es zwar Warenproduktion, insbesondere handwerkliche, sie war aber den Produktions- und Marktkontrollen der Zünfte unterworfen. Die sich ausbreitende Warenproduktion überwand nach und nach solche Schranken. Handwerksmeister stiegen durch Expansion ihres Betriebs zu Unternehmern auf oder Handelsvermögen wurden in der Produktion angelegt, so dass ursprünglich selbständige Handwerker in ihren Dienst traten. Damit gerieten zuvor selbständig Arbeitende in Abhängigkeit. Dazu kamen insbesondere Bauern, die ihre Scholle verloren hatten. Es entstand eine neue Klasse von Menschen, die über ihre Produktionsmittel, über ihre Arbeitsbedingungen nicht selbst verfügte und deshalb genötigt war, ihre Arbeitskraft an den Unternehmer zu verkaufen.

Das Kapital vermittelte also fortan nicht nur die Verteilung von Waren durch den Handel, es ergriff auch die Herstellung von Waren. Damit veränderte sich der Produktionsprozess von Waren von Grund auf. Es entstanden kooperativ organisierte Formen der Produktion, *Manufakturen:* Nicht mehr ein einzelner Handwerker stellt ein Produkt von Anfang bis Ende selbst her, vielmehr wird der Fertigungsprozess in Unterfunktionen zerteilt, auf die die Arbeiter sich spezialisieren, so dass viele Menschen nun bei der Herstellung eines und desselben Produkts zusammenarbeiten und aufeinander angewiesen sind. Diese Einführung der Arbeitsteilung hatte vor allem ein Ergebnis: die Steigerung der Produktivkraft der Arbeit – die kooperierenden Arbeiter waren nun in der Lage, mit demselben Aufwand wesentlich mehr Produkte herzustellen, als sie es als selbständig arbeitende Handwerker vermocht hätten. Manufakturen waren die fortgeschrittenste Gestalt der Warenproduktion vom letzten Drittel des 16. bis weit ins 18. Jahrhundert hinein, obgleich deren Anfänge wesentlich weiter zurückreichen.

Im letzten Drittel des 18. Jahrhunderts setzte dann ein, was unser Leben heute noch entscheidend bestimmt: die *industrielle Revolution.* Gewöhnlich wird sie mit der Einführung der Dampfmaschine in die Produktion gleichgesetzt. Doch muss man hier genauer unterscheiden. Die Manufaktur ist gekennzeichnet durch Teilung der handwerklichen Arbeit; handwerkliche Ausbildung bleibt, abgesehen von vielfältigen Hilfsarbeiten, die Grundlage. Die Manufaktur unterscheidet sich vom Handwerk durch Arbeitsteilung, durch Zerlegung des Verfertigens von Produkten in vielfache Unterfunktionen, die wesentlich rascher und effizienter verrichtet werden. Die Industrie geht aus von der Umwälzung des Arbeitsmittels: An die Stelle der Werkzeuge tritt die

Werkzeugmaschine. Das Handwerkszeug (Hammer, Zange, Raspel, Bohrer usw.) passt sich dem Arbeitsrhythmus des menschlichen Körpers ein und steigert die Wirkungsweise menschlicher Organe, der Hand, des Fußes usw. Eine Maschine dagegen ist ein mechanischer Apparat, der seinen eigenen mechanischen Gesetzen gehorcht und sich von den Rhythmen des menschlichen Körpers befreit; dem Arbeiter fällt dann nur noch die Aufgabe zu, die Unzulänglichkeiten des Mechanismus zu ergänzen; passte sich das Werkzeug dem Menschen an, so hat sich jetzt der Arbeiter dem Funktionieren der Maschine zu fügen.

Die Industrialisierung der Warenproduktion begann in England, und zwar in der Baumwollindustrie. Baumwolle wurde nicht mehr von Arbeitern, die Spinnräder bedienen, gesponnen, sondern von einer Maschine mit mehr als 1000 Spindeln. Die Bewegung solcher Spinnmaschinen durch Menschenkraft wurde immer schwieriger; es lag nahe, die Bewegungskraft selber mechanisch zu erzeugen; dies war die Stunde der Dampfmaschine. Mechanisierung der Bedienung von Werkzeugen war Ursprung der Industrialisierung; sie erst erzwang auch die Mechanisierung des Antriebs, die Einführung von Dampfmaschinen. Diese Entwicklung setzte in den 70er Jahren des 18. Jahrhunderts in England ein und entfaltete sich dann voll im 19. Jahrhundert. – Es müssen also Phasen der Geschichte der bürgerlichen Gesellschaft unterschieden werden, insbesondere die Manufakturperiode und die Epoche der Industrialisierung. Die bürgerliche Gesellschaft hat sich in den einzelnen europäischen Ländern nicht gleichzeitig durchgesetzt: An der Spitze stand England; Frankreich folgte mit einiger zeitlicher Verzögerung; am längsten hielten sich vorbürgerliche Formen in Deutschland. Dies hat in der politischen Geschichte seinen Niederschlag gefunden: die ‚Glorious Revolution' 1688 in England①, die Französische Revolution 1789, die gescheiterte 1848er Revolution in Deutschland②.

① Der Thronwechsel von Jakob Ⅱ. zu Wilhelm Ⅲ. und Maria Ⅱ. vollzog sich unblutig und wird deshalb als Glorious Revolution bezeichnet.

② Freiheitlich-nationale Regungen und die Februarrevolution in Frankreich lösten die Revolution von 1848 aus: Sturz Metternichs in Wien, Friedrich Wilhelm Ⅳ. von Preußen wurde zum dt. Erbkaiser gewählt, lehnte die Wahl ab. Sein Versuch, die Reichseinheit durch eine Einigung der Fürsten zu erreichen, scheiterte.

Dass und wie diese sozialen und politischen Umwälzungen in der Neuzeit auch Formen und Inhalte des Philosophierens von Grund auf veränderten, wird jetzt zu zeigen sein.

Braun; Heine; Opolka: Politische Philosophie. S. 107 – 111

Aufgaben:

1. Wo stehen im Text die Erläuterungen für
   - Tauschbeziehung (Z. 17)
   - Vermehrung ihres Kapitals (Z. 18)
   - Manufakturen (Z. 96).

   Suchen Sie weitere Beispiele ähnlicher Art.
2. Versuchen Sie die Bedeutung des Wortes „rational" dadurch zu verstehen, indem Sie alle Aussagen über „rational", „Rationalismus" und „Rationalisierung" heraussuchen.

Fragen:

1. Was ist neu an Max Webers Theorie über den Kapitalismus im Okzident?
2. Was bedeutet „freie" Arbeit im Vergleich zu „Sklavenarbeit" und „Fronarbeit"?
3. Was versteht man unter dem Wort „formell" im Satz „... die rational-kapitalistische Organisation von (formell) freier Arbeit." (Z. 24).
4. Welche Rolle spielt die Rationalisierung in der Wirtschaft, im Staatswesen und in der Wissenschaft der bürgerlichen Gesellschaft?
5. Stellen Sie die Entwicklung der kapitalistischen Warenproduktion mit eigenen Worten dar.
6. Welche Unterschiede und welche Gemeinsamkeiten gibt es zwischen
   - Handwerk und Manufaktur,
   - Manufaktur und Industrie?

2.2. Neuzeit – was heißt das?

Die hier im vierten Teil unter der Überschrift „Neuzeit" zusammengebrachte Epoche umfasst den Zeitraum von Descartes (geboren 1596) bis Hegel (gestorben 1831), also rund zwei Jahrhunderte. Sieht man von den beiden Großen der Antike, Platon und Aristoteles, einmal ab, ist es die wohl spannendste und produktivste Epoche der Philosophiegeschichte. Was rechtfertigt uns, für diese Epoche den in der Philosophiegeschichte eingebürgerten Begriff „Neuzeit" zu übernehmen? Wenn „Epoche" mehr heißt als „Zeitraum von ... bis", welche gemeinsamen Züge lassen sich nennen, die in ihr trotz der Vielfalt, ja Gegensätzlichkeit der Philosophien ein einheitliches Gesicht erkennen lassen? Es sind hauptsächlich zwei Überlegungen, die unser Vorgehen als sinnvoll erscheinen lassen. Einmal lässt sich eine gewisse Einheitlichkeit des Philosophiebegriffs feststellen, also eine gemeinsame Grundüberzeugung, die jeden Philosophen leitet, egal worüber er nachdenkt und was er im Einzelnen dazu meint. Diese Grundüberzeugung ist das Prinzip der Vernunft. Die Philosophie der Neuzeit ist weder Auslegung von Autoritäten (wie in der Scholastik) noch Ergründen der Ähnlichkeiten zwischen Mikro- und Makrokosmos (wie in der Renaissance). *Scientia est certa deductio ex certis* – „Philosophie ist das richtige Schlussfolgern auf der Grundlage von sicherem Wissen“, wie ein Philosoph des 18. Jahrhunderts (A. Baumgarten) diese Überzeugung formulierte. Das gemeinsame Vorbild der Vernunft lieferte die Mathematik, und selbst Hegel, der schärfste Kritiker dieses Vorbilds, glaubte noch, ein System der Vernunft errichten zu können. Diese Vernunft ist universell; sie lässt sich in allen Gebieten des Wissens anwenden. Hierin liegt übrigens der Grund, warum uns heute all diese Philosophen als wahre Universalgenies vorkommen. Jeder kannte sich in einer Vielzahl von Gebieten aus und hat darüber geschrieben, denn „Philosophie“ bedeutet in dieser Zeit noch soviel wie „Wissenschaft“ überhaupt. Philosophie hatte also einen entschieden größeren Umfang (erst im 19. Jahrhundert schrumpft sie zusammen), bei dem entschiedenen Vorteil einer einheitlichen Methode der Vernunft.

Warum aber der Vernunft? Mit dieser Frage gelangen wir zu der zweiten Überlegung, die die Epoche als einheitliche zu sehen erlaubt. Die Vernunft als Prinzip der Philosophie ist nämlich nicht vom Himmel gefallen, sondern enthält immer eine ausgeprägt politische Dimension. Das wird sofort klar, wenn wir uns vergegenwärtigen, dass alle Tendenzen dieser Epoche in der Französischen Revolution von 1789 ihren Höhepunkt finden. Im Verlauf dieser Revolution hat das Bürgertum als die gesellschaftliche Kraft, die geschichtlich immer stärker wurde, die Adelsgesellschaft weggefegt. Es hat einen neuen, einen bürgerlichen Staat errichtet, der auf dem Grundsatz der Freiheit und Gleichheit aller Menschen, auf der Vernunft selbst beruhen sollte. Und hierin liegt der innerste, politische Kern der Vernunft: sie ist weder evangelisch noch katholisch, weder kaiserlich und schon gar nicht mit diesem oder jenem Fürstenhaus verbunden, sondern ganz und gar allgemein. Jeder Mensch hat Anteil an ihr, was politisch gewendet heißt: er hat Anspruch auf Vernunft, auf vernünftige Verhältnisse, in denen er sich wie jeder andere auch verwirklichen kann. Er hat diesen Anspruch kraft seines Menschseins, seiner Natur. „Natur“ ist das zweite Schlüsselwort, das uns im Folgenden ständig beschäftigen wird. Wer ist dieser „allgemeine Mensch“, der im Namen der vernünftigen Natur und im Medium der Philosophie vernünftige Ansprüche formuliert? Sicher kein Angehöriger des Adels, denn ein Adliger ist kraft seines Blutes ein „besonderer“ Mensch (er leitet ja aus seiner Besonderheit ganz handfeste Herrschaftsansprüche ab!). Sicher ist es auch kein Bauer. Wie die Bauernkriege der Reformationszeit gezeigt haben, neigt das Bauerntum aufgrund seiner ganzen Lebensform eher dazu, sich auf Religion und Herkommen zu berufen, wenn es in gesellschaftliche Konflikte gerät. Zudem war das Bauerntum in Deutschland nach seiner großen Niederlage als geschichtliche Kraft gebrochen, und auch für die anderen europäischen Länder lässt sich Vergleichbares feststellen. Bleibt also nur noch der Bürger als Vertreter des allgemeinen Menschen, der allgemeinen Vernunft (auch wenn er tagsüber als Ingenieur z. B. oder als Kaufmann ganz und gar mit seinen privaten Angelegenheiten beschäftigt scheint). Soziologisch gefasst ist es die Schicht der bürgerlichen Intelligenz, die die Autoren und das Publikum der neuzeitlichen Philosophie stellt. Von daher soll die Neuzeit als einheitliche Epoche begriffen werden: die Philosophie der Vernunft als die Philosophie des aufsteigenden Bürgertums, der werdenden bürgerlichen Gesellschaft. (...)

Christoph Helferich: Geschichte der Philosophie. S. 158 – 159

Aufgaben:

1. Wo steht die Quellenangabe von diesem Text? Welche Bedeutung hat die Angabe?
2. Versuchen Sie, den Begriff *Vernunft* zu verstehen, indem Sie alle Aussagen über *Vernunft* im Text heraussuchen.
3. Erläutern Sie die Wörter *Politik* und *Revolution* inhaltlich.

Fragen:

1. Wie wird hier die *Neuzeit* als Epoche bestimmt?
2. Warum heißt „Epoche“ mehr als „Zeitraum von ... bis ...“?
3. Welche Wissenschaft gilt zuerst als das „sichere Wissen“? Begründen Sie das?
4. Warum ist die Vernunft universell?
5. Wie versteht man das Wort „Natur“ im Kontext (Z. 43)?
6. Welche Beziehung besteht zwischen der Vernunft und dem Bürgertum?
7. Warum kann ein Vertreter des Bauerntums nicht als „allgemeiner Mensch“ gelten? Nennen Sie einige entscheidende Schwächen des Bauerntums.

2. Neuzeit

Zusammenfassung:

Welche entscheidenden Neuerungen auf den Gebieten Politik, Gesellschaft, Wirtschaft, Wissenschaft, Kunst und Philosophie kennzeichnen die Neuzeit im Vergleich zum Mittelalter? Füllen Sie die Tabelle *Grundfragen der Philosophie* (Siehe: Anhang) aus.

3. René Descartes

Die bürgerliche Philosophie der Neuzeit ist ohne Namen wie Descartes, Spinoza, Leibniz, Locke, Kant ... nicht denkbar. Da René Descartes (1596 – 1650) als der Begründer der Philosophie der neueren Zeit gilt, beginnen wir mit ihm. In diesem Kapitel bieten wir zwei Texte an. Der erste Text ist der Sekundärliteratur entnommen, die uns eine Einführung für Descartes gibt. Der zweite Text ist ein Abschnitt aus Descartes *Abhandlung über die Methode des richtigen Vernunftgebrauchs und der wissenschaftlichen Wahrheitsforschung*.

Aufgaben:

1. Referatsthema: René Descartes – Leben und Werk
2. Welche Vorstellung haben Sie von der Philosophie?
   – Womit beschäftigt sich die Philosophie?
   – Wozu braucht man die Philosophie?
   – Was hat die Philosophie mit uns zu tun?

3. 1. René Descartes gelangt über den Zweifel zur Gewissheit des Denkens

Descartes' kleine Schrift *Abhandlung über die Methode des richtigen Vernunftgebrauchs und der wissenschaftlichen Wahrheitsforschung* (*Discours de la méthode pour bien conduire sa raison et chercher la vérité dans les sciences,* 1637) wurde eine der berühmtesten Schriften der Philosophiegeschichte. Sie verbindet einen Bericht über die geistige Entwicklung des Autors mit der Einführung in seine Denkmethode, denn der *Discours* erschien ursprünglich als erster der *Essais philosophiques*. Das heißt, die hier dargelegte Methode sollte dann in den folgenden Abhandlungen über die Dioptrik (Lehre von der Brechung des Lichts), die Meteore und die Geometrie am konkreten Material vorgeführt werden. Wir schließen uns hier zwanglos dem Gedankengang des *Discours* an, um ihn an einigen Punkten erläuternd in den Zusammenhang der Philosophie der Neuzeit zu stellen. Denn dass Descartes zu Recht oft zum „Vater der neuzeitlichen Philosophie" erhoben wurde, wird sich gleich zeigen.

Allein die Verbindung von persönlichem Bericht und methodologischer

Grundsatzdiskussion ist ungewöhnlich und neu. Descartes philosophiert als Privatmann. Mit der scheinbar größten Bescheidenheit weist er eingangs darauf hin, „wie sehr wir in allem, was die eigene Person betrifft, der Selbsttäuschung unterworfen sind." Philosophie als Veranstaltung von Privatpersonen, die in eigener Sache und mit dem Anspruch auf persönliche Freiheit der Meinungsäußerung sprechen, ist ein typisches Kennzeichen neuzeitlich-bürgerlichen Philosophierens. Doch der Schein trügt – es geht um die *Methode* des *richtigen Vernunft*gebrauches und der *wissenschaftlichen Wahrheits*forschung, und hier glaubt der Privatmann durchaus, die richtige Methode für Alle und Alles gefunden zu haben.

„Ich bin von Kindheit an für die Wissenschaften erzogen worden." Descartes, geb. 1596, stammt aus einer gehobenen bürgerlichen Familie – der Vater war Parlamentsrat –, die später durch Ämterkauf den Adelstitel erwarb. Er besuchte von acht bis siebzehn Jahren das Jesuitenkolleg von La Flèche. Es war dies eine der berühmtesten Bildungsanstalten seiner Zeit – die Jesuiten① waren ja die intellektuellen Vorkämpfer der gegenreformatorischen Erneuerung der katholischen Kirche nach dem Konzil von Trient② geworden. Die Bilanz aber ist enttäuschend:

> „Doch wie ich den ganzen Studiengang durchlaufen hatte, an dessen Ende man gewöhnlich in die Reihe der Gelehrten aufgenommen wird, änderte ich vollständig meine Ansicht. Denn ich befand mich in einem Gedränge so vieler Zweifel und Irrtümer, dass ich von meiner Lernbegierde keinen anderen Nutzen gehabt zu haben schien, als dass ich mehr und mehr meine Unwissenheit einsah."

Besonders in der Philosophie gibt es „nicht *eine* Sache, die nicht umstritten und mithin zweifelhaft sei". So gibt er schließlich das Studium der Wissenschaften vollständig auf: „Ich wollte keine andere Wissenschaft mehr suchen, als die *ich in mir selbst oder in dem großen Buch der Welt würde finden können.*"

Dass Enttäuschungen sehr produktiv sein können („Der Umweg ist manchmal der

① 1534 gegründeter katholischer Männerorden; besondere Bedeutung als Vorkämpfer der Gegenreformation, der Bildungsarbeit (bes. Elitebildung und Fürstenerziehung) und der Wissenschaften.

② Papst Paul III. erkannte die Notwendigkeit eines allgemeinen Konzils, konnte jedoch erst nach langen polit. Auseinandersetzungen das Konzil 1545 in Trient eröffnen.

kürzere Weg", sagt ein asiatisches Sprichwort), lässt sich am Beispiel von Descartes lernen. Mit dreiundzwanzig Jahren hat der junge Lebemann[1], der sich viel auf Reisen befand und sich im beginnenden Dreißigjährigen Krieg[2] in militärische Dienste begeben hatte, in einem Winterquartier in Deutschland eine Erleuchtung. Er, der so leidenschaftlich nach Klarheit des Denkens und Sicherheit der Lebensführung sucht, findet vier Regeln des Vernunftgebrauchs, die ihm die gewünschte Klarheit geben. Da sie für die Geschichte des europäischen Denkens außerordentlich wichtig wurden, seien sie hier vollständig angeführt: „Die *erste* war: niemals eine Sache als wahr anzunehmen, die ich nicht als solche sicher und einleuchtend erkennen würde, das heißt sorgfältig die Übereilung und das Vorurteil zu vermeiden und in meinen Urteilen nur soviel zu begreifen, wie sich meinem Geist so klar und deutlich darstellen würde, dass ich gar keine Möglichkeit hätte, daran zu zweifeln. Die *zweite*: jede der Schwierigkeiten, die ich untersuchen würde, in so viele Teile zu zerlegen als möglich und zur besseren Lösung wünschenswert wäre. Die *dritte*: meine Gedanken zu ordnen; zu beginnen mit den einfachsten und fasslichsten Objekten und aufzusteigen allmählich und gleichsam stufenweise bis zur Erkenntnis der kompliziertesten, und selbst solche Dinge irgendwie für geordnet zu halten, von denen natürlicherweise nicht die einen den anderen vorausgehen. Und die *letzte*: Überall so vollständige Aufzählungen und so umfassende Übersichten zu machen, dass ich sicher wäre, nichts auszulassen."

Diese Prinzipien wurden für das Wissenschaftsverständnis der folgenden Jahrhunderte so bestimmend, daß Max Horkheimer in ihnen den Inbegriff „traditioneller Theorie" sah: „Theorie gilt in der gebräuchlichen Forschung als ein Inbegriff von Sätzen über ein Sachgebiet, die so miteinander verbunden sind, dass aus einigen von ihnen die übrigen abgeleitet werden können."[3] Descartes entwickelte sie nach dem Vorbild der Mathematik, da „die *Mathematiker* allein einige Beweise, das heißt einige sichere und einleuchtende Gründe hatten finden können." Übrigens war Descartes selbst einer der hervorragendsten Mathematiker seiner Zeit. Er erfand die analytische Geometrie. Durch die Einführung des Koordinatensystems konnten jetzt geometrische Probleme durch algebraische (also Zahlen-) Methoden bearbeitet werden, z. B. indem eine Kurve als

---

① jemand, der das Leben genießen kann.

② Dreißigjähriger Krieg: 1618 bis 1648; Ursache: Konfessionsgegensätze; unentschiedener Kampf und Kriegsmüdigkeit führten zum Westfälischen Frieden.

③ Max Horkheimer: „*Traditionelle und kritische Theorie*", in: Ders. *Traditionelle und kritische Theorie.* Vier Aufsätze. Frankfurt am Main 1970, S. 12 – 56, hier S. 12.

Funktionsgleichung angegeben wird. Mathematisierung der Welt ist ein weiteres Kennzeichen neuzeitlicher Philosophie. Gleichzeitig mit Descartes und Hobbes ging auch Galilei auf diesem Weg vor, um eine neue Physik zu begründen. Die *Discorsi*① erschienen 1638. Was in dieser Philosophiegeschichte in Kapitel zerfasert erscheint, steht in Wirklichkeit in ganz engem Zusammenhang. Aber Galilei, kritisiert Descartes, hat „ohne Fundament gebaut", hat herumexperimentiert, „ohne die ersten Ursachen der Natur betrachtet zu haben." Gerade darin, in der Begründung einer neuen Meta-Physik, sieht Descartes seine Lebensaufgabe.

Er geht dabei einen ungewöhnlichen Weg, den Weg des Zweifels. Ausführlicher als in der *Abhandlung* ist er dargestellt in dem zweiten Hauptwerk, den *Meditationes de prima philosophia*, 1641. *Prima Philosophia* ist die Erste Philosophie, die Meta-Physik, im Unterschied zur Physik als der Zweiten. Um einen Punkt absoluter Gewissheit zu finden – eine Gewissheit, die auch die vier Regeln nochmals zu begründen vermag – entwickelt Descartes einen radikalen, sog. methodischen Zweifel. Er stellt alles in Frage – die Sitten der Menschen, die sich widersprechen, das Urteil der Sinne, das trügt, das Gedächtnis mit seinen Lücken, schließlich die Wirklichkeit der Außenwelt selbst. Erscheinen nicht im Schlaf meine Gedanken genauso wahr wie beim Wachen, und kann es nicht sein, dass ein Betrüger-Gott mir ständig falsche Vorstellungen einflößt? Was also bleibt Wahres übrig? Vielleicht nur dies eine, dass nichts gewiss ist? „Alsbald aber machte ich die Beobachtung, dass, während ich so denken wollte, alles sei falsch, doch notwendig *ich*, der so dachte, irgend etwas sein müsse, und da ich bemerkte, dass diese Wahrheit *„ich denke, also bin ich" (je pense, donc je suis; ego cogito, ergo sum, sive existo)* so fest und sicher wäre, dass auch die überspanntesten Annahmen der Skeptiker sie nicht zu erschüttern vermöchten, so konnte ich sie meinem Dafürhalten nach als das erste Prinzip der Philosophie, die ich suchte, annehmen."②

Man spricht hier von einem methodischen Zweifel, weil das Ziel nicht ist, beim Zweifel stehenzubleiben (das tun die antiken Skeptiker). Ziel ist vielmehr gerade, durch die Methode des Zweifelns zur höchstmöglichen Gewissheit zu gelangen. Und wir müssen

① Die Discorsi: Trägheitsgesetz

② René Descartes: *Abhandlung über die Methode des richtigen Vernunftgebrauchs und der wissenschaftlichen Wahrheitsforschung*, Stuttgart 1971, S. 31.

versuchen, ganz ernstzunehmen, ganz zu verstehen, dass Descartes diese Gewissheit in seinem *Ich* findet. In der unerschütterlichen Tatsache, dass er sich seiner bewusst ist, d. h. dass *er* denkt, dass *er* zweifelt. Wenn er darin das „erste Prinzip der Philosophie" sieht, hat er ein radikal neues Prinzip der Philosophie aufgestellt. Es ist das Prinzip des Selbstbewusstseins. Übrigens wurde das Wort „Bewusstsein" in seinem umfassenden Sinne – über die vertrauten Begriffe „Denken" *(cogitatio)* und „Gewissen" *(conscientia)* hinaus – von ihm in die französische Sprache eingeführt. Konsequenterweise ist ihm dieses Bewusstsein, dieses Denken gewisser als sein eigener Körper, denn er kann sich auch vorstellen, dass er keinen Körper hat: „Ich erkannte daraus, dass ich eine Substanz sei, deren ganze Wesenheit oder Natur bloß im *Denken* bestehe (...), so dass dieses *Ich*, d. h. die *Seele*, wodurch ich bin, was ich bin, vom Körper selbst völlig verschieden und selbst leichter zu erkennen ist als dieser und auch ohne Körper nicht aufhören werde, alles zu sein, was sie ist."

Diese Denkweise ist genau umgekehrt wie die unsrige. Indem Descartes sich selbst als „denkendes Etwas" *(res cogitans)* definiert, stellt er dieses denkende Etwas grundsätzlich der Aussenwelt gegenüber. Die Dinge der Außenwelt wie auch den eigenen Körper bezeichnet er demgegenüber als „ausgedehnte Sachen" *(res extensae)*. Alles Seiende in der Welt schrumpft so zusammen auf den – freilich grundlegenden - Unterschied von *res cogitans* und *res extensa*. Damit ist neben dem radikalen Vorrang des Selbstbewusstseins (man nennt es auch „Prinzip der Subjektivität") ein weiterer bestimmender Grundzug neuzeitlichen Denkens formuliert – der Dualismus von Ich und Außenwelt, Körper und Seele. Im *Discours* steht der Satz, „dass nichts vollständig in unserer Macht sei als *unsere Gedanken*." Das hört sich sehr resignativ an, hat aber bei Descartes einen durchaus optimistischen Akzent. Denn wenn wir die Gewissheit des „ich denke, also bin ich" und die Gewissheit der vier Regeln zusammennehmen, haben wir die Grundüberzeugung Descartes', dass die Vernünftigkeit des Ich und die Vernünftigkeit der Außenwelt zusammenhängen bzw. sich entsprechen bzw. identisch sind. Es ist *eine* Vernunftstruktur in *beiden* Welten. Durch die Mathematisierung der Außenwelt – was nichts anderes heißt, als sie „auf den Begriff", in vernünftige Formeln zu bringen, sie verstehbar zu machen – kann er die Wirklichkeit begreifen als System von Gedanken, das im Bewusstsein fundiert ist. Diese philosophische Grundüberzeugung nennt man Idealismus. Die ganze Epoche der Neuzeit denkt fast ausnahmslos idealistisch – sehr schwierig für uns, das wirklich nachzuvollziehen. (...)

„Idealismus“ als philosophische Grundposition und ihr Gegenbild „Materialismus“ werden uns also noch lange beschäftigen. Ich möchte hier zwei Verständnishilfen der idealistischen Denkart anbieten. Eine gibt Descartes selbst mit dem berühmten Wachsbeispiel in der zweiten seiner *Meditationen*. Was ist „die Wirklichkeit“? Zunächst doch einmal eine Ansammlung von Dingen, von Körpern. Nehmen wir, sagt Descartes, einen offensichtlich ganz bekannten Körper wie ein Stück Wachs mit einem bestimmten Geschmack, Geruch, einer bestimmten Gestalt und Ausdehnung. Das also „ist“ das Wachs mit seinen Eigenschaften. All diese Eigenschaften aber ändern sich vollständig, wenn ich das Wachs dem Feuer nähere. Es verliert seine Gestalt, seinen Geruch usw., kann verdunsten. Trotzdem bleibt es dasselbe Wachs – nur: „Es bleibt mir also nichts übrig als zuzugeben, dass ich, was das Wachs *ist*, mir gar nicht bildlich ausmalen, sondern nur denkend begreifen kann. (...) Seine Erkenntnis ist nicht Sehen, nicht Berühren, nicht Einbilden und ist es auch nie gewesen, wenngleich es früher so schien, sondern sie ist eine Einsicht einzig und allein des Verstandes (...).“

Idealismus ist also immer erkenntniskritisch. Er stellt die naive, alltägliche Auffassung der Wirklichkeit in Frage. „Wirklichkeit“ ist nicht einfach das, was wir so sehen, riechen, schmecken, kurz: „wahr-nehmen“. „Eigentliche Wirklichkeit“ ist immer denkend begriffene, gedanklich verarbeitete, in die Form von Gedanken, die Gestalt der Vernunft gebrachte Wirklichkeit. Insofern ist sie, wie die idealistische Auffassung zugespitzt lautet, Produkt unseres Denkens (daher „Idealismus“ im Sinne eines Vorrangs des Denkens, der Begriffe und Ideen).

Es ist kein Zufall, dass der Idealismus außer seiner erkenntnistheoretischen auch eine ethisch-praktische Bedeutung hat (beide hängen eng zusammen). Nach dieser zweiten Bedeutung ist ein Idealist ein Mensch, der an die Macht der Ideen glaubt; der überzeugt ist, dass die Ideen oder Ideale sich in und trotz der Wirklichkeit durchsetzen – dass die bestehende gesellschaftliche Wirklichkeit nicht das letzte Wort ist. Die zweite Verständnishilfe ist daher eine historisch-soziologische. (...) Es gibt kein vorgeordnetes, ruhend-gegliedertes Ganzes mehr wie im Mittelalter. Der Begriff der Vernunft nun ist ein ausgezeichnetes Mittel, einen positiven gedanklichen Zusammenhang sowohl zwischen all den vielen isolierten Einzelnen als auch zwischen dem Einzelnen und dem Ganzen der Welt zu stiften: es ist dieselbe Vernunftstruktur, die ich in mir, in allen Menschen und der Natur wiederfinde. Idealistische Philosophie als Versuch, die Welt zu begreifen, ist immer auch Ausdruck des Wunsches, dem Fremden seine Fremdheit zu nehmen und sich in der Welt heimisch zu fühlen. (...)

Und schließlich ist die Vernunft das theoretische Mittel, die Forderungen nach wirtschaftlicher und politischer Freiheit und Gleichheit aller Menschen gegenüber dem Adel aufzustellen und „unantastbar" zu untermauern. Insofern ist der Idealismus als Gesamtbewegung bürgerlichen Denkens eine optimistische Philosophie.

Christoph Helferich: Geschichte der Philosophie. S. 165 – 169

Aufgaben:

1. Erläutern Sie die folgenden Wörter:
   - die Methode (Z. 1)
   - der/das Essay (Z. 6)
   - der Inbegriff (Z. 66)
   - der Satz (Z. 67)
2. Suchen Sie die wichtigen Begriffe für die Theorie von Descartes heraus und erläutern Sie diese.

Fragen:

1. Was sind die wichtigen Inhalte der kleinen Schrift *Abhandlung über die Methode des richtigen Vernunftgebrauchs und der wissenschaftlichen Wahrheitsforschung?*
2. Was versteht man unter dem Wort *Privatmann* im Satz *„Descartes philosophiert als Privatmann.* "? (Z. 15) Begründen Sie Ihre Antwort!
3. Warum nimmt Descartes die Mathematik als das Vorbild für seine Philosophie?
4. Was versteht man unter dem methodischen Zweifel bei Descartes?
5. Wie ist der Satz: *„Ich denke, also bin ich.* " entstanden?
6. Suchen Sie im Text ähnliche Ausdrücke für *„Ich denke, also bin ich.* "
7. Wie betrachtet Descartes die *Seele* und den *Körper*?
8. Wie betrachtet ein Idealist die Beziehung zwischen den *Ideen* und der *Wirklichkeit*?
9. Warum ist der *Idealismus* als Gesamtbewegung bürgerlichen Denkens eine optimistische Philosophie?

3.2. Die hauptsächlichen Regeln der vom Autor gesuchten Methode

Zweites Kapitel

Ich war damals in Deutschland, wohin mich der Ausbruch des Kriegs, der dort noch nicht beendet ist, gerufen hatte, und als ich von der Kaiserkrönung① wieder zum Heere zurückkehrte, so verweilte ich den Anfang des Winters in einem Quartier, wo ich ohne jede zerstreuende Unterhaltung und überdies auch glücklicherweise ohne alle beunruhigenden Sorgen und Leidenschaften den ganzen Tag allein in meinem Zimmer eingeschlossen blieb und hier alle Muße hatte, mit meinen Gedanken zu verkehren. Unter diesen Gedanken führte mich einer der ersten zu der Betrachtung, dass in den Werken, die aus mehreren Stücken zusammengesetzt sind und von der Hand verschiedener Meister herrühren, oft nicht so viel Vollkommenheit sei, als in denen, woran ein einziger gearbeitet hat. So sieht man, dass die Gebäude, die ein einziger Baumeister unternommen und vollendet hat, gewöhnlich schöner und besser geordnet sind als die, welche mehrere auszubessern bemüht waren, indem sie alte, zu andern Zwecken gebaute Wände benutzten. So sind jene alten Städte, die anfänglich nur Burgflecken waren und im Laufe der Zeit große Städte geworden sind, im Vergleich mit diesen regelmäßigen Plätzen, die ein Ingenieur nach (dem Bilde) seiner Phantasie auf der Ebene abmisst, gewöhnlich so unsymmetrisch, dass man zwar in ihren einzelnen Häusern, jedes für sich betrachtet, oft ebensoviel oder mehr Kunst als in denen der regelmäßigen Städte findet; aber sieht man, wie die Gebäude nebeneinander geordnet sind, hier ein großes, dort ein kleines, und wie sie die Straßen krumm und ungleich machen, so möchte man sagen, es sei mehr der Zufall als der Wille vernünftiger Menschen, der sie so geordnet habe. Und wenn man bedenkt, dass es doch allezeit einige Beamte gegeben, welche die Häuser der Privatleute zum Zweck der öffentlichen Zierde zu beaufsichtigen hatten, so wird man leicht erkennen, dass es schwer ist, etwas Vollendetes zu machen, wenn man nur an fremden Werken herumarbeitet. So meinte ich, dass die Völker, die aus dem ursprünglichen Zustande halber Wildheit sich nur allmählich zivilisiert und ihre Gesetze nur gemacht haben, je nachdem der Notstand der

① Kaiser Matthias war am 20. März 1619 gestorben; die Krönung Ferdinands Ⅱ. fand am 9. September 1619 statt. Descartes hatte sich dem bayrischen Heer angeschlossen; das Winterquartier befand sich zu Neuburg an der Donau.

Verbrechen und Zwistigkeiten sie dazu gezwungen, nicht so gute Einrichtungen haben können wie die, welche seit dem Beginne ihrer Vereinigung die Anordnungen irgendeines weisen Gesetzgebers befolgt haben. Wie es denn auch ganz gewiss ist①, dass die Verfassung der wahren Religion, die Gott allein angeordnet hat, unvergleichlich besser geregelt sein muss als die aller übrigen. Und um von menschlichen Dingen zu reden, so glaube ich, dass, wenn Sparta einst ein sehr blühender Staat war, dies nicht von der Trefflichkeit jedes einzelnen seiner Gesetze im besonderen herrührte; waren doch mehrere höchst seltsam und sogar den guten Sitten widersprechend; sondern dass es daher kam, dass seine Gesetze nur von *einem einzigen* erfunden und alle auf *ein* Ziel gerichtet waren. Und so meinte ich, dass die Büchergelehrsamkeit – zum wenigsten die, deren Gründe bloße Wahrscheinlichkeit und keine Beweise haben –, wie sie aus den Meinungen einer Menge verschiedener Personen allmählich zusammengehäuft und angewachsen ist, der Wahrheit nicht so nahe kommt, als die einfachen Urteile, die ein einziger Mensch von gesundem Verstande über die Dinge, die vor ihm liegen, von Natur bilden kann. Und weil wir alle Kinder waren, ehe wir Männer wurden, und lange Zeit hindurch von unseren Trieben und Lehrern gelenkt werden mußten, die oft miteinander in Widerstreit waren und die beide uns vielleicht nicht immer das Beste rieten, so dachte ich weiter, dass unsere Urteile fast unmöglich so rein und so fest seien, wie sie gewesen sein würden, wenn wir vom Augenblick unserer Geburt an den vollen Gebrauch unserer Vernunft gehabt hätten und stets nur durch sie geleitet worden wären.

Freilich sehen wir nicht, dass man alle Häuser einer Stadt über den Haufen wirft bloß in der Absicht, sie in anderer Gestalt wiederherzustellen und schönere Straßen zu machen, aber man sieht wohl, dass viele Leute die ihrigen abtragen lassen, um sie wieder aufzubauen, und dass sie manchmal sogar dazu gezwungen werden, wenn die Häuser in Gefahr einzufallen und ihre Grundlagen nicht fest genug sind. Nach diesem Beispiel war ich überzeugt, dass es in Wahrheit ganz unvernünftig sein würde, wenn ein Privatmann die Absicht hätte, einen *Staat* so zu reformieren, dass er alles darin von Grund aus änderte und das Ganze umstürzte, um es wiederherzustellen, oder auch nur die gewöhnlichen Wissenschaften und deren festgestelltes Schulsystem; dass aber, was meine persönlichen Ansichten sämtlich betrifft, die ich bis jetzt in meine Überzeugung

① es ist ganz sicher

aufgenommen, ich nichts besseres tun könnte, als sie einmal abzulegen, um dann nachträglich entweder andere, die besser sind, oder auch sie selbst wieder an ihre Stelle zu setzen, nachdem sie von der Vernunft gerechtfertigt worden. Und ich glaubte fest, dass es mir dadurch gelingen würde, mein Leben viel besser zu führen, als wenn ich nur auf alte Grundlagen baute und mich nur auf Grundsätze stützte, die ich mir in meiner Jugend hatte einreden lassen, ohne jemals zu untersuchen, ob sie wahr wären. Denn obwohl ich hierin verschiedene Schwierigkeiten bemerkte, so waren sie doch nicht heillos und mit denen nicht zu vergleichen, die im *öffentlichen* Wesen die Reformation der kleinsten Verhältnisse mit sich führt. Diese großen Körper sind sehr schwer wieder aufzurichten, wenn sie am Boden liegen, oder auch nur aufzuhalten, wenn sie schwanken, und ihr Sturz ist allemal sehr hart. Und was ihre Mängel betrifft, wenn sie welche haben, wie denn schon die Verschiedenheit allein, die unter ihnen stattfindet, beweist, dass solche bei mehreren vorhanden sind, so hat sie der Gebrauch ohne Zweifel sehr gemildert, und sogar viele davon, denen sich mit keiner Klugheit so gut beikommen ließe, unmerklich abgestellt oder verbessert, und endlich sind diese Mängel fast in allen Fällen erträglicher als ihre Veränderung sein würde. Es verhält sich damit ähnlich wie mit den großen Wegen, die sich zwischen den Bergen hinwinden und durch den täglichen Gebrauch allmählich so eben und bequem werden, dass man weit besser tut, ihnen zu folgen, als den geraderen Weg zu nehmen, indem man über Felsen klettert und in die Tiefe jäher Abgründe hinabsteigt. (...)

René Descartes: Abhandlung über die Methode des richtigen Vernunftgebrauchs

Aufgaben:

1. Referatsthema: Sparta (möglich)
2. Erläutern Sie die folgenden Wörter:
   - die Betrachtung (Z. 7)
   - öffentlich (Z. 22)
3. Wozu dient der Partikel „so" in der Zeile 10, 13, 24 und 36?

Fragen:

1. Was hat Descartes Anfang der Winters 1619 in einem Quartier gemacht? Und zu welcher Betrachtung ist er gekommen?
2. Wozu dienen die Beispiele über die Häuser einer gewachsenen Stadt und über einen geplanten Stadtentwurf eines Ingenieurs?
3. Was könnte ein *Privatmann* tun, um sein Leben besser zu führen?

4. Warum gibt Descartes das Beispiel über die großen Wege?
5. Analysieren Sie die Funktionen der Personalpronomen *„man"*, *„ich"* und *„wir"*!

Schlußarbeit:

1. Referatsthema: Gartenkunst im Westen und im Osten
   Erich Friedell sagte in seinem Buch *Kulturgeschichte der Neuzeit* über die Wirkung Descartes auf die Nachwelt:

   > „... vielmehr war ganz Frankreich seine Schule, an der Spitze der Sonnenkönig selbst, der seine Werke verboten hatte. Der Staat, die Wirtschaft, das Drama, die Architektur, die Geselligkeit, die Strategie, die Gartenkunst: alles wird cartesianisch. (...) in den Anlagen von Versailles, die abstrakte Gleichungen von Gärten sind."

2. Füllen Sie die Tabelle *Grundfragen der Philosophie* für René Descartes aus.

4. Benedictus de Spinoza

Baruch, oder, wie er sich später nennen musste, Benedictus de Spinoza (1632 – 1677) wollte den Menschen helfen, das Dasein in einer neuen Perspektive zu sehen. Unter dem Einfluss Descartes' hat er als Rationalist provokative neue Gedanken über Gott, die Natur und das menschliche Glück entwickelt. Er stieß mit seiner Religionskritik auf scharfe Ablehnung der Kirche, der Gesellschaft und sogar seiner Familie. Er, der wie wenige andere verspottet und verfolgt wurde, war selbst ein großer Verfechter der Meinungsfreiheit und religiösen Toleranz. Hier bieten wir wieder zwei Texte an. Der erste ist eine Einführung in das Leben und Werk Spinozas. Der zweite ist ein Originalausschnitt aus seinem Buch *Ethik*.

Aufgaben:

1. Referatsthemen: a. Spinozas Leben und Theorie
   b. Das Judentum
2. Was verstehen Sie unter *Freiheit* und *Glück*?

4.1. Erkenntnis = Freiheit = Glück?

Das so ein- (oder aus-)drucksvolle Portrait Spinozas, das seinen *Nachgelassenen Schriften* (1677) beigeheftet wurde, hat einen zeitgenössischen Kritiker zu folgender Unterschrift angeregt:

„Sieh hier Spinozas Antlitz-Bild
in dem der Jude sich nach dem Leben ausdrückt
und im Gesicht ein sittlich Wesen.
Wer jedoch darangeht, seine Schriften zu lesen,
findet in des Menschen Grund, wie schön auch gefirnisst,
den Abdruck eines Atheisten.
Ich will das sittliche Wesen Spinozas nicht bezweifeln.
Er war ein Philosoph: im Glauben
aber weder Jude noch Christ."

Diese Einschätzung Spinozas als Atheisten fand noch erheblich schärfere Ausdrucksformen. So war es ausgerechnet ein Pfarrer, der sich folgende „Grabschrift " – eine damals übliche, makabre Form der Schmähung – ausdachte: „Speie auf dieses Grab. Hier liegt Spinoza. Wäre seine Lehre dort auch begraben! Schüfe dieser Gestank keine Seelenpest mehr."

Nun kann man sagen, dass das einen Toten nicht mehr berührt. Spinoza hat aber in seiner Jugend schon Ähnliches und Schlimmeres erfahren. Er wurde 1632 in Amsterdam als Sohn jüdischer Eltern portugiesischer Herkunft geboren. Ganz in der eigentlich vielfältigen und offenen Tradition seiner Gemeinde aufgewachsen, wurde er mit 24 Jahren feierlich exkommuniziert① und mit dem rituellen Bannfluch② belegt. (...)

Es ist heute nicht leicht, die ungeheure Bedeutung zu ermessen, die der Religion in einem Zeitalter der Glaubenskämpfe zukam. Spinoza wurde aus seiner Gemeinde ausgestoßen, weil er wohl schon früh die jüdische Glaubensauffassung als ritueller Gesetzeserfüllung kompromisslos abgelehnt haben muss. Ein ganz anderer Charakter also als der eine Generation ältere Descartes, dessen Verhältnis zum Katholizismus schillernd blieb und der den Wahlspruch hatte: *Gut lebt, wer im Verborgenen lebt.* Aufgrund seiner Kompromisslosigkeit musste Spinoza das doppelte Trauma des exkommunizierten Juden erleiden. Nach der Verbannung änderte er seinen Vornamen in Benedictus um und lebte fortan sehr zurückgezogen an verschiedenen Orten Hollands – allerdings als „Geheimtip" früh berühmt und in Kontakt mit bedeutenden Zeitgenossen, u. a. auch mit Leibniz. Seinen Lebensunterhalt verdiente er hauptsächlich durch das Schleifen von optischen Linsen, damals eine hochspezialisierte Tätigkeit, welche die Schwindsucht, an der er 1677 in Den Haag starb, verstärkt haben dürfte. Nie wieder hat er sich einer religiösen Gemeinschaft angeschlossen. Von seinem persönlichen Schicksal her kann man sein ganzes Denken verstehen als Versuch, unabhängig von religiösen Auffassungen ein richtiges Leben philosophisch zu begründen und so aus der Erkenntnis heraus zu ermöglichen. Mehr als nur persönliche Bedeutung kommt diesem Versuch zu, da er mit einzigartiger Kraft und Konsequenz Grundtendenzen seiner Zeit in sein Denken

① exkommunizieren, Exkommunikation, f: Kirchenstrafe gegen natürliche Personen: Ausschluss aus der kirchlichen Gemeinschaft

② Kirchenbann, der mit einer Verfluchung verbunden ist

aufgenommen und ein System einer Ethik entworfen hat, das noch heute beispielhafte Bedeutung besitzt.

Eine solche mächtige Zeittendenz war eigentlich – entgegen der persönlichen Leidenserfahrung – der Zug zu politischer und intellektueller Freiheit. Spinoza lebte in Holland, dem reichsten Land seiner Zeit mit fortgeschrittener handelskapitalistischer Wirtschaft. Nach der Befreiung von Spanien[1] (1648) hatten die Sieben Provinzen die liberalste Verfassung und wurden aufgrund einer großzügigen Meinungsfreiheit zum Zufluchtsort der verschiedensten Gemeinschaften, die im übrigen Europa ausgestoßen wurden. *Vrijheid is blijheit!* – „Wer frei ist, ist froh!“, lautet ein holländisches Sprichwort. Aus diesem Grund hatte auch Descartes mehr als 20 Jahre seines Lebens in Holland verbracht. Der Cartesianismus (die lat. Form des Namens lautet Cartesius) verbreitete sich hier rasch an den Universitäten. Auch der junge Spinoza wurde tief von Inhalt und Form der cartesianischen Philosophie geprägt; sein erstes Werk – das einzige, das zu seinen Lebzeiten unter seinem Namen herausgegeben wurde – ist eine Erläuterung der cartesischen *Prinzipien der Philosophie*. Der anonym erschienene *Theologisch-Politische Traktat* (1670) ist ganz Ausdruck des liberalen holländischen handelskapitalistischen Geistes („Der Handel will frei sein“, heißt es in einem Buch, das Spinoza besaß) und zugleich philosophischer Nachweis, dass diese Liberalität der menschlichen Würde am besten entspricht:

> „Ich habe die demokratische Regierungsform lieber als alle anderen behandelt, weil sie, wie mir scheint, die natürlichste ist und der Freiheit, welche die Natur jedem einzelnen gewährt, am nächsten kommt. Denn bei ihr überträgt niemand sein Recht derart an einen anderen, dass er selbst fortan nicht mehr zu Rat gezogen wird [das ist gegen Hobbes gesprochen]; vielmehr überträgt er es auf die Mehrheit der gesamten Gesellschaft, von der er selbst ein Teil ist.“

Stein des Anstoßes[2] und Verbots war allerdings nicht die Verteidigung der Demokratie, sondern die Zuordnung des Verhältnisses von Religion und Philosophie, die auf einer eingehenden Prüfung der Schriften des *Alten* und *Neuen Testaments* beruht. Spinoza

---

① Im Westfälischen Frieden wurde die Unabhängigkeit der Republik der Vereinigten Niederlande anerkannt.

② Ursache dafür, dass eine unangenehme Situation oder ein Problem entstanden ist. Hier: Ärger

steht damit ziemlich am Anfang einer langen Kette aufklärerischer Bibelkritik. (...) Spinoza geht es um eine saubere Trennung von Religion und Philosophie. Sein Fazit:

> „(Ich) behaupte es als eine unerschütterliche Wahrheit, dass weder die Theologie der Vernunft noch die Vernunft der Theologie dienstbar sein darf, sondern dass jede ihr eigenes Reich behaupten muss, die Vernunft (...) das Reich der Wahrheit und der Weisheit, die Theologie aber das Reich der Frömmigkeit und des Gehorsams. (...) Gegen die Vernunft will sie nichts und kann sie nichts."

Dass die Vernunft in der Lage ist, „Wahrheit und Weisheit", also Erkenntnis und Normen der Lebensführung gleichermaßen zu geben, ist Spinozas unerschütterliche Grundüberzeugung. Sie zeigt sich auf jeder Seite seines Hauptwerks, der kurz nach seinem Tode erschienenen *Ethik* (1677). Bevor wir näher auf dieses Werk eingehen, ist es nötig, über die außerordentlichen Schwierigkeiten zu sprechen, die es – allerdings nur zunächst – dem Verständnis entgegensetzt. Es wirkt wie ein abgeriegeltes, hermetisches Werk. Daher ist es vielleicht sinnvoll, als Zugang zuerst die kurze *Abhandlung über die Verbesserung des menschlichen Verstandes* zu lesen, in der Fragen der Methode und Grundbegriffe – z. B. was eine Definition ist – behandelt werden. Der Eindruck des Hermetischen kommt zum Teil von der Form des Werkes. Es ist nämlich *ordine geometrico demonstrata*, d. h. in geometrischer Weise dargestellt. Die *Elemente* des griechischen Mathematikers Euklid (um 300 v. Chr.) sind das klassische Werk der griechischen Geometrie, dessen methodische Strenge der Beweisführung dem 17. Jahrhundert zum Leitbild denkerischer Klarheit, „Evidenz", wie Descartes sie nannte, wurde (auch Hobbes hatte sein Euklid-Erlebnis). Wie aus dem Wortlaut vom Anfang der *Elemente*[1] deutlich wird, geht Euklid von Definitionen, Postulaten[2] und Axiomen[3] aus, die die Grundlage der geometrischen Problemlösungen sind. Ganz analog nimmt Spinoza zu Beginn jedes der fünf Bücher der *Ethik* zunächst Definitionen vor, aus denen einige Grundsätze (Axiome) folgern. Das ganze Werk besteht dann aus Lehrsätzen[4],

---

① *Die Elemente*: Das Werk von Euklid 几何学原理

② Denkforderung, die sachlich oder begrifflich notwendig, jedoch nicht beweisbar ist 公设

③ unmittelbar einleuchtender Grundsatz, der seinerseits nicht mehr begründbar ist 公则

④ Lehrsatz, m: 命题

Beweisen, Folgesätzen[1] und Erläuterungen. Q. E. D.[2] – *quod erat demonstrandum* (was zu beweisen war) findet sich am Ende jedes Beweises der *Elemente* ebenso wie der *Ethik*; der Ausdruck „klare und deutliche Ideen" vielleicht noch öfter als bei seinem Urheber Descartes (vgl. die vier Regeln).

(...) Der Hauptpunkt bei Spinoza und zugleich die Hauptschwierigkeit für das Verständnis ist sein Substanzbegriff. „Substanz" ist einmal etwas, was unter allen Dingen als deren Träger oder Grund steht *(sub-stare)*; zum anderen aber auch etwas Unabhängiges und Selbständiges gegenüber den Dingen, was in der holländischen Übersetzung von Substanz – „zelfstandigkeit" – gut zum Ausdruck kommt. Diese Substanz – „dasjenige, was in sich ist und durch sich gedacht wird", wie es in der dritten Definition des ersten Buches heißt – wird herkömmlicherweise „Gott" genannt, und auch Spinoza nennt sie so. Im Unterschied zum jüdisch-christlichen Gottesbegriff aber setzt er Gott mit der Natur gleich und sagt daher manchmal „Gott beziehungsweise die Natur" *(deus sive natura)*. Er nimmt also alles Sein in Gott hinein und entkleidet zugleich die Substanz der persönlichen Merkmale des jüdisch-christlichen Gottes, weshalb er auch als Atheist und Freigeist verschrien war. D. h. von einem freien Willen Gottes und von göttlicher Liebe kann nicht mehr im herkömmlichen Sinne gesprochen werden. In allem regiert die Notwendigkeit der göttlichen Allnatur. Dem entspricht der zweite wichtige (und schwer nachvollziehbare) Schritt Spinozas, dass er die zwei Grundgegebenheiten der Welt, nämlich das körperliche Sein der Dinge (Ausgedehntes) und das Denken, mit der Substanz gleichsetzt. Ausgedehntes und Denken sind nichts als Attribute (wesentliche Eigenschaften) bzw. Daseinsformen (*modi*) der Einen Substanz. (...) Die von Spinoza vertretene Gotteslehre nennt man auch Pantheismus (*pan*, alles; *theós*, Gott; vgl. den 15. Lehrsatz in Buch 1: „Alles, was ist, ist in Gott, und nichts kann ohne Gott sein, noch begriffen werden."). Jeder, der in einer religiösen Umgebung aufgewachsen ist, wird diesen Gottesbegriff zumindest schon einmal „durchgefühlt" haben.

Warum aber sträuben sich die Menschen gegen die Einsicht in die Notwendigkeit alles Geschehens, warum halten sie sich für frei, warum glauben sie, Gott habe alles um des

① Folgesatz, m: 推论
② Q. E. D.: 证讫

Menschen willen eingerichtet? Spinoza nimmt eine eindringliche Analyse der Vorurteilsstruktur des menschlichen Denkens vor. Weil die Menschen grundsätzlich den Trieb haben, ihren eigenen Nutzen zu suchen, also zweckgerichtet handeln, übertragen sie dieses Handlungsprinzip in die Auffassung der Natur. Sie projizieren[1], wie der psychologische Ausdruck heißt, in die Welt ebensolche Zwecke, wie sie ihrem Handeln zugrunde liegen. Dadurch entsteht die Idee einer Weltordnung. Ebenso bilden sie, je nachdem, was für das Prinzip der Selbsterhaltung nützlich oder schädlich ist, wertende Begriffe: Gut – Böse; Ordnung – Verwirrung; Schönheit – Hässlichkeit; Lob – Tadel etc. All diese Begriffe entsprechen keiner Wirklichkeit, sondern sind „Vorstellungsdinge". Spinoza relativiert also grundsätzlich die ethischen und ästhetischen Normen, indem er sie auf ein zugrunde liegendes anthropozentrisches (auf den Menschen an sich gerichtetes) Denkmuster bezieht. Wie konnte sich ausgerechnet Spinoza von diesem allgemeinen Verblendungszusammenhang befreien? Die Wahrheit, schreibt er, wäre dem Menschengeschlecht in Ewigkeit verborgen geblieben, „wenn nicht die Mathematik, die sich nicht mit Zwecken, sondern lediglich mit Wesen und Eigenschaften der Figuren beschäftigt, dem Menschen eine andere Wahrheitsnorm kundgetan hätte."

Daher will er in Buch Ⅲ über Ursprung und Natur der Affekte „die menschlichen Handlungen und Begierden genau so betrachten, als handle es sich um Linien, Flächen oder Körper." Das hört sich sehr komisch an. Aber da Spinoza von drei Grundaffekten, Freude (Lust), Traurigkeit (Schmerz) und Begierde ausgeht und insbesondere die ersten beiden stets in ihrer polaren Spannung zueinander analysiert, gelangt er zu weit reichenden Einsichten in die konkrete Dynamik des menschlichen Gefühlslebens. Meines Wissens ist seine Untersuchung die sensibelste philosophisch-psychologische Durchdringung der Psyche vor Pascal; viele Einsichten der Psychoanalyse Freuds und deren Forderung, durch klärende Auseinandersetzung mit der eigenen Gefühlswelt zu mehr persönlicher Freiheit zu gelangen, sind hier von einem ganz anderen Denkansatz her vorweggenommen.

Damit ist auch die Lösung des fünften Teils „Von der Macht der Erkenntnis oder von der menschlichen Freiheit" angedeutet: „Ein Affekt, der ein Leidenszustand (eine

---

① projizieren: 外射

Leidenschaft) ist, hört auf, ein Leidenszustand zu sein, sobald wir seine klare und deutliche Idee bilden" (Buch V, 3. Lehrsatz). D. h. Spinoza will durch die Erkenntnis des Gefühlslebens und dessen vernünftige Steuerung Freiheit als Unabhängigkeit von der Außenwelt erlangen. Das alte Ideal des stoischen Weisen und seiner „Seelenruhe" also, jetzt mathematisch begründet. Und das, obgleich er die Freiheit des Willens bestreitet (Argument: die Menschen meinen, frei zu handeln, weil sie nur die Zwecke, nicht aber die Ursachen ihres Handelns kennen. Und alle Handlungen sind notwendig durch eine Ursache bestimmt, also unfrei). Wenn auf irgend jemand das Wort von Friedrich Engels, Freiheit sei Einsicht in die Notwendigkeit, zutrifft, so auf Spinoza. Diese Einsicht ist „die in der Erkenntnis ruhende Liebe zu Gott" *(amor dei intellectualis)*, der ewigen Notwendigkeit, und umschreibt die höchste Vollkommenheit, die ein Mensch erlangen kann. Sie setzt nach Spinoza eine Menge Energie frei, denn, so der 40. Lehrsatz:

> „Je mehr Vollkommenheit ein Ding hat, desto mehr handelt es, und desto weniger leidet es; und umgekehrt, je mehr es handelt, desto vollkommener ist es. "

Christoph Helferich: Geschichte der Philosophie. S. 170 – 174

Aufgaben:

1. Erläutern Sie die folgenden Wörter
   - der Atheist, der Atheismus
   - sittlich
   - das doppelte Trauma (Z. 33)
   - die Evidenz (Z. 99)
   - der Pantheist, der Pantheismus (Z. 129)
   - die Erkenntnis
2. Sammeln Sie alle Aussagen über den Begriff *Substanz*.

Fragen:

1. Wie verhielt sich Spinoza im Vergleich zu Descartes gegenüber der Religion? Was hat er erlebt?
2. Stellen Sie die Grundtendenzen der Zeit von Spinoza dar.
3. Welche Form hat das Werk „Ethik"?
4. Welche Religionsauffassung vertritt Spinoza?
5. Wie betrachtet Spinoza die zwei Grundgegebenheiten der Welt, nämlich das

Ausgedehnte und das *Denken*? Vergleichen Sie es mit Descartes.
6. Warum wird Spinoza gleichzeitig als *Atheist* und *Pantheist* bezeichnet?
7. Was ist die Vorurteilsstruktur des menschlichen Denkens? Warum besteht diese Struktur?
8. Wie kann man nach Spinoza *Freiheit* im Gefühlsleben erlangen?

4.2. Über den Ursprung und die Natur der Affekte

Vorwort

Die meisten, die über die Affekte und über die Lebensweise der Menschen geschrieben haben, scheinen nicht von natürlichen Dingen zu reden, die den allgemeinen Naturgesetzen folgen, sondern von Dingen außerhalb der Natur. Ja, sie scheinen den Menschen in der Natur wie einen Staat im Staate anzusehen. Denn sie glauben, dass der Mensch die Ordnung der Natur mehr stört als befolgt und dass er über seine Handlungen eine absolute Macht hat und von nichts anderem bestimmt wird als von sich selbst. Ferner suchen sie die Ursache der menschlichen Schwäche und Unbeständigkeit nicht im allgemeinen Vermögen der Natur, sondern ich weiß nicht in welchem Gebrechen der menschlichen Natur, die sie daher beweinen, verlachen, verachten oder, was am häufigsten geschieht, verwünschen. Und wer die Schwäche des menschlichen Geistes recht beredt oder scharfsinnig durchzuhecheln versteht, der wird gleichsam für göttlich gehalten. Indessen hat es doch auch an sehr hervorragenden Männern nicht gefehlt (und ich gestehe, dass ich deren Arbeit und Fleiß viel zu verdanken habe), die über die rechte Lebensweise viel Vortreffliches geschrieben und den Menschen Ratschläge voll Klugheit gegeben haben. Die Natur und die Kräfte der Affekte aber, und was dagegen der Geist vermag, nämlich sie zu mäßigen, das hat, soviel ich weiß, noch niemand eindeutig bestimmt. Ich weiß zwar, dass der hochberühmte Descartes, obwohl auch er glaubte, der Geist habe über seine Handlungen eine absolute Macht, dennoch versucht hat, die menschlichen Affekte aus ihren ersten Ursachen zu erklären und zugleich den Weg zu zeigen, wie der Geist über die Affekte eine absolute Herrschaft erlangen könne. Er hat aber damit, wenigstens nach meiner Meinung, nichts als den Scharfsinn seines großen Geistes gezeigt, was ich an der geeigneten Stelle beweisen werde. Hier will ich mich wieder jenen zuwenden, welche die menschlichen Affekte und Handlungen lieber verwünschen oder verlachen als verstehen wollen. Diesen wird es ohne Zweifel sonderbar vorkommen, dass ich die menschlichen Fehler und Torheiten auf geometrische Weise zu behandeln unternehme und das nach einer festen Methode entwickeln will, was sie immer wieder als vernunftwidrig und als eitel, albern und schrecklich verschreien. Mein Grund aber ist dieser: Es geschieht in der Natur nichts, was ihr als Fehler angerechnet werden könnte. Denn die Natur ist immer dieselbe, und ihre Kraft und ihr Vermögen zu wirken ist überall gleich. D. h., die Gesetze und Regeln der Natur, nach denen alles geschieht und aus einer Form in eine andere verwandelt wird, sind überall und immer die gleichen. Daher kann es auch nur eine Methode geben, nach der die Natur aller Dinge, um welche es sich auch immer handelt, erkannt wird, nämlich durch die allgemeinen Gesetze und Regeln der Natur. Es folgen daher die Affekte des Hasses, des Zorns, Neids, an sich betrachtet, aus derselben Notwendigkeit und Kraft der Natur wie alles andere. Demnach lassen sie bestimmte Ursachen gelten, durch die sie erkannt werden, und haben bestimmte Eigenschaften, die unserer Erkenntnis ebenso würdig sind wie die Eigenschaften eines jeden anderen Dinges, an dessen bloßer Betrachtung wir uns erfreuen. Ich werde daher die Natur und die Kräfte der Affekte und die Macht des Geistes über sie nach derselben Methode behandeln, nach der ich in den vorigen Teilen Gott und den Geist behandelt habe, und die menschlichen Handlungen und Triebe geradeso betrachten, als handelte es sich um Linien, Flächen oder Körper.

Benedictus de Spinoza: Die Ethik, Buch 3

Aufgaben:

1. Erläutern Sie die folgenden Wörter
   - der Staat im Staat (Z. 4)
   - die Unbeständigkeit (Z. 7)
   - das Vermögen (Z. 8)
2. Auf welche Substantive beziehen sich die folgenden Pronomen?
   - Z. 3 sie
   - Z. 4 sie
   - Z. 5 er
   - Z. 16 sie
   - Z. 24 diesen
   - Z. 27 sie
   - Z. 29 ihr
   - Z. 33 welche

- Z. 39 dessen
- Z. 40 sie

Fragen:

1. Definieren Sie das Wort *Affekte*.
2. Wie werden die *Affekte* im allgemeinen gesehen? Und warum?
3. Geben Sie Descartes Auffassung über die menschlichen *Affekte* wieder?
4. Wie versucht Spinoza, die menschlichen *Affekte* zu verstehen? Warum?

Schlussarbeit:

Füllen Sie die Tabelle *Grundfragen der Philosophie* für Spinoza aus.

5. Gottfried Wilhelm Leibniz

Denis Diderot, der bekannte Philosoph der Französischen Aufklärung, sagte über Leibniz (1646 – 1716): Dieser Mann bedeutet für Deutschland so viel Ruhm wie Platon, Aristoteles und Archimedes zusammengenommen für Griechenland. Wegen seiner Vielgeschäftigkeit und Vielseitigkeit sagte Friedrich der Große, Leibniz sei für sich allein eine ganze Akademie gewesen. Leider Können wir nicht alle Aspekte der leibnizschen Philosophie kennenlernen. Wir möchten hier nur seine philosophische Theorie von den *Monaden* vorstellen.

5. 1. Gottfried Wilhelm Leibniz glaubt tatsächlich, in der besten aller möglichen Welten zu leben

„Konstruierende Vernunft" ist ein geglückter Ausdruck zur Charakterisierung der großen rationalistischen Systeme des 17. Jahrhunderts, wie sie in ausgezeichneter Weise bei Descartes, Spinoza und Leibniz Gestalt gefunden haben. So problematisch verdünnt die seit dem 19. Jahrhundert üblich gewordene Einteilung der Philosophie der Neuzeit in Rationalismus einerseits, Empirismus andererseits ist, so wird in ihr doch die Eigenart zweier grundsätzlich verschiedener Ausgangspunkte philosophischer Theoriebildung überhaupt getroffen. Der Empirismus, der im nächsten Kapitel vorgestellt wird, beruft sich stets auf die möglichst unmittelbare Erklärung als Basis allen Philosophierens; er misstraut voreiligen, vielleicht gar nicht überprüfbaren Schlussfolgerungen, nur weil es vom Denken her „ so sein muss ". Ein klassischer Rationalist hingegen wird der Erfahrung, weil sie nur auf Sinnlichkeit beruhendes Wissen sein kann, stets nur eine eingeschränkte Bedeutung zumessen. Und da er der Macht des Denkens, der menschlichen Vernunft als Erkenntnisorgan mehr zutraut als den (möglicherweise trügerischen) Sinnen, ist er gleichsam zuversichtlicher und glaubt viel eher als der Empirist, das Ganze der Welt denkend erfassen zu können:

> „In diesem Sinne ist ein Rationalist ein Philosoph, der es für nützlich und erlaubt hält, zur Erklärung aller von ihm akzeptierten Phänomene Hypothesen zu bilden, die er im Wege der Schlussfolgerung (ratiocinatio) durch Hypothesen höherer

Stufe auf oberste, möglichst allgemeine und möglichst einfache Prinzipien zurückführt. "①

Und da die natürliche und menschliche Welt gleichermaßen auf diesen einfachen, nur dem Denken erschließbaren Prinzipien beruhen, heißt für den Rationalisten Philosophieren soviel wie das Ganze von den Grundelementen her nach-denken, genauer: nach-bauen. Heraus kommt die Einsicht in ein architektonisch konstruiertes Ganzes, das ein anderer Architekt, der Baumeister-Gott des 17. und 18. Jahrhunderts, vorgedacht und eingerichtet hat. Daher „konstruierende Vernunft".

Die Philosophie von Gottfried Wilhelm Leibniz (1646 – 1716) ist durch und durch rationalistisch-konstruierende Vernunft. Nach dem bisher über die Philosophie der Neuzeit Gesagten braucht es nicht weiter zu überraschen, wenn er auch für die Metaphysik eine Methode sucht und zumindest andeuten zu können glaubt, mit deren Hilfe „die Fragen, nicht weniger zuverlässig als bei der Methode des Euklid, völlig rechnungsmäßig gelöst werden können". Nun ist seine Philosophie darüber hinaus aber von einer eigentümlich optimistischen Stimmung durchtränkt, die einem heutigen Leser erhebliche Schwierigkeiten bereitet, wenn er sie verstehen – und das heißt immer auch: sich emotional darauf einlassen – will. (...)

In der Tat verlockt Leibniz' zentraler Gedanke einer „Welt-Harmonie", in der alles zum Besten eingerichtet ist und in der auch das Übel und das Böse integriert werden kann, zu einer ironischen Lektüre. (...)

Wäre Leibniz wirklich als einer der bedeutendsten Philosophen der Neuzeit in die Philosophie eingegangen, wenn er nur seichten Optimismus verbreitet hätte? Die Philosophiegeschichte besteht natürlich aus Werturteilen, aber „ganz objektiv" gehört Leibniz zu den allumfassenden (enzyklopädischen) Großen des 17. Jahrhunderts. Sein Wirken geht von der Erfindung der Infinitesimalrechnung in der Mathematik über die ganze Breite der Natur- und Gesellschaftswissenschaften seiner Zeit und über praktisch-politische Entwürfe bis hin zu Projekten zur Verbesserung der Abbautechnik im

① Specht, Rainer: *Einleitung* zu *Geschichte der Philosophie in Text und Darstellung*. Bd. 5, *Rationalismus*, Stuttgart 1981, S. 15. Dort auch der Ausdruck „konstruierende Vernunft".

Harzbergbau①. Er war auch Anreger und erster Präsident der Berliner *Preußischen Akademie der Wissenschaften* (gegründet 1700), nahm also in Deutschland eine Rolle ein, die Newton in England hatte. (...)

Sein Grundthema ist – abstrakt ausgedrückt – das Verhältnis von Einheit und Vielheit, von Individualität und Ganzem, anders gesagt: die komplizierte Struktur des ganzheitlichen Wirkungszusammenhangs „Welt".

Spinozas Lösung über die *eine* Substanz, die allein letzte Wirklichkeit besitzt, führt geradewegs in einen schillernden Pantheismus, der auch als Atheismus aufgefasst werden konnte. Sie war für einen Christen nicht annehmbar. Im Gegensatz dazu denkt Leibniz die Welt als unendliche Vielfältigkeit individueller Substanzen, die er Monaden nennt (gr. *monas*, Einheit). (...)

„Die Monaden, von denen meine Schrift handelt, sind nichts weiter als einfache Substanzen, welche in dem Zusammengesetzten enthalten sind. Einfach heißt, was ohne Teile ist" (erster Lehrsatz der *Monadologie*). Leibniz nennt die Monaden auch „Elemente der Dinge". Um sich eine auch nur ansatzweise Vorstellung zu bilden, was damit gemeint ist, müssen vier Begriffe zusammengedacht werden: *perceptio, appetitus, repraesentatio mundi* und prästabilierte Harmonie. Alle Monaden „perzipieren". Die Schwierigkeit, dieses Wort zu übersetzen, liegt in dem Problem, den Sinn von „Perzeption" zu deuten. Leibniz unterscheidet Perzeption und Apperzeption. Letztere ist die bewusste Wahrnehmung eines höheren Organismus, am ausgeprägtesten beim Menschen. Die Perzeption hingegen kommt allem Sein zu. Herkömmlicherweise wird Perzeption mit „Wahrnehmung" bzw. „Vorstellung" übersetzt. Aber was soll der Sinn einer „unbewussten Wahrnehmung" sein, im Unterschied zur Apperzeption? Gemeint ist die Strukturiertheit eines Dings und seine Beziehung zugleich zu seiner Umwelt. Daher scheint „Information" als Übersetzungsvorschlag sehr sinnvoll②. Jedes Ding, z. B. ein Baum, ist strukturiert durch in ihm liegende Eigenschaften, Informationen, deren Gesamtheit sein „Programm" darstellen. Die Perzeptionen

① Harz, m: nördlichstes dt. Mittelgebirge zwischen dem Thüringer Becken und dem norddeutschen Tiefland.

② So Specht, a. a. O., S. 236

wechseln ständig, da sie in Beziehung zu anderen Perzeptionen stehen – z. B. gibt es keinen Baum einfach so, sondern immer nur einen im Wachstum oder Absterben begriffenen Baum. Der Übergang von einer Perzeption zur anderen ist die „Kraft“ oder „Begehrung“ (*appetitus*); man kann den „Appetit“ verstehen als aktiven Vorgang der Verwirklichung eines Programmes (z. B. das Wachstum des Baumes). Wichtig und im Grunde sehr modern ist hierbei, dass Leibniz nie von Masse oder Materie als totem Stoff im Sinne einer Ansammlung von Atomen ausgeht, sondern – das ist durch Perzeption und Kraft gewährleistet – stets von immer schon strukturierten Beziehungseinheiten, von dynamischen Grundbegriffen. So heißt es im 19. Lehrsatz: „Auch lässt sich in der einfachen Substanz nur dieses allein finden: Perzeptionen und ihre Veränderungen. Darin allein müssen alle inneren Tätigkeiten der Monaden bestehen.“ Leibniz spricht von „inneren Tätigkeiten“, um auszudrücken, dass die Aktivitäten der Monaden nicht durch äußeren Anstoß kommen, sondern in ihnen selbst angelegt, gewissermaßen vorprogrammiert sind. Daher sagt er mit einem berühmt gewordenen Bild: „Die Monaden haben keine Fenster, durch die etwas hinein- oder heraustreten kann“ (17. Lehrsatz). Das ist nur dadurch denkbar, dass jede Monade „ein fortwährender lebendiger Spiegel der Welt ist“ (5. Lehrsatz). Jede Monade hat, auf ihre (spiegelbildliche) Weise, die ganze Welt immer schon in sich. Sie steht mit ihr in ständiger Beziehung; das Ganze wird im Individuellen repräsentiert (ausgedrückt, vorgestellt; daher: *repraesentatio mundi*). Da jede Monade individuell ist, keine der anderen ganz gleicht, ist die Repräsentation der Welt äußerst vielfältig. Nach den verschiedenen „Gesichtspunkten“ jeder einzelnen Monade also ebensoviele „perspektivische Ansichten des einzigen Universums“. Auch das ist ein Gedanke, der später noch sehr wichtig werden sollte. Trotzdem ist das Universum kein Chaos. Die Welt zeichnet sich durch eine allgemeine und durchgängige Gesetzlichkeit aus, die in den Monaden angelegt ist. Leibniz spricht von einer „prästabilierten Harmonie“, was man nüchterner etwa mit „vorprogrammierte Gesetzlichkeit“ übersetzen kann.

„Der volle Begriff der Monade meint ein Seiendes in seinem von der Welt begründeten und in der Welt gegründeten Sein“ (H. H. Holz). – Große Schwierigkeiten bei diesem in Vielem sehr modern anmutenden Systementwurf bereitet die Verbindung von rationalistischer Denk- und metaphysisch-idealistischer Ausdrucksweise. Leibniz verstehen, etwas mit ihm „anfangen“ können heißt vor allem auch, ihn richtig „übersetzen“ können. Etwa den Begriff „Gott“ als „Ur-Monade“. Leibniz gliedert die

Welt nach dem Grad von Bewusstheit bzw. Körperlichkeit:

„Die niedrigsten Monaden besitzen (...) nur ihnen selbst nicht bewusste Perzeptionen oder Programmpunkte und keine mit Bewusstsein verbundenen Perzeptionen (‚Apperzeptionen‘); sie erscheinen (...) bloß als ‚unbelebte‘ Mineralien. Monaden höheren Ranges, die ‚Seelen‘ heißen, verfügen bereits über mehr oder weniger starke Empfindungen (...); solche Monaden erscheinen (...) als Organismen (...). Monaden der höchsten Stufe sind vernunftbegabt und heißen ‚Geister‘; ihre materielle Erscheinung sind menschliche Leiber oder Engelleiber. Nur Gott als der vollkommenste Geist ist ohne alle undeutliche Erkenntnis und daher ohne Leib.“①

Tröstlich ist die leibnizsche Einsicht, dass die Einzigartigkeit, Individualität jeder Monade – hier denke jeder einmal an sich selbst – gerade in ihrer Unvollkommenheit besteht. Denn wären alle vollkommen, wären sie Gott. Die Pointe der Leibnizschen Argumentation liegt gerade darin, dass er Vielfalt, d. h. Unvollkommenheit, und Harmonie zusammenzudenken versucht. Aus dem Begriff der Vollkommenheit Gottes folgert er daher, dass Gott „bei der Hervorbringung des Universums den bestmöglichen Plan gewählt hat, in dem sich die größte Mannigfaltigkeit mit der größten Ordnung vereinigt (...); so muss das Ergebnis aller dieser Bestrebungen die wirkliche Welt als die vollkommenste aller überhaupt möglichen sein“. Daher hat Gott – diesem Nachweis dient die *Theodizee* von 1710 – auch das Übel in der Welt zulassen können und wollen. Und aus diesen Voraussetzungen folgt zugleich eine höchst moderne Neukonzeption von Glück, das nun nicht mehr als Kontemplation, d. h. als beschaulicher Zustand schauender Ruhe gefasst wird:

„Somit wird und soll unser Glück niemals in einem vollkommenen Genießen bestehen, bei dem nichts mehr zu wünschen übrigbliebe und das unseren Geist abstumpfen würde, sondern in einem immerwährenden Fortschritt zu neuen Freuden und neuen Vollkommenheiten.“

Christoph Helferich: Geschichte der Philosophie. S. 174 – 179

---

① Leibniz, G. W.: *Vernunftprinzipien der Natur und der Gnade*. Zit. nach Specht, a. a. O., S. 240

5. 1. Gottfried Wilhelm Leibniz glaubt tatsächlich, in der besten aller möglichen Welten zu leben

Fragen:

1. Unterscheiden Sie mit Hilfe der Erläuterungen bis Zeile 28 die Begriffe *Rationalismus* und *Empirismus*.
2. Vergleichen Sie den Begriff *Substanz* bei Descartes, Spinoza und Leibniz.
3. Suchen Sie wichtigsten Begriffe aus Leibniz Theorie heraus und erklären Sie sie mit Hilfe der Erläuterungen.
4. Stellen Sie die Beziehungen zwischen den Begriffen bildlich dar. Achten Sie darauf, dass die Zusammenhänge deutlich werden.
5. In dem *Uhrengleichnis* verdeutlicht Leibniz die prästabilierte Harmonie in Bezug auf das Verhältnis von *Leib und Seele*. Erläutern Sie es. Wessen Hand sehen Sie rechts oben im Bild?
6. Welche Bedeutung hat die *Theodizee*? Informieren Sie sich noch ausführlicher über das Problem der *Theodizee*.
7. Erläutern Sie den leibnizschen *Glücksbegriff*.
8. Warum wird Leibniz als *Rationalist* bezeichnet?

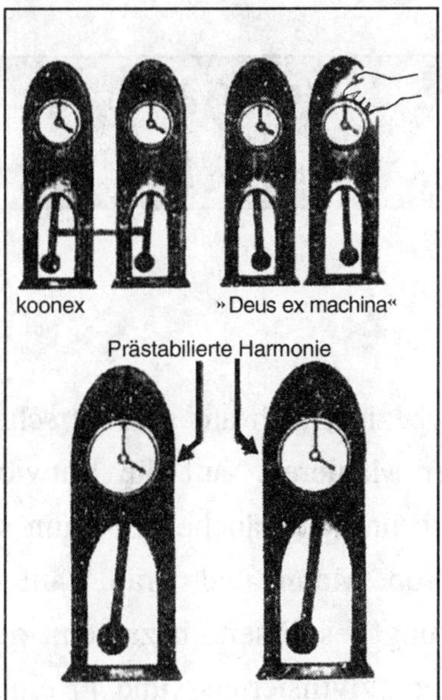

Kunzmann u. a. : dtv-Atlas zu Philosophie. S. 112

Schlussaufgabe:

1. Füllen Sie die Tabelle *Grundfragen der Philosophie* für Leibniz aus.
2. Wir haben uns mit den drei Rationalisten Descartes, Spinoza und Leibniz beschäftigt. Fassen Sie rückblickend noch einmal zusammen:
   - Was haben alle drei Philosophen gemeinsam?
   - Was unterscheidet sie?
   - Wie lösen sie jeweils das Problem der Trennung von Idee und Körper?

6. Kultur und Zivilisation

Es kommt zu einer kleinen Abwechslung, indem wir die Philosophen für kurze Zeit verlassen. In diesem Kapitel befassen wir uns mit den zwei Begriffen *Kultur* und *Zivilisation*. Wir führen sie oft im Munde, ohne uns Gedanken gemacht zu haben, ob sie das gleiche bedeuten. Hier bieten wir einen Artikel von Norbert Elias (1897 – 1990) und einen Artikel von Oswald Spengler (1880 – 1936) an, die die beiden Begriffe aus ganz verschiedenen Perspektiven behandeln.

Aufgabe:

Versuchen Sie, die Begriffe *Kultur* und *Zivilisation* zu definieren.

6. 1. Zur Soziogenese[①] des Gegensatzes von „Kultur" und „Zivilisation" in Deutschland

Einleitung

1. Der Begriff „Zivilisation" bezieht sich auf sehr verschiedene Fakten: auf den Stand der Technik, auf die Art der Manieren, auf die Entwicklung der wissenschaftlichen Erkenntnis, auf religiöse Ideen und Gebräuche. Er kann sich auf die Art des Wohnens oder des Zusammenlebens von Mann und Frau, auf die Form der gerichtlichen Bestrafung oder der Zubereitung des Essens beziehen, genau besehen gibt es beinahe nichts, was sich nicht in einer „zivilisierten" und in einer „unzivilisierten" Form tun ließe; und es erscheint deshalb immer als etwas schwierig, mit wenigen Worten alles, was als „Zivilisation" bezeichnet werden kann, zusammenzufassen.

Aber wenn man prüft, welches eigentlich die allgemeine Funktion des Begriffs „Zivilisation" ist, und um welcher Gemeinsamkeit willen man alle diese verschiedenen menschlichen Haltungen und Leistungen gerade als „zivilisiert" bezeichnet, findet man zunächst etwas sehr Einfaches: dieser Begriff bringt das Selbstbewusstsein des

① Soziogenese, f: Entstehung von etwas aufgrund gesellschaftlicher Umstände

Abendlandes zum Ausdruck. Man könnte auch sagen: das Nationalbewusstsein. Er fasst alles zusammen, was die abendländische Gesellschaft der letzten zwei oder drei Jahrhunderte vor früheren oder vor „primitiveren“ zeitgenössischen Gesellschaften voraus zu haben glaubt. Durch ihn sucht die abendländische Gesellschaft zu charakterisieren, was ihre Eigenart ausmacht, und worauf sie stolz ist: den Stand ihrer Technik, die Art ihrer Manieren, die Entwicklung ihrer wissenschaftlichen Erkenntnis oder ihrer Weltanschauung und vieles andere mehr.

2. Aber „Zivilisation“ bedeutet verschiedenen Nationen des Abendlandes nicht das gleiche. Vor allem zwischen dem englischen und französischen Gebrauch dieses Wortes auf der einen, dem deutschen Gebrauch auf der anderen Seite besteht ein großer Unterschied: Dort fasst der Begriff den Stolz auf die Bedeutung der eigenen Nation auf den Fortschritt des Abendlandes und der Menschheit in einem Ausdruck zusammen. Hier, im deutschen Sprachgebrauch, bedeutet „Zivilisation“ wohl etwas ganz Nützliches, aber doch nur einen Wert zweiten Ranges, nämlich etwas, das nur die Außenseite des Menschen, nur die Oberfläche des menschlichen Daseins umfasst. Und das Wort, durch das man im Deutschen sich selbst interpretiert, durch das man den Stolz auf die eigene Leistung und das eigene Wesen in erster Linie zum Ausdruck bringt, heißt „Kultur“.

3. Eigentümliches Phänomen: Worte, wie das französische und englische „Zivilisation“ oder das deutsche „Kultur“ erscheinen völlig klar im inneren Gebrauch der zugehörigen Gesellschaft. Aber die Art, wie ein Stück Welt in ihnen zusammengefasst ist, die Selbstverständlichkeit, mit der sie bestimmte Bereiche umgrenzen und andern entgegensetzen, die geheimen Wertungen, die sie unausgesprochen mit sich tragen, alles das macht sie schwer erklärbar für jeden Nicht-Zugehörigen.

Der französische und der englische Begriff „Zivilisation“ kann sich auf politische oder wirtschaftliche, auf religiöse oder technische, auf moralische oder gesellschaftliche Fakten beziehen. Der deutsche Begriff „Kultur“ bezieht sich im Kern auf geistige, künstlerische, religiöse Fakten, und er hat eine starke Tendenz, zwischen Fakten dieser Art auf der einen Seite, und den politischen, den wirtschaftlichen und gesellschaftlichen Fakten auf der anderen, eine starke Scheidewand zu ziehen. Der französische und englische Begriff „Zivilisation“ kann sich auf Leistungen beziehen, aber er bezieht sich ebensosehr auf die Haltung, auf das „Behaviour“[①] von Menschen, gleichgültig, ob sie etwas geleistet haben oder nicht. In dem deutschen Begriff „Kultur“ dagegen ist die Beziehung auf das „Behaviour“, auf Werte, die ein Mensch ohne jede Leistung, durch sein bloßes Sein und Verhalten hat, sehr zurückgetreten, und der spezifisch deutsche Sinn des Begriffs „Kultur“ kommt am reinsten in seinem Derivat, dem Eigenschaftswort „kulturell“ zum Ausdruck, das nicht Seins-Werte eines Menschen, sondern Wert und Charakter bestimmter menschlicher Produkte bezeichnet. Dieses Wort aber, der Begriff „kulturell“ ist ins Französische und Englische unmittelbar nicht übertragbar.

Das Wort „ kultiviert “ steht dem westlichen Zivilisationsbegriff ganz nah. Es repräsentiert gewissermaßen die höchste Form des „ Zivilisiertseins “. „ Kultiviert “ können auch Menschen oder Familien sein, die „kulturell“ nichts „geleistet“ haben. Genau wie „ zivilisiert “ bezieht sich „ kultiviert “ in erster Linie auf die Form des Verhaltens oder Gebarens von Menschen. Es bezeichnet eine gesellschaftliche Qualität von Menschen, ihrer Wohnung, ihrer Umgangsformen, ihrer Sprache, ihrer Kleidung, zum Unterschied von „ kulturell “, das sich nicht unmittelbar auf Menschen selbst, sondern ausschließlich auf bestimmte Leistungen der Menschen bezieht.

4. Damit hängt aufs engste ein anderer Unterschied der beiden Begriffe zusammen. „Zivilisation“ bezeichnet einen Prozess oder mindestens das Resultat eines Prozesses. Es bezieht sich auf etwas, das ständig in Bewegung ist, das ständig *vorwärts* geht. Der deutsche Begriff „ Kultur “, wie er gegenwärtig gebraucht wird, hat eine andere Bewegungsrichtung: er bezieht sich auf Produkte des Menschen (...), auf Kunstwerke, Bücher, religiöse oder philosophische Systeme, in denen die Eigenart eines Volkes zum Ausdruck kommt. Der Begriff „Kultur“ grenzt ab.

Der Zivilisationsbegriff lässt die nationalen Differenzen zwischen den Völkern bis zu einem gewissen Grade zurücktreten; er akzentuiert, was allen Menschen gemeinsam ist, oder – für das Gefühl seiner Träger – sein sollte. In ihm spricht sich das Selbstbewusstsein von Völkern aus, deren nationale Grenzen und deren nationale Eigenart seit Jahrhunderten nicht mehr in besonderem Maße zur Diskussion stehen, weil sie völlig gefestigt sind, von Völkern, die seit langem über ihre Grenzen hinaus

① Behaviour, n [bi‘ heivje] : Benehmen, Betragen, Verhalten

expandieren und jenseits ihrer kolonisieren.

Der deutsche Kulturbegriff dagegen hebt die nationalen Unterschiede, die Eigenart der Gruppen, besonders hervor; und vor allem kraft dieser Funktion hat er, z. B. im Forschungsbereich der Ethnologie und Anthropologie, weit über das deutsche Sprachgebiet und weit über seine Ursprungssituation hinaus Bedeutung erlangt. Seine Ursprungssituation aber ist die Situation eines Volkes, das im Vergleich zu den westlichen Völkern erst außerordentlich spät zu einer politischen Einigung und Festigung kam, an dessen Grenzen seit Jahrhunderten bis in die Gegenwart hinein immer wieder Gebiete abbröckelten und abzubröckeln drohten. Im Gegensatz zu der Funktion des Zivilisationsbegriffs, einer ständigen Ausbreitungstendenz kolonisierender Gruppen und Nationen Ausdruck zu geben, spiegelt sich in dem Kulturbegriff das Selbstbewusstsein einer Nation, die immer wieder fragen musste: „Was ist eigentlich unsere Eigenart?“, die immer von neuem und auf allen Seiten ihre Grenzen im politischen wie im geistigen Sinne suchen und zusammenhalten musste. Die Bewegungsrichtung des deutschen Kulturbegriffs, die Tendenz zur Abgrenzung, zum Hervorheben, zum Herausarbeiten der Gruppen-Unterschiede, entspricht diesem geschichtlichen Prozess. Die Frage: „Was ist eigentlich französisch? Was ist eigentlich englisch?“ ist im Selbstbewusstsein der Franzosen und Engländer seit langem kaum noch zur Diskussion gestellt. Die Frage: „Was ist eigentlich deutsch?“ ist seit Jahrhunderten nicht zur Ruhe gekommen. Eine Antwort auf diese Frage – eine unter anderen – gibt in einer bestimmten Phase der Begriff der „Kultur“.

Norbert Elias: Über den Prozess der Zivilisation, Erster Band, S. 1 – 5

Aufgaben:

1. Erläutern Sie die folgenden Begriffe:
   - Haltung
   - Leistung
2. Geben Sie konkrete Beispiele für Aussagen wie
   - der Stand der Technik
   - die Art der Manieren
   - die Entwicklung der wissenschaftlichen Erkenntnis
   - religiöse Ideen und Gebräuche
   - die Art des Wohnens
   - die Art des Zusammenlebens von Mann und Frau

- die Form der gerichtlichen Bestrafung
- die Form der Zubereitung des Essens

in der „zivilisierten" und „unzivilisierten" Form.

Fragen:

1. Kann man nach Elias kurz den Begriff *Zivilisation* definieren?
2. Welche Rolle hat der Begriff *Zivilisation* für das Abendland?
3. Was bedeutet der Begriff *Zivilisation* im Deutschen?
4. Was bedeutet der Begriff *Kultur* im Deutschen?
5. Welche Unterschiede zwischen *Zivilisation* und *Kultur* gibt es?
6. Stellen Sie die Bewegungsrichtungen von *Zivilisation* und *Kultur* bildlich dar.
7. Was ist die Ursache für die Unterschiede der Begriffe *Zivilisation* und *Kultur* im Deutschen?

6.2. Probleme der Weltgeschichte

Siebtes Kapitel

Eine unübersehbare Masse menschlicher Wesen, ein uferloser Strom, der aus dunkler Vergangenheit hervortritt, dort, wo unser Zeitgefühl seine ordnende Wirksamkeit verliert und die ruhelose Phantasie – oder Angst – in uns das Bild geologischer Erdperioden hingezaubert hat, um ein nie zu lösendes Rätsel dahinter zu verbergen; ein Strom, der sich in eine ebenso dunkle und zeitlose Zukunft verliert: das ist der Untergrund des faustischen Bildes der Menschengeschichte. Der einförmige Wellenschlag zahlloser Generationen bewegt die weite Fläche. Glitzernde Streifen breiten sich aus. Flüchtige Lichter ziehen und tanzen darüber hin, verwirren und trüben den klaren Spiegel, verwandeln sich, blitzen auf und verschwinden. Wir haben sie Geschlechter, Stämme, Völker, Rassen genannt. Sie fassen eine Reihe von Generationen in einem beschränkten Kreise der historischen Oberfläche zusammen. Wenn die gestaltende Kraft in ihnen erlischt – und diese Kraft ist eine sehr verschiedene und bestimmt von vornherein eine sehr verschiedene Dauer und Plastizität dieser Bildungen –, erlöschen auch die physiognomischen, sprachlichen, geistigen Merkmale, und die Erscheinung löst sich wieder in dem Chaos der Generationen auf. Arier①,

① Angehörige frühgeschichtlicher Völker mit indogermanischer Sprache in Indien und Iran; im weiteren Sinne Indogermanen

Mongolen, Germanen, Kelten[1], Parther[2], Franken[3], Karthager[4], Berber[5], Bantu[6] sind Namen für höchst verschiedenartige Gebilde dieser Ordnung.

Über diese Fläche hin aber ziehen die großen Kulturen ihre majestätischen Wellenkreise. Sie tauchen plötzlich auf, verbreiten sich in prachtvollen Linien, glätten sich, verschwinden, und der Spiegel der Flut liegt wieder einsam und schlafend da.

Eine Kultur wird in dem Augenblick geboren, wo eine große Seele aus dem urseelenhaften Zustande ewig-kindlichen Menschentums erwacht, sich ablöst, eine Gestalt aus dem Gestaltlosen, ein Begrenztes und Vergängliches aus dem Grenzenlosen und Verharrenden. Sie erblüht auf dem Boden einer genau abgrenzbaren Landschaft, an die sie pflanzenhaft gebunden bleibt. Eine Kultur stirbt, wenn diese Seele die volle Summe ihrer Möglichkeiten in der Gestalt von Völkern, Sprachen, Glaubenslehren, Künsten, Staaten, Wissenschaften verwirklicht hat und damit wieder ins Urseelentum zurückkehrt. Ihr lebendiges Dasein aber, jene Folge großer Epochen, die in strengem Umriss die fortschreitende Vollendung bezeichnen, ist ein tiefinnerlicher, leidenschaftlicher Kampf um die Behauptung der Idee gegen die Mächte des Chaos nach außen, gegen das Unbewusste nach innen, in das sie sich grollend zurückgezogen haben. Nicht nur der Künstler kämpft gegen den Widerstand der Materie und gegen die Vernichtung der Idee in sich. Jede Kultur steht in einer tiefsymbolischen und beinahe mystischen Beziehung zum Ausgedehnten, zum Raume, in dem, durch den sie sich verwirklichen will. Ist das Ziel erreicht und die Idee, die ganze Fülle innerer Möglichkeiten vollendet und nach außen hin verwirklicht, so *erstarrt* die Kultur plötzlich, sie stirbt ab, ihr Blut gerinnt, ihre Kräfte brechen – sie wird zur *Zivilisation*. Das ist es, was wir bei den Worten Ägyptizismus[7], Byzantinismus[8], Mandarinentum[9] fühlen und verstehen. So kann sie, ein verwitterter Baumriese im Urwald, noch

---

[1] indogermanisches Volk in Westeuropa
[2] im Altertum nordiranischer Volksstamm
[3] westgermanischer Stamm
[4] Volk an der nordafrikanischen Küste im Altertum
[5] europide Stämme in Nordwestafrika
[6] verschiedene Stämme in Mittel- und Südafrika
[7] hier ist die Zivilisation im alten Ägypten gemeint
[8] hier ist die Zivilisation in Byzanz gemeint
[9] hier ist die Zivilisation im alten China gemeint

Jahrhunderte und Jahrtausende hindurch die morschen Äste emporstrecken. Wir sehen es an China, an Indien, an der Welt des Islam. So ragte die antike Zivilisation der Kaiserzeit mit einer scheinbaren Jugendkraft und Fülle riesenhaft auf und nahm der jungen arabischen Kultur des Ostens Luft und Licht.

Dies ist der Sinn aller *Untergänge* in der Geschichte – der inneren und äußeren Vollendung, des Fertigseins, das jeder lebendigen Kultur bevorsteht –, von denen der in seinen Umrissen deutlichste als „Untergang der Antike" vor uns steht, während wir die frühesten Anzeichen des eignen, eines nach Verlauf und Dauer jenem völlig gleichartigen Ereignisses, das den ersten Jahrhunderten des nächsten Jahrtausends angehört, den „Untergang des Abendlandes", heute schon deutlich in und um uns spüren. (...)

Jede Kultur durchläuft die Altersstufen des einzelnen Menschen. Jede hat ihre Kindheit, ihre Jugend, ihre Männlichkeit und ihr Greisentum.

Oswald Spengler: Der Untergang des Abendlandes. S. 142 – 144

Aufgaben:

1. Referatsthema: Über Goethes *Faust*
2. Oswald Spengler benutzt in diesem Textausschnitt aus *Der Untergang des Abendlandes* (1918/19) zur Beschreibung des Phänomens viele Bilder. Was bedeuten im Text z. B.
   - *der uferlose Strom* (Z. 1)
   - *flüchtige Lichter* (Z. 8)
   - *Wellenkreise über der Fläche* (Z. 19) usw.?
3. Aus welchem Bereich stammen die Bilder? Versuchen Sie zu erklären, warum Spengler sie benutzt?

Fragen:

1. Beschreiben Sie das Entstehen, den Höhepunkt und den Untergang einer Kultur entsprechend Spenglers Theorie mit Ihren eigenen Worten. Nehmen Sie dabei Bezug auf den Begriff *gestaltende Kraft* (Z. 12).
2. Wie entsteht eine Kultur?
3. Erklären Sie das Wort *pflanzenhaft* (Z. 27) mit Beispielen.
4. Woran erkennt man Kulturen?
5. Wie unterscheidet Spengler die Begriffe *Kultur* und *Zivilisation*?
6. Existiert eine Kultur ewig?

7. Was prophezeit Spengler für das *Abendland*?
8. Wie ist das Verhältnis der Kulturen und Zivilisationen untereinander?
9. Welche Aussagen macht Spengler über die chinesische Kultur?

Schlussaufgabe:

Vergleichen Sie die Kultur- und Zivilisationskonzepte von Elias und Spengler.

7. Der englische Empirismus

Philosophie der Erfahrung und des „gesunden“, d. h. bürgerlichen Menschenverstandes

John Locke (1632 – 1704) ist neben Thomas Hobbes und David Hume, alle drei sind Engländer, der wichtigste Vertreter des *Empirismus*, der „ Gegenbewegung “ zum *Rationalismus*. Sie bezweifeln die Existenz von angeborenen Ideen oder Vorstellungen von der Welt und betonen die Bedeutung der Erfahrung und der Sinne. Deshalb werden sie auch als *Erfahrungsphilosophen* bezeichnet. Locke, ein Vertreter des liberalen Bürgertums, setzte sich für dessen Rechte und die politische Gewaltenteilung ein.

Hier stellen wir Ihnen das Leben und Werk John Lockes anhand einer Quelle aus der Sekundärliteratur vor.

7.1. John Locke

John Locke, bourgeois rational[①] man

Es gibt in der Philosophiegeschichte den Type des „Rufers in der Wüste“, wie wir ihm bei Pascal begegnet sind. Naturgemäß häufiger tritt der Typ des Repräsentanten auf, der gleichsam stellvertretend für viele seine Zeit „auf den Begriff“ bringt, wie Hegel sagen würde („Philosophie ist ihre Zeit, in Gedanken erfasst“). John Locke (1632 – 1704) ist solch ein typischer Repräsentant: ein vernünftiger Bürger, der für vernünftige Bürger philosophiert in einem geschichtlichen Augenblick, als das englische Bürgertum nach den Wirren des Bürgerkrieges, den erfolgreichen Seekriegen mit Holland und der erfolgreichen, unblutigen *Glorious Revolution*[②] (1688) sich endgültig daranmacht, politisch und wirtschaftlich seine weltbeherrschende Stellung zu erringen. Genau um

① vernunftbegabt, rational

② englische Thronfolgestreitigkeiten, als deren Folge das parlamentarische Königtum begründet wurde. Die 1689 unterzeichnete Bill of Rights sichert die Rechte des Parlaments gegenüber dem König (Redefreiheit, Legislative, Exekutive).

diese Zeit, zwischen 1689 und 1695, erscheinen auch die meisten von Lockes Schriften. Sie zeigen einen erstaunlichen Umfang des Interesses und der Kenntnisse. Er schrieb über religionsphilosophische bzw. religionspolitische Themen (*Von der Vernunftmäßigkeit des Christentums;* der *Toleranzbrief*, der 1689 anonym erschien) und gab Ratschläge zur Pädagogik (*Gedanken über Erziehung*, ein interessantes sozialgeschichtliches Dokument). Dass seine *Überlegungen über die Folgen der Senkung des Zinsfußes* zu *dem* Standardwerk der jungen Wissenschaft der politischen Ökonomie in England, Frankreich und Italien wurden, wird meist gar nicht zur Kenntnis genommen. Seine philosophischen Hauptwerke im engeren Sinne sind der *Versuch über den menschlichen Verstand (An Essay Concerning Human Understanding)* und die *Zwei Abhandlungen über die Regierung (Two Treaties of Government).* Beide Werke erscheinen fast gleichzeitig 1690. All seine Arbeiten haben innerhalb kürzester Zeit viele Auflagen erreicht und wurden in mehrere Sprachen übersetzt. Man muss sich klar machen, dass Locke in den einhundert Jahren zwischen 1689 und der Französischen Revolution der einflussreichste europäische Philosoph gewesen ist (er erhielt auch den Ruhmestitel „moderner Aristoteles“). (...)

1652, mit zwanzig Jahren, kommt Locke nach Oxford, wo er sich weniger mit Philosophie als mit medizinischen und naturkundlichen Problemen beschäftigt. Fragestellungen und Methode seiner Studien stehen in dem damals mächtigen Trend hin zu einer vorurteilslosen experimentellen Auseinandersetzung mit der Natur, die dann in der Gründung der *Royal Society*[1](1662) ihren organisatorischen Rahmen fand. Locke trat 1668 der *Royal Society* bei; mit einigen Großen aus diesem Kreis wie dem Chemiker Robert Boyle (erster Präsident der Gesellschaft), dem berühmten Mediziner Thomas Sydenham und später auch mit Isaac Newton stand Locke in engem persönlichen Austausch. Diese Grunderfahrung einer praktizierten » experimental philosophy«[2] einerseits, die Erfahrung des englischen Bürgerkrieges andererseits, in dessen Verlauf die Folgen dogmatisch verhärteter religiös-politischer Parteienbildung bedrohlich spürbar wurden, sind wohl wichtige Voraussetzungen, dass Locke zum Begründer des philosophischen Empirismus werden konnte.

---

① Royal Society: die älteste englische naturwissenschaftliche Gesellschaft

② Philosophie mit dem Anspruch, durch Experimente die Wahrheit finden zu können

7. Der englische Empirismus

Aufgaben:

Teilen Sie sich für ein kleines Experiment in Arbeitsgruppen ein.

1. Beschreiben Sie einen Gegenstand (z. B. eine Blume, einen Stuhl) so genau wie möglich. Schreiben Sie die Eigenschaften in eine Liste.
2. Beschreiben Sie nun den Begriff *Schönheit*. Nehmen Sie auch hierfür ein konkretes Beispiel: Wie sieht eine schöne Frau oder ein schöner Mann aus?
3. Wie sah das Schönheitsideal während der Tang-Dynastie aus? Gibt es Unterschiede zu Ihren Ergebnissen?
4. Wovon hängt es ab, was *schön* ist?
5. Inwieweit unterscheiden sich die beiden Beschreibungen 1 und 2? Welche Möglichkeiten der Beschreibung haben Sie bei 1 und welche bei 2?

Empirismus bedeutet soviel wie „Philosophie der Erfahrung". Man kann sich denken, dass von Francis Bacon bzw. John Locke bis heute sehr viele Spielarten einer philosophischen Erfahrungswissenschaft aufgetreten sind. Es ist daher wichtig, sich den Empirismus zunächst weniger als ein spezielles System oder Dogma denn als ein bestimmtes Grundprinzip des Philosophierens klarzumachen:

> „Wer sich zum Empirismus bekennt, wird diesen in der ganzen Philosophie zur Geltung bringen wollen: Er wird nicht nur in der Erkenntnistheorie, sondern auf allen möglichen Gebieten das Gegebene der Erfahrung als Ausgangspunkt und als Kontrollinstanz seiner Überlegungen anerkennen; er wird überall möglichst ohne Vorgabe von apriorischen [von vornherein gegebenen] Begriffen oder Grundsätzen auszukommen suchen. Er wird wie der Einzelwissenschaftler vom Besonderen zum Allgemeinen fortschreiten und eine deutliche Reserve gegenüber der Metaphysik an den Tag legen, die sofort beim Allgemeinen ist. Er wird nicht sehr viel Respekt vor der philosophischen Tradition empfinden, die die Erfahrung meist nicht sehr hoch veranschlagt und mehr zu spekulativer Erkenntnis neigt; er wird zuversichtlich sein, dass die Philosophie sich hinter den Wissenschaften nicht zu verstecken braucht, wenn sie mit der Wende zur Erfahrung Ernst macht. Wer den Empirismus nicht als Dogma, sondern als Methode betrachtet, wird daher auch keinen Anlass sehen, ihn für antiquiert [veraltet] zu halten; im Gegenteil, er wird ihn durchaus lebenskräftig, ja entwicklungsfähig finden."

War Francis Bacon der frühe Propagandist des Empirismus, so ist Locke als sein Begründer anzusehen. Zugleich haben wir erst seit Locke philosophische Erkenntnistheorie im eigentlichen Sinne. Ziel seines *Essay Concerning Human*

Understanding ist nämlich, „Ursprung, Gewissheit und Umfang der menschlichen Erkenntnis zu untersuchen“. (...)

In seinem „ Sendschreiben an den Leser “ gibt Locke einen Hinweis zur Entstehungsgeschichte seines *Essays*. (...) Locke drückt (...) eine Hoffnung aus, aus der sich alle Erkenntnistheorie speist, nämlich Probleme nicht dadurch lösen zu wollen, indem man endlos das Für und Wider der Argumente austauscht, sondern indem man eine neue Ebene der Betrachtung anvisiert. Bevor ich mich z. B. darüber streite, ob Gott, wenn er allmächtig ist, auch böse sein kann, ist es vielleicht sinnvoll zu fragen, ob wir von unserem Erkenntnisvermögen her überhaupt etwas Sinnvolles über Gott aussagen können, oder ob er nicht unerkennbar bleibt. Alte Probleme können so durch Erkenntnistheorie vielleicht nie gelöst, wohl aber unter Umständen als gegenstandslos beiseite gelegt – und dadurch doch „gelöst“ – werden. Der moderne Logiker Rudolf Carnap hat dafür den Ausdruck „Scheinprobleme“ benutzt.

Die Voraussetzungen dazu werden im ersten Buch der *Untersuchung* geschaffen. *No innate ideas!* Es gibt keine angeborenen Ideen und noch viel weniger angeborene moralische Prinzipien, die allen Menschen gemeinsam wären. Die Vorstellung angeborener Ideen liegt uns heute ziemlich fern, und doch gibt es in der philosophischen Tradition seit Platon einen mächtigen Strang, der – mehr oder weniger vergröbert – diese Auffassung vertritt (was Platon selbst damit gemeint hat, ist, wie alles bei Platon, sehr schwer eindeutig zu fassen). Als Beispiele führt Locke allgemeine logische Axiome wie den Satz vom Widerspruch[①] an wie auch moralische Prinzipien, etwa dass es nach dem Leben einen Lohn oder eine Strafe gebe. Gegenüber der Behauptung, dass solche Wahrheiten der Seele mit der Geburt eingeschrieben seien und dass lediglich die Kenntnis davon erworben sei – eine Behauptung, hinter der sich auch leicht Herrschaftsansprüche verstecken lassen, denn damit ist der Mensch festgelegt – bringt Locke das alte Bild von der *tabula rasa:* der kindliche Verstand gleicht einem unbeschriebenen Blatt, einem „noch leeren Kabinett“[②]. Alle Wörter, alle allgemeinen Begriffe bis hin zu abstrakten Grundsätzen werden erst allmählich erlernt. Klar, dass

① einander entgegengesetzte Urteile können nicht beide zugleich wahr sein, können nicht gleichzeitig bejaht und verneint werden

② ein kleines Zimmer

von daher auch alle allgemeinen Grundsätze der ausdrücklichen Zustimmung der Menschen bedürfen. Keiner hat die Wahrheit durch Erbrecht gepachtet.

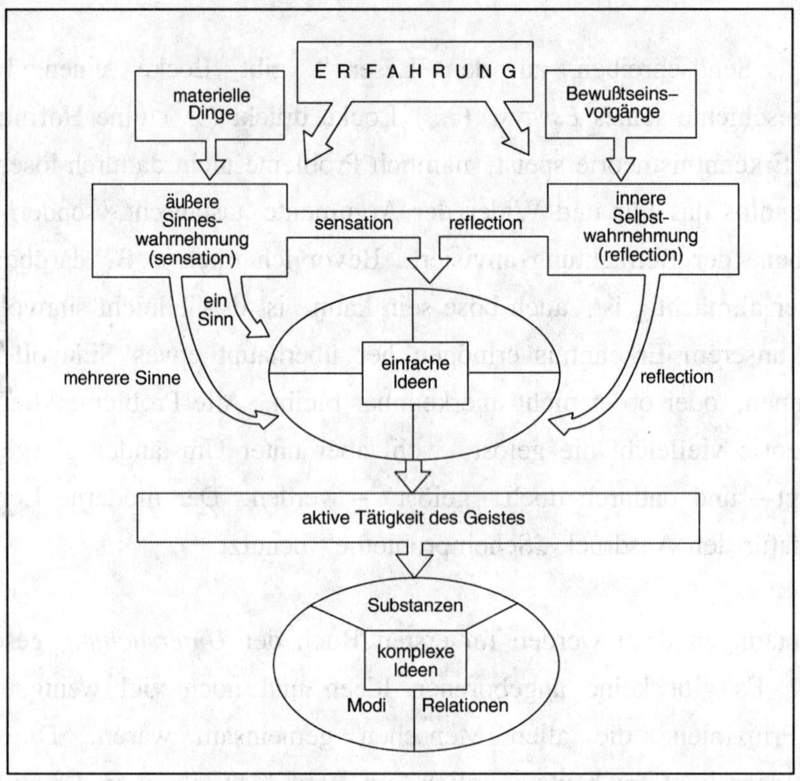

Kunzmann u. a. : dtv-Atlas zu Philosophie. S. 118

Damit ist bereits das empiristische Grundprinzip angesprochen, das im zweiten Buch „Über die Ideen“ ausgeführt wird. Unter „Idee“ versteht Locke „was immer, wenn ein Mensch denkt, das *Objekt* des Verstandes ist“; „was immer man unter *Phantasma, Begriff, Vorstellung*, oder *was immer es sei, das den denkenden Geist beschäftigen kann*, versteht.“ Und auf die Frage nach der Herkunft dieses ganzen „Ideenvorrats“ antwortet Locke „mit einem einzigen Worte: aus der *Erfahrung.*“ Das scheint nichts weiter als eine Neuauflage des alten sensualistischen (auf der Empfindung aufbauenden) Satzes *Nihil est in intellectu, quod non antea fuerit in sensu* – „Nichts ist im Verstand, was nicht vorher in der Empfindung gewesen ist“. Locke belässt es aber nicht bei einem Grundsatz, sondern setzt in den vierhundert Seiten des zweiten Buches detailliert auseinander, wie der Vorgang funktioniert, den wir „Denken“ nennen. Er spricht von zwei Quellen der Erkenntnis, nämlich Sensation (Wahrnehmung von Gegenständen der

Außenwelt, eher passiv gedacht) und Reflexion (Tätigkeit des Denkens und Wollens, Verstand und Wille). Das Verhältnis dieser beiden „Stammbäume" zueinander, wie Kant sie nennen wird, wird das Dauerthema der Erkenntnistheorie bleiben. Grundlegend ist auch die Unterscheidung zwischen sog. einfachen Ideen und komplexen Ideen. Sind die einfachen Ideen – z. B. der Begriff der Festigkeit von Körpern, zu dem wir durch Wahrnehmung gelangen – „das Material unserer gesamten Erkenntnis", so kann der Verstand durch Kombination einfacher Ideen, durch Vergleich und vor allem durch Abstraktion zu komplexen Ideen gelangen. Auf diese Weise entstehen Begriffe wie „Schönheit", „Mensch", „Universum", für die wir dann auch eigene Namen erfinden. (...)

Beantworten Sie mit Hilfe des Schaubildes folgende Fragen:

Fragen:

1. Welche Merkmale des Empirismus werden genannt? Wie grenzt er sich gegen andere Denkschulen ab?
2. Was sind *Ideen*?
3. Was heißt „vom Besonderen zum Allgemeinen" (Z. 53f.)?
4. Erläutern Sie den Begriff *Ideen a priori*?
5. Woher kommen die Ideen und das Wissen nach Aussage Lockes?
6. Was bedeutet *tabula rasa*?
7. Was sind *Wahrnehmungen*?
8. Was ist der Unterschied zwischen *Erfahrungen* und *Wahrnehmungen*?

Wir beschränken uns hier auf das Problem des Eigentums. Im Naturzustand, führt der Autor zu Beginn aus, herrschte ein Zustand vollkommener Freiheit und Gleichheit aller Menschen. Sie lebten ohne Regierung nach einem natürlichen Gesetz der Vernunft, nach dem niemand dem anderen Schaden an Leben, Freiheit und Besitz zufügen soll. Wer das dennoch unvernünftigerweise tat, eröffnete den sog. Kriegszustand – eine schwierige Situation, da es keine mit Autorität ausgestattete Einrichtung gab, die dem Recht der Vernunft auch Geltung verschaffen könnte.

Wie verhielt es sich mit dem Eigentum? Natürliche Vernunft und die Offenbarung des *Alten Testaments* zeigen, dass Gott die Erde allen Menschenkindern gemeinsam gegeben hat. „Wenn wir dies aber annehmen, scheint es einigen eine sehr schwierige Frage, wie denn irgend jemand überhaupt irgendeinen Gegenstand als Eigentum besitzen könne."

Hier setzt nun Locke mit einer für die Zeit neuen, grundlegenden Argumentation an, indem er Person – Eigentum – Arbeit logisch miteinander verknüpft zu einer unlösbaren Dreieinigkeit. Er denkt den Menschen ganz radikal als Einzelnen und folgert daraus, dass jeder Mensch auch „ein Eigentum an seiner Person" hat: „Über seine Person hat niemand ein Recht als nur er allein. Die Arbeit seines Körpers und das Werk seiner Hände, so können wir sagen, sind im eigentlichen Sinne sein. Was immer er also jenem Zustand entrückt, den die Natur vorgesehen und in dem sie es belassen hat, hat er mit seiner Arbeit gemischt und hat ihm etwas hinzugefügt, was sein eigen ist – es folglich zu seinem Eigentum gemacht."

Eigentum durch persönliche Arbeit – Wert durch persönliche Arbeit. Locke gehört mit William Petty (1623 – 1687) zu den Begründern der sog. Arbeitswertlehre in der politischen Ökonomie. Nach ihr ist es das Maß an menschlicher Arbeit, das den unterschiedlichen Wert aller Dinge ausmacht, und wir sehen bei Locke, dass der Einzelne der Gesellschaft für diese seine Arbeits-(fähigkeit) nichts, aber auch gar nichts schuldet. Dennoch ist das Eigentum im anfänglichen Naturzustand beschränkt, denn die Vernunft sagt, dass jeder nur soviel besitzen kann und soll, wie er für seinen persönlichen Bedarf braucht. Das kann angesichts der natürlichen Verderblichkeit der Lebensmittel nicht allzuviel sein; niemandem wird damit ein Schaden zugefügt. In einer zweiten Phase des Naturzustandes aber haben die Menschen durch stillschweigende Übereinkunft den Gebrauch des Geldes eingeführt und somit in die Möglichkeit eingewilligt, mehr zu besitzen, als zum unmittelbaren Lebensunterhalt nötig ist. Die ursprüngliche Grenze des persönlichen Nutzens ist verschwunden; es „liegt klar auf der Hand, dass sich die Menschen mit ungleichem Grundbesitz einverstanden erklärt haben."

Genauer gesagt: John Locke hält es für vollkommen natürlich, dass jeder bestrebt ist, sich soviel Besitz wie möglich anzueignen.

> „Aus all dem wird ersichtlich, dass zwar die Dinge der Natur allen gemeinsam gegeben sind, dass jedoch das Eigentum tief im Menschen selbst verankert lag (weil er der Herr seiner selbst ist und Eigentümer seiner eigenen Person und ihrer Handlungen oder Arbeit)."

Wem nützen solche Gedanken? Wir müssen bedenken, dass von der herkömmlichen (christlich-mittelalterlichen) Soziallehre Reichtum und Geld etwas sehr Problematisches waren. Zumindest ein schlechtes Gewissen und die Pflicht zur Unterstützung der Armen war damit verbunden. Die theoretische Verankerung des Eigentums in der persönlichen Arbeit hingegen weist geschichtlich nach, dass alles Eigentum auch rechtmäßiges Eigentum ist. Lockes Eigentumslehre hat somit eine wichtige gesellschaftliche Bedeutung. Sie lieferte

> „die moralische Begründung für die Appropriation [d. h. uneingeschränkte Bereicherung] des Bürgertums. [...] Ist es nun die Arbeit, des Menschen unbedingtes Eigentum, wodurch die Appropriation gerechtfertigt und Werte geschaffen werden, so überragt das individuelle Recht auf Aneignung jede moralische Forderung der Gesellschaft. [...] Er beseitigt den moralischen Makel, der bisher der uneingeschränkten kapitalistischen Appropriation angehaftet hatte.“

John Locke gehörte zu den Besitzenden. Er verfügte über Grund und Boden, was ihm eine sichere Rendite einbrachte, war am Seidenhandel, Sklavenhandel und anderen überseeischen Unternehmungen beteiligt, nahm auch Zinsen für kurzfristig ausgeliehenes Geld. (...) Und es ist daher nicht verwunderlich, dass Locke genau darin den Grund für den Übergang der Menschen vom Naturzustand in die politische Gesellschaft sah:

> „Das große und hauptsächliche Ziel also, zu dem sich die Menschen im Staatswesen zusammenschließen, ist die Erhaltung ihres Eigentums.“

Diesen Übergang denkt er sich mit dem Modell des Gesellschaftsvertrages, nach dem die freien und gleichen Menschen freiwillig einem Teil ihrer natürlichen Rechte entsagen und diese Rechte auf die staatliche Macht als dem Gesamtwillen aller Bürger übertragen. Sehr modern unterscheidet Locke die Gewalten im Staat in die gesetzgebende (legislative) und die ausübende (exekutive) Gewalt. Wir werden diese für den Liberalismus grundlegende Theorie der Gewaltenteilung bei Montesquieu genauer betrachten.

Das letzte Kapitel „Über die Auflösung der Regierung“ liest sich als eine konsequente Verteidigung des Rechts des Volkes, eine Regierung abzusetzen. Der Spieß wird umgekehrt: wenn eine Regierung das in sie gesetzte Vertrauen bricht, ist sie der wahre Rebell, der den Kriegszustand erklärt (*re-bellare*, wieder in den Krieg zurückfallen).

Salus populi suprema lex – Das Wort des Volkes ist das höchste Gesetz, wie Locke ein altes Prinzip zustimmend zitiert. Das mag aus der Feder eines begüterten Aktionärs sehr überraschen. Nur – wer bestimmt über das „Wohl"? Wer ist eigentlich das „Volk"? Es wird in der ganzen *Abhandlung* nie genauer definiert; beiläufig findet sich die Bemerkung, dass es „den Verstand vernunftbegabter Geschöpfe besitzt". Und da, wie wir sahen, für Locke schon im Naturzustand vernünftiges Verhalten = besitzaneignendes Verhalten ist, sind alle Besitzlosen auch weniger vernünftig. Der Lohnarbeiter oder der auf Fürsorge angewiesene Arme denkt nicht viel; er „lebt von der Hand in den Mund". Das ist für Locke eine Folge der „natürlichen und unabänderlichen Gestaltung der Dinge in dieser Welt". Außerdem wurde Armut zu Lockes Zeiten als Zeichen sittlicher Verkommenheit bzw. unvernünftiger Lebensführung betrachtet. Diese Vorstellung war so allgemein verbreitet, dass er sie ganz selbstverständlich geteilt hat. (...) Wir sehen hier einen ganz engen Zusammenhang zwischen politischen, moralischen und wirtschaftlichen Vorstellungen. Aufgrund moralischer Werturteile, die sich an einem bestimmten wirtschaftlichen Verhalten festmachen (verzichten – arbeiten – Besitz anhäufen; vgl. die protestantische Ethik) teilt Locke die Bevölkerung in zwei politische Klassen. Der größte Teil der Bevölkerung ist zwar Mitglied der Gesellschaft, aber nicht im Sinne vollwertiger Bürger, politischer Subjekte, sondern lediglich als Objekte der Regierungsgewalt. Politik im Sinne von Mitentscheidung betrifft nur den vernünftigen Bürger, der seine Vernunft auch durch seinen Besitz unter Beweis gestellt hat.

John Locke war von einem Zustand ausgegangen, in dem alle Menschen gleiche Fähigkeiten, gleiche Rechte und gleichviel Besitz hatten. Heraus kommt ein Zustand, in dem es zwei Klassen von Menschen gibt: besitzende, vernünftige, moralische, politisch mündige Bürger und besitzlose, unvernünftige, unmoralische, politisch rechtlose Lohnarbeiter und Arme. Kein Zweifel: „Lockes Werk gab dem Klassenstaat eine sittliche Grundlage, und zwar [das ist das Vertrackte] mit Hilfe von Postulaten① über gleiche natürliche Rechte der Individuen" (Macpherson). (...)

Christoph Helferich: Geschichte der Philosophie. S. 187 – 194

① These, moralische Forderung

Fragen:

1. Finden Sie Synonyme für *Eigentum.*
2. Beschreiben Sie das Leben im *Naturzustand.*
3. Wie hat das Geld die Besitzverhältnisse verändert?
4. Worin sah Locke den Grund für die Armut?
5. Welche Funktion hat nach John Locke der *Staat*?
6. John Locke war ein wohlhabender Mann. Wie rechtfertigte er sein Eigentum?

Schlussaufgabe:

1. Füllen Sie die Tabelle *Grundfragen der Philosophie* für John Locke aus.
2. Fassen Sie die Unterschiede zwischen Rationalismus und Empirismus zusammen.

8. Aufklärung und Französische Revolution

Das 18. Jahrhundert ist geprägt vom Geist der Aufklärung. Rationalisten und Empiristen hatten die traditionellen Werte in Frage gestellt. In den Mittelpunkt des neuen Weltbildes rückte der Mensch als vernunftbegabtes Wesen. Die Vernunft ist das Prinzip der Wissenschaft, die Quelle der Erkenntnis, der Maßstab der Werte und die Richtschnur des Handelns. Schlagworte wie Natur, Menschenrechte und Freiheit machen die Runde. Die Französische Revolution von 1789 mit ihrem Motto *„Freiheit! Gleichheit! Brüderlichkeit!“* ist die praktische Konsequenz der geistigen Bewegung.

Wir stellen Ihnen hier u. a. Immanuel Kants bedeutende programmatische Schrift „Was ist Aufklärung?“ vor, die mit der wohl bekanntesten Definition des Begriffes beginnt. Dann lernen Sie die französische revolutionäre Aufklärungsphilosophie am Beispiel einiger Hauptvertreter kennen. Doch zunächst lesen Sie zwei Texte zum historischen Hintergrund dieser Bewegung.

Aufgaben:

Referatsthemen: 1. Die Aufklärung in Deutschland
2. Die Französische Revolution

8. 1. Die Geschichte Europas

Das geistige Europa entwickelt sich vom Humanismus zur Aufklärung.

(...) Die Aufklärung kam im 18. Jahrhundert zunächst aus dem Nordwesten, aus England. Die englische Philosophie eroberte den Kontinent und stieß vor allem bei den französischen Philosophen auf reges Interesse. Seit dem 16. Jahrhundert hatten kühne Denker die Religion kritisiert – was sie bisweilen das Leben gekostet hat. Nun hielten Wissenschaft und Vernunft Einzug in das philosophische Denken, das gegenüber der Religion und der politischen Macht immer freier und respektloser wurde.

Die Aufklärung, wie die Bewegung in allen europäischen Sprachen genannt wird, bildete von Portugal bis Russland eine ganz neue Stufe europäischen Denkens. Selbst Herrscher, die nicht sehr liberal waren, befassten sich mit Philosophie und holten französische Philosophen, allen voran Voltaire und Diderot, als Berater an ihren Hof. Friedrich II., der König von Preußen, tat dies ebenso wie Zarin Katharina die Große und Kaiser Joseph II. von Österreich.

Aber sowohl die Herrscher wie die Philosophen mussten feststellen, dass sie sich falsche Vorstellungen vom anderen gemacht hatten. Außerdem übten die meisten Regierungen, vor allem unter dem Druck der Kirche in den katholischen Ländern, eine sehr harte Zensur über Bücher, Schriften, Bilder und Theaterstücke aus. Viele kritische Autoren ließen ihre Bücher unter Pseudonym in Holland veröffentlichen, einem protestantischen und liberalen Land.

Die Geburt der modernen Wissenschaft in Europa.

Im alten China gab es schon eine hoch entwickelte Wissenschaft: Sie hatte bereits vor Europa den Kompass, das Papier, das Schießpulver, den Buchdruck, das Papiergeld und die Uhr erfunden. Aber man hatte aus diesen Erfindungen, die in den Händen der Kaiser, ihrer Verwaltungsbeamten, der Mandarine, und der Gelehrten verblieben waren, keinen Nutzen gezogen. Sie blieben meist Spielereien.

In Europa hingegen wurden die Erfindungen verbreitet, die Theorie also mit der Praxis und die Ideen mit ihrer praktischen Anwendung verknüpft. Etwa ab dem 15. Jahrhundert gewann die Wissenschaft in Europa ihre Erkenntnisse durch das Beobachten, Berechnen und die Entwicklung von Theorien, durch Demonstration, Experimente und Anwendungen. Sehen wir uns ein paar Beispiele an.

Die Europäer entdecken die Drehung der Erde und das Planetensystem.

Bereits im Mittelalter wussten die Europäer zwar, dass die Erde keine Scheibe ist, sondern rund, vertraten aber weiterhin die ptolemäische (der Lehre der Kirche und der Bibel entsprechende) Theorie, nach der die Erde unbeweglich im Mittelpunkt des sich um sie drehenden Universums ruhe.

Der polnische Astronom Nikolaus Kopernikus (1473 – 1543), der in Italien studiert und die Bewegung der Planeten beobachtet und berechnet hatte, entdeckte, dass diese sich nicht um die Erde, sondern um die Sonne drehen. Die Erde dreht sich als einer der Planeten folglich ebenfalls um die Sonne. Aus Vorsicht veröffentlichte er das Werk, in dem er seine Theorie darlegte, erst, als er dem Tode nahe war. Der Deutsche Johannes Kepler (1571 – 1630) und der Italiener Galileo Galilei (1564 – 1642) gingen in dieser

Richtung noch weiter. Galilei konstruierte ein Fernrohr, mit dem er die Bewegungsphasen des Planeten Venus um die Sonne erkennen konnte. Galilei war der eigentliche Begründer der wissenschaftlichen Physik, indem er die grundlegenden Funktionsgesetze des Universums als vom Einfluss übernatürlicher himmlischer Mächte unabhängig erklärte. Er wurde vom Papst verdammt. Ein Inquisitionsgericht, das im Mittelalter von der Kirche gegründet worden war, um Ketzer zu bekämpfen, zwang ihn zu widerrufen, das heißt seiner Theorie öffentlich abzuschwören. Dabei soll er gemurmelt haben: „Und sie bewegt sich doch!“

Die Europäer entdecken den Blutkreislauf.

Im Jahre 1616 entdeckte William Harvey (1578 – 1657), ein englischer Arzt, der in Cambridge und in Padua studiert hatte, den Blutkreislauf und stellte ihn 1628 in einem Buch dar. Er war der Erste, der die im Herzen und menschlichen Körper enthaltene Blutmenge berechnete. Von nun an konnte man die Krankheiten dieser für den Menschen lebensnotwendigen Flüssigkeit besser untersuchen und behandeln.

Die Europäer entdecken den Fall des Apfels.

Der Engländer Isaac Newton war ein großer Beobachter und Experimentator. Es heißt, dass er das Gesetz der Schwerkraft entdeckt habe, als er sah, wie ein Apfel vor seinen Füßen zu Boden fiel. Dieses Gesetz ermöglicht es, die gegenseitige Anziehungskraft zweier Körper zu berechnen, und gilt auf der Erde und im Weltall. Der Universalgelehrte Newton wurde berühmt aufgrund der Fortschritte, die er in der Optik, der Wissenschaft vom Sehen, erzielte. Er baute ein Teleskop und entdeckte die Zerlegung des weißen Lichts durch ein Prisma in die Spektralfarben (Lila, Indigo, Blau, Grün, Gelb, Orange, Rot). Mit dem Buch *Philosophiae naturalis principia mathematica* (Mathematische Grundlagen der Naturphilosophie, 1686/87) legte er ein grundlegendes Werk für die wissenschaftliche Arbeitsweise vor.

Die Europäer entdecken den Dampfkessel.

Der Franzose Denis Papin (1647 – um 1712) beobachtete die Kraft des Wasserdampfs. Da er Protestant war, musste er Frankreich 1685 verlassen. In England hat er den „Kessel“ erfunden, der es ermöglichte, den Druck des Wasserdampfes zu nutzen, um einen Kolben in einem Zylinder anzutreiben.

Das war eine Revolution im Energiewesen. Zuvor hatte der Mensch die für die Arbeit nötige Energie selbst leisten müssen, im Mittelalter wurde dann mit der Mühle die Wasser- und Luftkraft genutzt. Die Dampfkraft ermöglichte nun die Entwicklung der in Europa entstehenden modernen Industrie. Sie sollte zahlreiche Maschinen antreiben und bald auch Dampfschiffe und Dampflokomotiven bewegen, mit denen Züge gezogen wurden.

Die Europäer entdecken die Struktur des Universums.

Von all diesen Entdeckungen profitierte auch die Astronomie. Der Franzose Pierre Laplace (1749 – 1827), ein Astronom, Mathematiker und Physiker, entwickelte ein „System der Welt", nach dem das Sonnensystem und damit unsere Erde Teil eines rotierenden Nebels ist. Er vereinte alle Entdeckungen seit Newton in einem großen Werk, der *Himmelsmechanik*.

Die Europäer perfektionieren die Mathematik.

Am Anfang vieler dieser Erfindungen steht das Rechnen. Die Mathematik machte beträchtliche Fortschritte; die Algebra und ihre Berechnungen lieferten der Physik und den anderen Naturwissenschaften präzise Hilfsmittel. Die wichtigsten Entdeckungen auf diesem Gebiet sind dem Franzosen Rene Descartes (1596 – 1650), dem Deutschen Gottfried Wilhelm Leibniz (1646 – 1716), dem Schweizer Leonhard Euler (1707 – 1783) und dem Italo-Franzosen Louis de Lagrange (1736 – 1813), der in Turin, Berlin und Paris gearbeitet hat, zu verdanken.

Die Europäer erfinden die moderne Chemie.

Hier hat sich der Franzose Antoine Laurent de Lavoisier (1743 – 1749) große Verdienste erworben, daneben gab es aber auch den Engländer Henry Cavendish (1731 – 1810), den Deutschen Martin Heinrich Klaproth (1743 – 1817) und andere. Sie entdeckten chemische Elemente wie den Wasserstoff, die Zusammensetzung von Wasser und Luft, die Verbindungen der Elemente untereinander, ihre Reaktionen, und sie lernten die Stoffe zu analysieren und herzustellen. Deren Anwendungsmöglichkeiten in Industrie, Medizin und täglichem Leben sind unendlich groß. Der Italiener Alessandro Volta (1745 – 1827) beispielsweise erfand im Jahr 1800 die elektrische Batterie. Diese Entdeckungen haben das Wissen und das Leben der Menschen verändert.

Der Fortschritt – ein neuer Begriff in Europa.

Ihr habt gesehen, dass alle Entdeckungen, alle Erfindungen, die die moderne

Wissenschaft ausmachen, miteinander verbunden sind. Sie sind voneinander abgeleitet und das gemeinsame Werk einer Gemeinschaft europäischer Wissenschaftler. Die Jüngeren waren die Schüler der Älteren, die Zeitgenossen kannten sich, schrieben sich, trafen sich. Es gab ein modernes wissenschaftliches Europa.

In den meisten Fällen war den Gelehrten bewusst, wie eng die wissenschaftlichen Entdeckungen mit den technischen Erfindungen verbunden waren. Besonders offensichtlich war dies im Bereich der Dampfkraft. Diese wissenschaftlichen und technischen Errungenschaften standen ihrerseits mit den Ideen der Philosophen der Aufklärung in Zusammenhang.

Dieser Zusammenhang führte zu einem großen Gemeinschaftswerk, das unter der Leitung des Philosophen Diderot sowie des Philosophen und Mathematikers d'Alembert von einer Gruppe europäischer, hauptsächlich französischer Philosophen und Gelehrter verwirklicht wurde. Es war die *Encyclopédie ou Dictionnaire raisonné des sciences, des arts et des métiers (Enzyklopädie oder Wörterbuch der Wissenschaften, Künste und des Handwerks)*, deren siebzehn Bände zwischen 1751 und 1772 erschienen. Diese Gesamtdarstellung des modernen Wissens wurde in ganz Europa, in dem die Gebildeten Französisch lasen, sehr interessiert aufgenommen.

Die *Encyclopédie* verbreitete die Vorstellung, dass die Menschheit in Europa unter materiellen, wissenschaftlichen und philosophischen Gesichtspunkten Entdeckungen gemacht habe, die alles überträfen, was seit der Antike gegolten habe. Das war die Vorstellung vom „Fortschritt", der die Europäer beflügelte und den sie in der ganzen Welt verbreiteten.

Heute, in einem Jahrhundert, in dem wir so viele Grausamkeiten, Krisen, Rückfälle in die Barbarei und so viel Machtlosigkeit erlebt haben, bezweifeln wir häufig die Existenz des Fortschritts. Aber auch wenn es manchmal keinen Fortschritt zu geben scheint und es zu einem Stillstand oder zu Rückschritten kommen kann, so müssen wir dafür sorgen, dass es sich dabei nur um Zwischenfälle handelt. Europa muss seinen Weg des Fortschritts wieder aufnehmen, den es als erstes verwirklicht, mit Inhalt gefüllt und den Menschen in aller Welt gewiesen hat.

Die Französische Revolution bewegt Europa – Anhänger und Gegner.

Ihr wisst, dass die Franzosen 1789 eine Revolution gemacht haben, das heißt das Herrschaftssystem und die Gesellschaft von Grund auf verändert haben. Das Königtum wurde abgeschafft und an seiner Stelle die Republik ausgerufen. Jetzt regierten Versammlungen von gewählten Abgeordneten die Gesamtheit aller Franzosen, die man nun „Nation“ nannte. Die Abgeordneten schafften das Feudalsystem ab: Von jetzt an sollten die Adligen keine Vergünstigungen (sogenannte Privilegien) mehr genießen. Sie erhielten zum Beispiel keine Abgaben mehr von „ihren“ Bauern, sie verloren das Recht, bestimmte Beschäftigungen wie die Jagd als einzige auszuüben, und sie durften sich nicht mehr durch äußere Zeichen wie luxuriöse Kleidung und Perücken, Kutschen usw. von den anderen abheben. Die Abgeordneten erklärten, dass alle Franzosen frei und gleich seien. Sie gaben der Republik einen Wahlspruch, der auf allen öffentlichen Gebäuden zu lesen war: „Freiheit, Gleichheit, Brüderlichkeit“. Glaubt ihr, wenn ihr euch eure Umgebung genauer anseht, dass dieses Ideal verwirklicht worden ist?

Damit nicht genug, die Revolutionäre entwarfen auch ein humanes Leitbild, das von der gesamten Menschheit übernommen werden sollte: die Erklärung der Menschen- und Bürgerrechte. Diese Erklärung betont vor allem die Freiheit. Ein Mann (oder eine Frau – trotz der Beteiligung vieler Frauen an der Revolution ist sie vor allem von Männern für Männer durchgeführt worden) darf wegen seiner Ansichten nicht festgenommen oder ins Gefängnis geworfen werden. Die körperliche Unversehrtheit der Menschen muss respektiert werden: Also wurden die Prügelstrafe und die Folter abgeschafft. In Europa werden die meisten Menschenrechte heute zwar eingehalten, das gilt aber nicht für die ganze Welt. Diese Rechte, die von Europäern in Europa proklamiert wurden, stehen in vielen Teilen der Welt stärker als je zuvor auf der Tagesordnung. Mutige Vereinigungen wie Amnesty International setzen sich dafür ein, dass sie respektiert werden.

Leider hat die Französische Revolution die eigenen Prinzipien nicht immer befolgt und ist auf Abwege geraten, deren Auswirkungen auf Europa sehr schädlich gewesen sind. Freiheit und Gleichheit sollten zu Toleranz führen. Aber bald schon ergriffen die intolerantesten der Revolutionäre die Macht. Sie schränkten die Freiheiten der Bürger ein, ließen ihre Feinde guillotinieren (durch ein Fallbeil köpfen), ohne deren Recht auf eine anständige Verteidigung vor unabhängigen Gerichten zu respektieren. Unter ihnen kam es zu einer Schreckensherrschaft. Gruppen von Republikanhängern führten in Westfrankreich einen erbitterten und häufig barbarischen Krieg gegen die Gegner der Republik, gegen Adlige, Priester und Bauern. Die extremistischen Revolutionäre griffen auch die katholische Kirche und die Religion überhaupt an. So machte sich die Revolution viele Feinde bei den Priestern und den überzeugten Anhängern der Religion. Auch hier stellte sie ihre Intoleranz unter Beweis. Allerdings erkannte sie Protestanten und Juden als gleichberechtigte Bürger an.

Vor allem aber erklärten die Revolutionäre 1792 zuerst dem Kaiser von Österreich und dem preußischen König, die den französischen König und das alte System, das so genannte Ancien régime, wieder einsetzen wollten, den Krieg, später dann auch dem König von Großbritannien und den Niederlanden. Das führte dazu, dass die Französische Revolution auf fast ganz Europa übergriff. Dabei vermischten sich allerdings zwei entgegengesetzte Wünsche: Der Wunsch, den von ihren Herrschern unterdrückten Völkern Europas die Segnungen der Revolution und an erster Stelle die Freiheit zu bringen, stand in Gegensatz zum Eroberungsdrang der Franzosen.

Die Europäer spalteten sich in Anhänger und Gegner der Revolution. Dieser neue Bruch wirkte lange Zeit nach und stellte Revolutionäre und Gegenrevolutionäre, Fortschrittliche und Reaktionäre einander gegenüber. Er prägte den Gegensatz, der noch heute zwischen der Linken und der Rechten besteht.

Man kann sagen, dass die Völker zunächst Anhänger der Revolution waren und sie nachahmen wollten und dass die jeweiligen Regierenden, die Fürsten und Adligen sich den französischen Revolutionären entgegenstellten. Auch die Völker wandten sich jedoch bald gegen die Französische Revolution, die immer stärker nationalistische und beherrschende Züge annahm.

Ein missglückter Versuch, Europa zu einigen: Napoleon.

Als Napoleon Bonaparte in Frankreich die Macht ergriff, dehnte er den Krieg auf Europa aus. Zunächst wollte er bestimmte Reformen der Revolution zum Abschluss bringen und Freiheit und Gerechtigkeit verwirklichen. Anfänglich wurde er in manchen Ländern freudig aufgenommen. Dazu zählten das von seinen mächtigen Nachbarn Russland, Österreich und Preußen geteilte Polen, das von Österreich unterdrückte Dalmatien und Neapel, das seine Könige aus der Bourbonendynastie nicht schätzte. Schließlich verbündete sich jedoch ganz Europa gegen ihn – einschließlich der Völker, die sich gegen das napoleonisch-französische Europa auflehnten: Die Russen zwangen Napoleon, der bereits Moskau eingenommen hatte, zu einem Rückzug im Winter, der mit katastrophalen Verlusten endete, zuletzt in der Völkerschlacht bei Leipzig 1813: die

Spanier führten einen Volkskrieg, in dem keine regulären, sondern bunt zusammengewürfelte Truppen kämpften, die Guerilla.

Im 20. Jahrhundert scheiterte Hitlers noch schrecklichere Vision von Europa. Europa kann sich nur durch den willentlichen Zusammenschluss der Nationen und Völker vereinigen.

Jacques Le Goff: Die Geschichte Europas, S. 57 – 67

Fragen:

1. Was sind die Leitgedanken der Aufklärung?
2. Fassen Sie die Entwicklungen in den Wissenschaften zusammen.
3. Erklären Sie den Zusammenhang zwischen dem Aufschwung der Wissenschaft und den geistigen Ideen der Aufklärung.
4. Welche Hoffnungen und Ideale sind maßgeblich für die Französische Revolution?
5. Welches Welt- und Menschenbild liegt ihm zugrunde?
6. Beschreiben Sie die Auswirkungen der Französischen Revolution auf Europa bis heute.

8.2. Das Bürgertum im Ancien régime

Von der sozialen Struktur des alten Frankreich was es wesentlich bedingt, dass das Bürgertum, der Stand, der sich 1789 als Nation bezeichnete, sich im entscheidenden Augenblick gegen die andern Stände stellte. So wenig wie sie bildete jedoch der dritte Stand eine Einheit. Er umfasste die allerverschiedensten Schichten: oberes Bürgertum, die Finanz- und Industriekreise, das mittlere Beamtentum, die freien Berufe, die Zünfte, Bauern und Arbeiter. Auch die adligen Lebensstil führenden Bürger, die Bourgeois vivant noblement, gehörten ihm zu. Teils waren diese sehr reich, teils auch nur mittelmäßig begütert, vielfach lebten sie von ihren Renten und ergaben sich dem Nichtstun. Gelegentlich kauften sie sich auch Lehen①, denn diese brachten Ehren und Privilegien, oder sie erstanden einen Adelsbrief, um im Adel aufzugehen und seine Vorrechte zu genießen.

Das gesellschaftliche und geistige Leben des alten Frankreich ist ohne die obere

① Begriff aus dem im Mittelalter entstandenen Lehnswesen.

bürgerliche Schicht nicht denkbar. Sie verlieh ihm charakteristische Züge. Nirgends fand sich ein kultivierteres, gebildeteres und aufgeklärteres Bürgertum. Die Zirkel und Salons reicher Bürger, die Akademien und die ganze Lebensart belegen es überzeugend. Es war eine Schicht von Standesbewusstsein und Zielstrebigkeit, die ihre Sprecher gefunden hatte. Die Philosophen, Literaten und Publizisten gehörten vorzugsweise ihr an. Welcher Anteil gerade ihnen an der Diskreditierung① der alten Ordnung zukommt, ist sattsam bekannt, und dass er groß war, ist verständlich. Überall stießen sie sich an ihr, fühlten sie sich beengt, ja sogar von ihr bedroht. Denn nichts erträgt der geistig reife Mensch ungerner, nichts empfindet er entwürdigender als Schranken, die seinem geistigen Schaffen willkürlich von außen gesetzt werden. Wie ein Damoklesschwert② hingen die Zensurgesetze stets über ihren Häuptern.

Bei seinem aufgeweckten politischen und gesellschaftlichen Bewusstsein fühlte sich der dritte Stand in ganz besonderer Weise dadurch verletzt, dass seine Angehörigen im Gegensatz zu früher je länger je mehr von den einflussreichen Stellen ausgeschlossen waren. Im 16. und 17. Jahrhundert rekrutierte sich das hohe Personal der Verwaltung und zum Teil sogar der Armee vorzugsweise aus dem Bürgertum. Sogar die allmächtigen Intendanten waren vielfach aus ihm hervorgegangen, ebenso die Präsidenten und Räte der Parlamente und andern hohen Gerichtshöfe; denn nur der reiche Bürger war imstande, die künstlich hochgetriebenen Ämterpreise zu bezahlen. Dadurch aber, dass man an diese Ämter den Erbadel knüpfte und die hohen Korporationen③ von den Bewerbern den Nachweis eines mehrgliedrigen Adels verlangten, änderte sich im 18. Jahrhundert alles. In politischer Hinsicht bewegte sich der dritte Stand in einer fortschrittlichen Zeit rückläufig. Und das schmerzte um so mehr, als es doch so war, wie der Publizist Chérin 1788 bemerkte: dass man einen Adligen weniger nach dem beurteile, was er als Mensch wert sei, denn nach der Zahl der Jahre, die er für seine Adelszugehörigkeit aufweisen könne. – Auch die Armee verschloss sich dem Bürgerlichen immer mehr; die Offizierscharge④ blieb dem Adligen vorbehalten, und eigentlich nur unter den officiers de fortune, d. h. denen, die im Laufe der langen Dienstzeit vorgerückt waren, fand man Bürgerliche. Aber das Bürgertum vergaß nicht, dass mit seiner Hilfe das Königtum den politischen Feudalismus einst hatte brechen können, dass es enger Verbündeter der Krone gewesen

① Schädigung des guten Rufs
② sprichwörtlich für eine ständig drohende Gefahr
③ Körperschaft
④ militärische Ebene

war. Zu einer Zeit also, wo sein Standesbewusstsein und seine kulturelle Höhe noch nicht so hervortraten, spielte es eine weit größere politische Rolle. Dass es nun jetzt, wo es reifer, gebildeter und selbstbewusster geworden, keinerlei politischen Einfluss mehr im Staate besaß, die anderen Stände ihn aber wieder zu festigen gewusst hatten, erregte Unzufriedenheit.

Martin Göhring, in: Weltgeschichte im Aufriss. S. 39

Fragen:

1. Welche Schichten gehörten zum *dritten Stand*? Wie lebten sie?
2. Wo trafen sich die Bürger, um zu diskutieren?
3. Warum waren besonders die Publizisten gegen das *Ancien régime*?
4. Wie kam man damals zu wichtigen Ämtern in Politik, Verwaltung und Armee?
5. Was erfahren Sie über die Entwicklung des Bürgertums vom 16. bis 18. Jahrhundert?
6. Konnte der dritte Stand politisch wirksam werden?
7. Nennen Sie weitere Gründe für die Unzufriedenheit des dritten Standes.

8.3. Beantwortung der Frage: Was ist Aufklärung?

Aufklärung ist der Ausgang des Menschen aus seiner selbstverschuldeten Unmündigkeit. Unmündigkeit ist das Unvermögen, sich seines Verstandes ohne Leitung eines anderen zu bedienen. *Selbstverschuldet* ist diese Unmündigkeit, wenn die Ursache derselben nicht am Mangel des Verstandes, sondern der Entschließung und des Mutes liegt, sich seiner ohne Leitung eines anderen zu bedienen. Sapere aude! ① Habe Mut dich deines *eigenen* Verstandes zu bedienen! ist also der Wahlspruch der Aufklärung.

Faulheit und Feigheit sind die Ursachen, warum ein so großer Teil der Menschen, nachdem sie die Natur längst von fremder Leitung frei gesprochen (naturaliter majorennes) ②, dennoch gerne zeitlebens unmündig bleiben; und warum es anderen so leicht wird, sich zu deren Vormündern aufzuwerfen. Es ist so bequem, unmündig zu sein. Habe ich ein Buch, das für mich Verstand hat, einen Seelsorger, der für mich Gewissen hat, einen Arzt, der für mich die Diät beurteilt u. s. w., so brauche ich mich

① Wage zu wissen!
② Von Natur aus Volljährige = Erwachsene

ja nicht selbst zu bemühen. Ich habe nicht nötig zu denken, wenn ich nur bezahlen kann; andere werden das verdrießliche Geschäft schon für mich unternehmen. Dass der bei weitem größte Teil der Menschen (darunter das ganze schöne Geschlecht) den Schritt zur Mündigkeit, außer dem dass er beschwerlich ist, auch für sehr gefährlich halte: dafür sorgen schon jene Vormünder, die die Oberaufsicht über sie gütigst auf sich genommen haben. Nachdem sie ihr Hausvieh zuerst dumm gemacht haben und sorgfältig verhüteten, dass diese ruhigen Geschöpfe ja keinen Schritt außer dem Gängelwagen①, darin sie sie einsperrten, wagen durften: so zeigen sie ihnen nachher die Gefahr, die ihnen drohet, wenn sie es versuchen, allein zu gehen. Nun ist diese Gefahr zwar eben so groß nicht, denn sie würden durch einigemal Fallen wohl endlich gehen lernen; allein ein Beispiel von der Art macht doch schüchtern und schreckt gemeiniglich② von allen ferneren Versuchen ab.

Es ist also für jeden einzelnen Menschen schwer, sich aus der ihm beinahe zur Natur gewordenen Unmündigkeit herauszuarbeiten. Er hat sie sogar liebgewonnen und ist vorderhand③ wirklich unfähig, sich seines eigenen Verstandes zu bedienen, weil man ihn niemals den Versuch davon machen ließ. Satzungen und Formeln, diese mechanischen Werkzeuge eines vernünftigen Gebrauchs oder vielmehr Missbrauchs seiner Naturgaben, sind die Fußschellen④ einer immerwährenden Unmündigkeit. Wer sie auch abwürfe, würde dennoch auch über den schmalesten Graben einen nur unsicheren Sprung tun, weil er zu dergleichen freier Bewegung nicht gewöhnt ist. Daher gibt es nur wenige, denen es gelungen ist, durch eigene Bearbeitung ihres Geistes sich aus der Unmündigkeit herauszuwickeln und dennoch einen sicheren Gang zu tun.

Dass aber ein Publikum⑤ sich selbst aufkläre, ist eher möglich; ja es ist, wenn man ihm nur Freiheit lässt, beinahe unausbleiblich. Denn da werden sich immer einige Selbstdenkende, sogar unter den eingesetzten Vormündern des großen Haufens, finden, welche, nachdem sie das Joch der Unmündigkeit selbst abgeworfen haben, den Geist einer vernünftigen Schätzung des eigenen Wertes und des Berufs jedes Menschen, selbst zu denken, um sich verbreiten werden. Besonders ist hiebei: dass das Publikum,

① Korbgestell mit Rädern, in denen Kinder das Gehen lernen
② allgemein
③ zur Zeit, gegenwärtig
④ Fußketten
⑤ Gesamtheit der Menschen eines Ortes oder eines Landes

welches zuvor von ihnen unter dieses Joch gebracht worden, sie hernach selbst zwingt, darunter zu bleiben, wenn es von einigen seiner Vormünder, die selbst aller Aufklärung unfähig sind, dazu aufgewiegelt worden; so schädlich ist es, Vorurteile zu pflanzen, weil sie sich zuletzt an denen selbst rächen, die, oder deren Vorgänger, ihre Urheber gewesen sind. Daher kann ein Publikum nur langsam zur Aufklärung gelangen. Durch eine Revolution wird vielleicht wohl ein Abfall von persönlichem Despotism[1] und gewinnsüchtiger oder herrschsüchtiger Bedrückung, aber niemals wahre Reform der Denkungsart zustande kommen; sondern neue Vorurteile werden, ebensowohl als die alten, zum Leitbande[2] des gedankenlosen großen Haufens dienen.

Aufgaben:

1. Suchen Sie aus den Zeilen 1 – 52 alle Begriffe heraus, die mit *Gehen* zu tun haben.

Begriff	Zeile

2. Was symbolisiert das *Gehen*?
3. Wer sind diejenigen, die uns am *Gehen* hindern?

Fragen:

4. Was versteht man unter *Mündel* und *Vormund*?
5. Was bedeutet, „sich zu deren Vormündern aufzuwerfen“ (Z. 11)?
6. Wer ist hier das *schöne Geschlecht* und das *Hausvieh*?
7. Woran liegt es, dass die Menschen ihren *Verstand* nicht gebrauchen?
8. Warum brauche ich *Mut*, mich meines eigenen Verstandes zu bedienen?
9. Wie beurteilt Kant die Aufklärung des Volkes (hier Publikum) im Vergleich zur Aufklärung des Einzelnen?
10. Was hält er von einer revolutionären Veränderung?

Zu dieser Aufklärung aber wird nichts erfordert als *Freiheit*; und zwar die unschädlichste unter allem, was nur Freiheit heißen mag, nämlich die: von seiner

[1] Despotismus, m: Gewaltherrschaft

[2] Band, an dem man kleine Kinder, die laufen lernen, führt

Vernunft in allen Stücken *öffentlichen Gebrauch* zu machen. Nun höre ich aber von allen Seiten rufen: *räsoniert*① *nicht!* Der Offizier sagt: räsoniert nicht, sondern exerziert! Der Finanzrat: räsoniert nicht, sondern bezahlt! Der Geistliche: räsoniert nicht, sondern glaubt! (Nur ein einziger Herr in der Welt② sagt: *räsoniert*, so viel ihr wollt und worüber ihr wollt; *aber gehorcht!*) Hier ist überall Einschränkung der Freiheit. Welche Einschränkung aber ist der Aufklärung hinderlich? Welche nicht, sondern ihr wohl gar beförderlich? – Ich antworte: der *öffentliche* Gebrauch seiner Vernunft muss jederzeit frei sein, und der allein kann Aufklärung unter Menschen zustande bringen; der *Privatgebrauch* derselben aber darf öfters sehr enge eingeschränkt sein, ohne doch darum den Fortschritt der Aufklärung sonderlich zu hindern. Ich verstehe aber unter dem öffentlichen Gebrauch seiner eigenen Vernunft denjenigen, den jemand als *Gelehrter* von ihr vor dem ganzen Publikum der *Leserwelt* macht. Den Privatgebrauch nenne ich denjenigen, den er in einem gewissen ihm anvertrauten *bürgerlichen Posten* oder Amte, von seiner Vernunft machen darf. Nun ist zu manchen Geschäften, die in das Interesse des gemeinen Wesens laufen, ein gewisser Mechanism notwendig, vermittelst dessen einige Glieder des gemeinen Wesens sich bloß passiv verhalten müssen, um durch eine künstliche Einhelligkeit③ von der Regierung zu öffentlichen Zwecken gerichtet oder wenigstens von der Zerstörung dieser Zwecke abgehalten zu werden. Hier ist es nun freilich nicht erlaubt zu räsonieren; sondern man muss gehorchen. So fern sich aber dieser Teil der Maschine zugleich als Glied eines ganzen gemeinen Wesens④, ja sogar der Weltbürgergesellschaft ansieht, mithin in der Qualität eines Gelehrten, der sich an ein Publikum im eigentlichen Verstande durch Schriften wendet, kann er allerdings räsonieren, ohne dass dadurch die Geschäfte leiden, zu denen er zum Teile als passives Glied angesetzt ist. So würde es sehr verderblich sein, wenn ein Offizier, dem von seinen Oberen etwas anbefohlen wird, im Dienste über die Zweckmäßigkeit oder Nützlichkeit dieses Befehls laut vernünfteln wollte; er muss gehorchen. Es kann ihm aber billigermaßen nicht verwehrt werden als Gelehrter über die Fehler im Kriegsdienste Anmerkungen zu machen und diese seinem Publikum zur Beurteilung vorzulegen. Der Bürger kann sich nicht weigern, die ihm auferlegten Abgaben zu leisten; sogar kann ein vorwitziger Tadel solcher Auflagen, wenn sie von ihm geleistet werden sollen, als ein Skandal (das allgemeine

---

① nach Vernunftgründen über etwas urteilen, vernünftig denken

② Anspielung auf Friedrich II. von Preußen (1740 – 1786)

③ Übereinstimmung

④ Gemeinwesen

Widergesetzlichkeiten veranlassen könnte) bestraft werden. Ebenderselbe handelt demohngeachtet der Pflicht eines Bürgers nicht entgegen, wenn er, als Gelehrter, wider die Unschicklichkeit oder auch Ungerechtigkeit solcher Ausschreibungen öffentlich seine Gedanken äußert. (...)

Ein Mensch kann zwar für seine Person und auch alsdann nur auf einige Zeit in dem, was ihm zu wissen obliegt, die Aufklärung aufschieben; aber auf sie Verzicht zu tun, es sei für seine Person, mehr aber noch für die Nachkommenschaft, heißt die heiligen Rechte der Menschheit verletzen und mit Füßen treten. Was aber nicht einmal ein Volk über sich selbst beschließen darf, das darf noch weniger ein Monarch über das Volk beschließen; denn sein gesetzgebendes Ansehen beruht eben darauf, dass er den gesamten Volkswillen in dem seinigen vereinigt. Wenn er nur darauf sieht, dass alle wahre oder vermeinte Verbesserung mit der bürgerlichen Ordnung zusammen bestehe; so kann er seine Untertanen übrigens nur selbst machen lassen, was sie um ihres Seelenheils willen zu tun nötig finden; das geht ihn nichts an, wohl aber zu verhüten, dass nicht einer den andern gewalttätig hindere, an der Bestimmung und Beförderung desselben nach allem seinen Vermögen zu arbeiten. (...)

Wenn denn nun gefragt wird: Leben wir jetzt in einem *aufgeklärten* Zeitalter? so ist die Antwort: Nein, aber wohl in einem Zeitalter der *Aufklärung*. Dass die Menschen, wie die Sachen jetzt stehen, im ganzen genommen, schon imstande wären oder darin auch nur gesetzt werden könnten, in Religionsdingen sich ihres eigenen Verstandes ohne Leitung eines andern sicher und gut zu bedienen, daran fehlt noch sehr viel. Allein, dass jetzt ihnen doch das Feld geöffnet wird, sich dahin frei zu bearbeiten, und die Hindernisse der allgemeinen Aufklärung oder des Ausganges aus ihrer selbst verschuldeten Unmündigkeit allmählich weniger werden, davon haben wir doch deutliche Anzeigen. In diesem Betracht ist dieses Zeitalter das Zeitalter der Aufklärung oder das Jahrhundert *Friederichs*[1].

Ein Fürst, der es seiner nicht unwürdig findet, zu sagen: dass er es für *Pflicht* halte, in Religionsdingen den Menschen nichts, vorzuschreiben, sondern ihnen darin volle Freiheit zu lassen, der also selbst den hochmütigen Namen der *Toleranz* von sich ablehnt: ist selbst aufgeklärt und verdient von der dankbaren Welt und Nachwelt als

① Anspielung auf den hohen Stand der Aufklärung unter Friedrich II. in Preußen

derjenige gepriesen zu werden, der zuerst das menschliche Geschlecht der Unmündigkeit, wenigstens von Seiten der Regierung, entschlug und jedem frei ließ, sich in allem, was Gewissensangelegenheit ist, seiner eigenen Vernunft zu bedienen. Unter ihm dürfen verehrungswürdige Geistliche, unbeschadet ihrer Amtspflicht, ihre vom angenommenen Symbol hier oder da abweichenden Urteile und Einsichten in der Qualität der Gelehrten frei und öffentlich der Welt zur Prüfung darlegen; noch mehr aber jeder andere, der durch keine Amtspflicht eingeschränkt ist. Dieser Geist der Freiheit breitet sich auch außerhalb aus, selbst da, wo er mit äußeren Hindernissen einer sich selbst missverstehen den Regierung zu ringen hat. Denn es leuchtet dieser doch ein Beispiel vor, dass bei Freiheit für die öffentliche Ruhe und Einigkeit des gemeinen Wesens nicht das mindeste zu besorgen sei. Die Menschen arbeiten sich von selbst nach und nach aus der Rohigkeit[1] heraus, wenn man nur nicht absichtlich künstelt, um sie darin zu erhalten.

Ich habe den Hauptpunkt der Aufklärung, die des Ausganges der Menschen aus ihrer selbstverschuldeten Unmündigkeit, vorzüglich in *Religionssachen* gesetzt: weil in Ansehung der Künste und Wissenschaften unsere Beherrscher kein Interesse haben, den Vormund über ihre Untertanen zu spielen; überdem auch jene Unmündigkeit, so wie die schädlichste, also auch die entehrendste unter allen ist. Aber die Denkungsart eines Staatsoberhaupts, der die erstere begünstigt, geht noch weiter und sieht ein: dass selbst in Ansehung seiner *Gesetzgebung* es ohne Gefahr sei, seinen Untertanen zu erlauben, von ihrer eigenen Vernunft *öffentlichen* Gebrauch zu machen und ihre Gedanken über eine bessere Abfassung derselben, sogar mit einer freimütigen Kritik der schon gegebenen, der Welt öffentlich vorzulegen; davon wir ein glänzendes Beispiel haben, wodurch noch kein Monarch demjenigen vorging, welchen wir verehren.

Aber auch nur derjenige, der, selbst aufgeklärt, sich nicht vor Schatten fürchtet, zugleich aber ein wohldiszipliniertes zahlreiches Heer zum Bürgen der öffentlichen Ruhe zur Hand hat – kann das sagen, was ein Freistaat nicht wagen darf: *räsoniert, soviel ihr wollt und worüber ihr wollt; nur gehorcht!* So zeigt sich hier ein befremdlicher, nicht erwarteter Gang menschlicher Dinge; so wie auch sonst, wenn man ihn im großen betrachtet, darin fast alles paradox ist. Ein größerer Grad bürgerlicher Freiheit scheint der Freiheit des *Geistes* des Volkes vorteilhaft und setzt ihr doch unübersteigliche

---

① Unwissenheit

Schranken; ein Grad weniger von jener verschafft hingegen diesem Raum, sich nach allem seinen Vermögen auszubreiten. Wenn denn die Natur unter dieser harten Hülle den Keim, für den sie am zärtlichsten sorgt, nämlich den Hang und Beruf zum *freien Denken*, ausgewickelt hat; so wirkt dieser allmählich zurück auf die Sinnesart des Volkes (wodurch dieses der *Freiheit zu handeln* nach und nach fähiger wird) und endlich auch sogar auf die Grundsätze der *Regierung*, die es ihr selbst zuträglich findet, den Menschen, der nun *mehr als Maschine* ist, seiner Würde gemäß zu behandeln.

Königsberg in Preußen, den 30. Septemb. 1784

Immanuel Kant, in: Ehrhard Bahr: Was ist Aufklärung? Seite 9 – 17

Fragen:

11. Kant unterscheidet zwischen dem *öffentlichen* und dem *privaten Gebrauch* der Freiheit. Erläutern Sie die Unterschiede mit Ihren eigenen Worten und nennen Sie dafür Beispiele und Begründungen, die im Text genannt werden. Suchen Sie weitere Beispiele und Argumente.
12. Wie beurteilt Kant sein eigenes Zeitalter unter Friedrich II., auch Friedrich der Große genannt?
13. Sammeln Sie Aussagen, die Kant über die Aufgabe des Monarchen macht.
14. Was sagt Kant zur Entwicklung in einer zur Freiheit strebenden Gesellschaft?

Versuchen Sie abschließend die Beziehungen zwischen *Macht – Freiheit – Denken* und *Aufklärung* in einem Bild darzustellen.

8.4. Enzyklopädisten und Materialisten

Das Zeitalter der Religion und der Philosophie ist dem Jahrhundert der Wissenschaft gewichen! Dieser stolze Satz steht in der Einleitung zu der 1751 bis 1780 in 28 Bänden erschienenen „Enzyklopädie der Wissenschaften, Künste und Gewerbe". Er zeichnet den Geist der Männer, die mit den Waffen der Wissenschaft und Vernunft die Welt von den Mächten der Vergangenheit befreien und ein neues, freieres und glücklicheres Zeitalter heraufführen wollten. Die Enzyklopädie (griech. enkyklios = im Kreise; paideia = Bildung) sollte das gesamte Wissen der Zeit zusammenfassen und ordnen. Sie sollte jedoch nicht ein bloßer Spiegel des Wissens und ein Nachschlagwerk sein wie etwa ein modernes Konversationslexikon. Sie sollte zugleich, indem sie die innere Einheit dieses Wissens aufzeigte und die letzten Konsequenzen zog, ein gewaltiger

Sturmbock sein gegen alles das, was diesen Männern unter dem Inbegriff des Alten und Überholten erschien. Das Ganze war, unbeschadet der Verdienste anderer Mitarbeiter, vor allem das Werk zweier Männer: Diderot und d'Alembert.

Denis *Diderot* (1713 – 1784) ist unter den Zeitgenossen Voltaires der einzige, der an Vielseitigkeit und unerschöpflicher literarischer Schaffenskraft mit diesem verglichen werden kann. Wie bei Voltaire gibt es kaum einen Gegenstand, über den er nicht nachgedacht und geschrieben, kaum eine literarische Form, die er nicht beherrscht hat. Die innere Entwicklung Diderots ging in ziemlich rascher Folge vom offenbarungsgläubigen Theismus über den Zweifel („Promenade eines Skeptikers") und einen etwa der Voltaireschen Vernunftreligion entsprechenden Theismus („Philosophische Gedanken") zum entschiedenen Materialismus („Die Interpretation der Natur" u. a.).

Jean d'Alembert (1717 – 1783), ein berühmter Mathematiker, philosophisch und literarisch vielseitig gebildet, war der zweite Herausgeber. D'Alembert schrieb auch die Einleitung zum Gesamtwerk, in der Standpunkt und Ziel des Ganzen dargelegt sind.

Als sich d'Alembert unter dem Druck des staatlichen und kirchlichen Widerstandes gegen das Werk zurückzog, führte Diderot es allein weiter. Er allein hat über tausend Artikel verfasst. Trotz wiederholten Verbots wurde die Enzyklopädie in Zehntausenden von Exemplaren verbreitet und alsbald in mehrere andere Sprachen übersetzt. Sie wurde zum gebräuchlichsten Lexikon der europäischen Bildungsschicht und hatte einen beträchtlichen Einfluss auf die allgemeine Denkart. Sie war auf geistigem Gebiet, neben den Werken Voltaires und Rousseaus, das wichtigste Werkzeug zur Vorbereitung der Französischen Revolution von 1789.

In der religiösen Auseinandersetzung hatte Voltaire, bei aller Schärfe seines Angriffs gegen Christentum und Kirche, doch auf der anderen Seite Religionslosigkeit und Atheismus mit gleicher Entschiedenheit verdammt, ja seinen Kampf gerade im Namen der wahren, der Vernunftreligion, geführt. Auch der Standpunkt der Enzyklopädie ist nicht Feindschaft schlechthin gegen jede Art von Religion und Gottesglauben, sondern eher ein gewisser Skeptizismus. Allerdings hatte der Verleger des Werkes aus Furcht vor der Zensur – zur größten Empörung Diderots – willkürliche Änderungen vorgenommen und die schärfsten polemischen Spitzen abgestumpft. Auch hatte Diderot selbst, aus ähnlichen Rücksichten heraus, in Artikeln wie „Seele“ oder „Freiheit“, welche der Zensur zuerst verdächtig sein mussten, eine gewisse Zurückhaltung walten lassen, dafür an anderen, weniger auffälligen Stellen seine eigene Meinung offener ausgesprochen. Doch war Diderot selbst tatsächlich in der eigentlichen religiösen Frage skeptisch und zurückhaltend, wie es zum Ausdruck kommt im Schlussabschnitt seiner „Interpretation der Natur“: „Ich habe mit der Natur angefangen, und ich werde mit Dir endigen, dessen Name auf Erden Gott ist. Ich weiß nicht, ob Du bist; aber ich werde denken, als ob Du in meine Seele blicktest; ich werde handeln, als ob ich vor Dir wandelte. Ich verlange von Dir nichts in dieser Welt; denn der Lauf der Dinge ist, wenn Du nicht bist, durch sich selbst oder, wenn Du bist, durch Dein Gebot notwendig ... Siehe, so bin ich, ein notwendig organisierter Teil der ewigen und notwendigen Materie, vielleicht Dein Geschöpf ... “ Dies erinnert ein wenig an das Gebet, das Voltaire (im ‚Micromégas‘) eine seiner Gestalten sprechen läßt: „Möge Gott (falls es einen gibt) meiner Seele gnädig sein (falls ich eine habe).“

Mit schonungslosem Radikalismus dagegen, ja teilweise mit einem Fanatismus, der dem bekämpften religiösen Fanatismus der Kirchen um nichts nachsteht, werden Religion und Glaube von den gleichzeitig auftretenden französischen *Materialisten* angegriffen, von denen wir nun die bedeutendsten nennen wollen. Julien Offray de *Lamettrie* (1709 – 1751), Arzt und Naturphilosoph, wurde wegen seiner radikalen Schriften zuerst aus Frankreich, dann auch aus seinem holländischen Exil vertrieben. Darauf wurde er durch Friedrich den Großen, der ja alle freien Geister um sich zu sammeln suchte, an dessen Hof gezogen, als „Hof-Atheist“, wie Voltaire gespottet hat. Lamettries Grundgedanke, ausgeführt vor allem in seinem Werk, *„Der Mensch als Maschine“*, ist folgender: Es ist falsch, das Seiende in zwei Substanzen, eine ausgedehnte Materie und einen denkenden Geist, zu zerlegen (wie es Descartes getan hatte). Es gibt keine tote Materie, wie sie die Mechanisten lehren. Wir kennen die Materie nur in Bewegung und in bestimmten Formen. Die Materie trägt das Prinzip ihrer Bewegung *in sich selbst*. Das hat zwei Konsequenzen: Es bedarf nicht der Annahme eines Gottes als eines die Welt bewegenden Prinzips. Die Welt bewegt sich von selber, aus sich selbst. Die Annahme eines Gottes würde nur die wissenschaftliche Erkenntnis der Natur stören. Es bedarf zweitens auch nicht der Annahme einer besonderen denkenden Substanz, eines Geistes oder einer Seele, im Menschen. Das Denken ist nur eine natürliche Funktion des Körpers wie andere Funktionen.

In praktischer Hinsicht führt Lamettrie auf dieser Grundlage mit allen Mitteln boshafter Satire den heftigsten Kampf gegen jede Art von religiösem Glauben. Die Religion ist ihm der eigentliche Störenfried im Leben des einzelnen wie der Völker, schlimmer als alle Laster. Die Welt wird nicht glücklich werden, bevor nicht der Atheistenstaat Wirklichkeit geworden ist. In der Ethik tut Lamettrie religiöse Grundtatsachen wie Schuldgefühl und Reue als nutzlose Selbstquälereien ab. Er empfiehlt ungehemmtes Streben nach diesseitigem „Giück“, das heißt nach Sinnenlust. Ohne die Frivolität und den Zynismus Lamettries, dafür mit größtem Ernst und unbedingter Folgerichtigkeit ist diese materialistische Lehre durchgebildet in dem 1770 erschienenen *„System der Natur“*. Als Verfasser des Werkes wurde erst einige Zeit später der aus der Pfalz stammende, in Paris von seinen Reichtümern lebende deutsche Baron Dietrich von *Holbach* (1723 – 1789) bekannt. Sein Werk wurde zur „Bibel des französischen Materialismus“.

Lamettrie, Holbach und der gleichzeitig schreibende, weniger originelle Adrien *Helvétius* (1715 – 1771) stimmen darin überein, dass sie an die Stelle des Descartesschen Dualismus zweier Substanzen den *Monismus* setzen, und zwar einen *materialistischen* Monismus. Es existiert nur die Materie. Ihre Kenntnis reicht aus, alles zu erklären. Jede Metaphysik, die neben oder hinter der Materie noch ein selbständiges geistiges Prinzip sucht, ist Täuschung, Irrtum, Hirngespinst. Ebenso ist jede Art von Religion Täuschung, und zwar bewusste, absichtliche Täuschung: Priestererfindung, Priesterbetrug. „Der erste Schurke, der dem ersten Narren begegnete, war der erste Priester. “ Aufgabe der Wissenschaft ist es, alle diese Täuschungen, in denen die Menschen verstrickt sind und sich quälen, zu zerstören. Es ist die – recht optimistische – Überzeugung dieser Männer, dass es nur der richtigen *„Aufklärung“* bedürfe, um die Menschheit von der drückenden Last aller Vorurteile zu befreien und ein besseres, von der Vernunft regiertes Zeitalter allgemeiner Glückseligkeit heraufzuführen.

Hans Joachim Störig: Kleine Weltgeschichte der Philosophie, S. 373 – 375

Fragen:

1. Was ist die Enzyklopädie und welche Rolle spielte sie in der Aufklärungsepoche?
2. Stellen Sie die beiden Herausgeber vor.
3. Welche Stellung bezogen das Werk und seine Herausgeber in der religiösen

Auseinandersetzung?

4. Wie beantworten die französischen Materialisten die Frage nach dem Verhältnis von Denken und Sein?
5. Erklären Sie Lamettries Widerlegung der Existenz Gottes mit eigenen Worten.
6. Was ist materialistischer Monismus?
7. Informieren Sie sich über andere bedeutende Philosophen der französischen Aufklärung. (Voltaire, Montesquieu)

8. 5. Paul Thiry d’Holbach

Der aus Deutschland stammende Baron Paul Thiry d’Holbach, geboren 1723, war einer der führenden Köpfe der französischen Enzyklopädisten und Materialisten. Er starb im Jahre 1789 am Vorabend der Französischen Revolution. Im Jahre 1770 erschien sein Hauptwerk „System der Natur“ unter Pseudonym. Es erklärte der herrschenden Ideologie und den herrschenden Mächten offen den Krieg und erregte skandalöses Aufsehen. Holbachs „System des Natur“ gilt wegen seiner radikal sensualistischen, materialistischen Argumentation und wegen seiner grundsätzlichen Religionskritik bis heute als eines der Schlüsselwerke der militant-bürgerlichen Aufklärung.

Aus diesem Werk stellen wir Ihnen Auszüge aus dem Kapitel „Die Lehre von der menschlichen Freiheit“ vor.

Die Lehre von der menschlichen Freiheit

Diejenigen, die behauptet haben, dass die Seele vom Körper unterschieden und immateriell sei, dass sie ihre Ideen aus sich selbst schöpfe und von sich aus und nicht vermittels äußerer Gegenstände wirke, haben die Seele mit dieser Lehre den physischen Gesetzen entzogen, nach denen alle uns bekannten Dinge wirken müssen. Sie haben geglaubt, diese Seele sei Herr über ihr Schicksal, könne über ihre eigenen Handlungen gebieten und ihren Willen kraft ihrer eigenen Energie bestimmen; kurz: sie haben behauptet, der Mensch sei frei.

Wir haben schon hinlänglich bewiesen, dass die Seele nichts anderes ist als der Körper, betrachtet im Hinblick auf einige seiner Funktionen, die verborgener sind als die anderen. (...) Der Mensch ist also ein physisches Wesen. Von welcher Seite man ihn auch betrachten mag: er ist mit der allumfassenden Natur verbunden und den notwendigen und unwandelbaren Gesetzen unterworfen, die sie allen zu ihr gehörigen Dingen auferlegt, – je nach deren besonderem Wesen oder je nach den Eigentümlichkeiten, die sie ihnen – ohne sie zu fragen – gibt. Unser Leben ist eine Linie, die wir von Natur aus auf der Oberfläche beschreiben müssen, ohne einen Augenblick davon abweichen zu können. Wir kommen ohne unsere Einwilligung zur Welt; unser Körperbau hängt nicht von uns ab; unsere Ideen kommen uns ohne unser Zutun; unsere Gewohnheiten stehen in der Macht derer, die sie uns beigebracht haben; wir werden unaufhörlich sowohl durch sichtbare wie durch verborgene Ursachen modifiziert, die notwendig unsere Seins- und Denkweise und unsere Wirkungsart bestimmen. Wir sind gut oder schlecht, glücklich oder unglücklich, klug oder unklug, vernünftig oder unvernünftig, ohne dass unser Wille mit diesen verschiedenen Zuständen etwas zu tun hätte. Indessen behauptet man ungeachtet der beständigen Fesseln, die uns binden, dass wir frei seien oder dass wir unsere Handlungen und unser Schicksal in Unabhängigkeit von den Ursachen bestimmen, die uns in Bewegung setzen.

Als untergeordneter Teil eines großen Ganzen ist der Mensch dessen Einflüssen notwendigerweise ausgesetzt. Um frei zu sein, müsste er ganz allein stärker sein als die gesamte Natur, oder er müsste außerhalb dieser Natur stehen.

Fragen:

1. Was ist die Seele?
2. Was heißt: „Der Mensch ist ein physisches Wesen“?
3. Wie begründet d’Holbach die Unfreiheit des Menschen?

Aus allem, was bisher in diesem Kapitel gesagt wurde, geht hervor, dass der Mensch keinen Augenblick seines Lebens frei ist. Er ist nicht Herr über seine natürliche Körperbildung; er ist nicht Herr über seine Ideen oder über diejenigen Modifikationen seines Gehirns, die durch Ursachen bedingt sind, die unabhängig von ihm und ohne sein Wissen fortwährend auf ihn wirken; es ist keine Frage seiner Gewalt, ob er dasjenige liebt und begehrt, was er für liebens- und begehrenswert hält; es ist ihm nicht möglich, keine Überlegungen anzustellen, wenn er sich nicht über die Wirkungen im klaren ist, die die Gegenstände auf ihn ausüben werden; er ist nicht Herr darüber, dasjenige nicht zu wählen, was er als sehr vorteilhaft betrachtet; es steht nicht bei ihm, anders zu handeln, als er es in dem Augenblick tut, in dem sein Wille durch seine Wahl bestimmt ist. In welchem Augenblick ist also der Mensch Herr seiner Handlungen – oder frei?

Das, was der Mensch tun wird, ist immer eine Folge dessen, was er gewesen ist, was er ist und was er bis zu dem Augenblick der Handlung getan hat. Unser gegenwärtiges und gesamtes Dasein, im Hinblick auf seine möglichen Umstände betrachtet, umfasst die Summe aller Beweggründe für die Handlung, die wir ausführen werden, – ein Grundsatz, dessen Wahrheit sich kein denkendes Wesen verschließen kann. Unser Leben ist eine Reihe notwendiger Augenblicke, und unser gutes oder schlechtes, tugendhaftes oder lasterhaftes, uns selbst oder anderen nützliches oder schädliches Verhalten ist eine Verkettung von Handlungen, die ebenso notwendig sind wie alle Augenblicke unseres Lebens. *Leben* heißt: während der Momente der Lebensdauer, die notwendig aufeinander folgen, auf eine notwendige Art und Weise existieren; *wollen* heißt: in den Zustand, in dem wir uns befinden, einwilligen oder nicht einwilligen; *frei* sein heißt: notwendigen Beweggründen folgen, die wir in uns selbst tragen.

Wenn wir das Spiel unserer Organe durchschauten; wenn wir uns alle die empfangenen Eindrücke oder Modifikationen und die Wirkungen, die sie hervorgebracht haben, zurückrufen könnten, so würden wir sehen, dass alle unsere Handlungen der Fatalität unterworfen sind, die unser besonderes System ebenso beherrscht wie das gesamte System des Universums. Keine Wirkung entsteht in uns selbst oder in der Natur durch *Zufall*, ein Wort, das, wie schon bewiesen, gar keinen Sinn hat. Alles, was in uns vorgeht, und alles, was durch uns geschieht, ist, ebenso wie alles, was sich in der Natur ereignet oder was wir ihr zuschreiben, durch notwendige Ursachen bedingt, die auf Grund notwendiger Gesetze wirken und die notwendige Wirkungen hervorrufen, aus denen wiederum andere hervorgehen.

Die *Fatalität* ist die in der Natur festgesetzte ewige, unwandelbare, notwendige Ordnung oder die unvermeidliche Verbindung der Ursachen mit den von ihnen hervorgerufenen Wirkungen. Dieser Ordnung zufolge fallen die schweren Körper und streben die leichten Körper nach oben, ziehen sich verwandte Stoffe an und stoßen sich Gegensätze ab; gehen die Menschen gesellschaftliche Verbindungen ein, verändern sie sich gegenseitig, werden sie gut oder böse, machen sie einander glücklich oder unglücklich, lieben oder hassen sie sich notwendig auf Grund der Art, wie sie aufeinander wirken. Hieraus ist ersichtlich, dass die Notwendigkeit, die die Bewegungen der physischen Welt bestimmt, auch alle Bewegungen der moralischen

Welt regelt, in der folglich alles der Fatalität unterworfen ist. Indem wir ohne unser Wissen und oft ohne unsern Willen die Bahn durchlaufen, die die Natur uns vorgeschrieben hat, gleichen wir Schwimmern, die der Strömung folgen müssen, die sie mit sich fortreißt; wir glauben frei zu sein, weil wir bisweilen willig, bisweilen unwillig dem Laufe des Wassers folgen, mit dem wir treiben; wir glauben unser Schicksal in der Hand zu haben, weil uns die Angst, unterzugehen, zwingt, die Arme zu bewegen.

„Volentem ducunt fata, nolentem trahunt." („Derjenige, der will, wird vom Schicksal geleitet, den, der nicht will, reißt es mit sich fort." Seneca)

Die falschen Ideen, die man sich von der Freiheit gemacht hat, gründen sich im allgemeinen darauf, dass es Ereignisse gibt, die wir als notwendig betrachten. Denn wir sehen, dass es Wirkungen sind, die beständig und unveränderlich an bestimmte Ursachen gebunden sind, ohne dass irgend etwas sie aufzuhalten vermag, oder wir glauben die Kette der Ursachen und der Wirkungen zu sehen, durch die diese Ereignisse herbeigeführt werden. Dagegen betrachten wir die Ereignisse als *zufällig*, deren Ursachen, deren Verkettung und deren Wirkungsweise wir nicht kennen: aber in einer Natur, in der alles miteinander verbunden ist, gibt es keine Wirkung ohne Ursache; und in der physischen wie in der moralischen Welt ist alles, was geschieht, eine notwendige Folge sichtbarer oder verborgener Ursachen, die gezwungen sind, ihrem eigentümlichen Wesen gemäß zu wirken. Die Freiheit des Menschen ist nur die in ihm selbst enthaltene Notwendigkeit.

D'Holbach: System der Natur, S. 156 – 157 und S. 181 – 183

Fragen:

1. Wie definiert Holbach die Begriffe *Freiheit, Leben, Zufall, Wille*?
2. Welche Beziehungen bestehen zwischen Freiheit und Notwendigkeit?
3. Welche Beziehungen bestehen zwischen Zufall und Notwendigkeit?
4. Was ist für Holbach die Fatalität?
5. Vergleichen Sie Ursache und Wirkung bei Holbach mit dem mechanischen Weltbild von Isaac Newton.
6. Beschreiben Sie das Gleichnis des Schwimmers mit eigenen Worten.
7. Erklären Sie das Zitat von Seneca.

8. Woran liegt es nach Holbachs Auffassung, dass viele Menschen die Illusion haben, frei zu sein?

8. 6. Jean-Jacques Rousseau

Mit dem Namen Jean-Jacques Rousseau (1712 – 1778) ist das Schlagwort *„Zurück zur Natur!“* verbunden, das in den Siebziger Jahren des 20. Jahrhunderts neue Bedeutung erlangte. Rousseau verband seine Zivilisationskritik mit dem Ideal der glücklichen Naturgesellschaft. Bekannt wurden auch Rousseaus Überlegungen zur Erziehung. Er selber allerdings gab seine Kinder ins Waisenhaus.

Wir stellen Ihnen hier Rousseaus bedeutendes staatsphilosophisches Werk über den *„Gesellschaftsvertrag“* mit seinem berühmten Anfangssatz vor.

Aufgabe:

Referatsthema: Jean-Jacques Rousseau – Leben und Theorie

Der Gesellschaftsvertrag

Gegenstand dieses ersten Buches

Der Mensch ist frei geboren, und überall ist er in Ketten. Einer hält sich für den Herrn der anderen und bleibt doch mehr Sklave als sie. Wie ist dieser Wandel zustande gekommen? Ich weiß es nicht. Was kann ihm Rechtmäßigkeit verleihen? Diese Frage glaube ich beantworten zu können.

Wenn ich nur die Stärke betrachtete und die Wirkung, die sie hervorbringt, würde ich sagen: Solange ein Volk zu gehorchen gezwungen ist und gehorcht, tut es gut daran; sobald es das Joch abschütteln kann und es abschüttelt, tut es noch besser; denn da es seine Freiheit durch dasselbe Recht wiedererlangt, das sie ihm geraubt hat, ist es entweder berechtigt, sie sich zurückzuholen, oder man hatte keinerlei Recht, sie ihm wegzunehmen. Aber die gesellschaftliche Ordnung ist ein geheiligtes Recht, das allen anderen zur Grundlage dient. Trotzdem stammt dieses Recht nicht von der Natur; es beruht also auf Vereinbarungen. Es handelt sich darum, die Art dieser Vereinbarungen zu kennen. (...)

Vom Recht des Stärkeren

Der Stärkste ist nie stark genug, immer Herr zu sein, wenn er seine Stärke nicht in Recht und den Gehorsam in Pflicht überführt. (...) Stärke ist ein natürliches Vermögen. (...) Der Stärke nachgeben, ist eine Handlung der Notwendigkeit, nicht des freien Willens, es ist höchstens eine Handlung der Klugheit. In welcher Hinsicht könnte es eine Pflicht sein? (...)

Gehorcht den Machthabern! Wenn das bedeuten soll, gebt der Stärke, der Gewalt nach, so ist die Vorschrift gut, aber überflüssig; ich stehe dafür ein, daß ihr niemals zuwidergehandelt wird. Alle Macht kommt von Gott, ich gebe es zu; aber auch jede Krankheit kommt von ihm. Soll das heißen, daß es verboten ist, den Arzt zu rufen? Wenn mich irgendwo im Wald ein Räuber überfällt, so muss ich mich der Gewalt fügen und ihm meine Börse geben; verpflichtet mich aber mein Gewissen, sie zu geben, wenn ich imstande bin, sie ihm vorzuenthalten? Schließlich ist die Pistole in seiner Hand auch eine Macht. Einigen wir uns also darauf, dass Stärke nicht Recht schafft und dass man nur gesetzmäßiger Macht zum Gehorsam verpflichtet ist. (...)

Vom Gesellschaftsvertrag

Ich unterstelle, dass die Menschen jenen Punkt erreicht haben, an dem die Hindernisse, die ihrem Fortbestehen im Naturzustand schaden, in ihrem Widerstand den Sieg davontragen über die Kräfte, die jedes Individuum einsetzen kann, um sich in diesem Zustand zu halten. Dann kann dieser ursprüngliche Zustand nicht weiterbestehen, und das Menschengeschlecht würde zugrunde gehen, wenn es die Art seines Daseins nicht änderte.

Da die Menschen keine neuen Kräfte hervorbringen, sondern nur die vorhandenen vereinen① und lenken können, haben sie kein anderes Mittel, sich zu erhalten, als durch Zusammenschluss eine Summe von Kräften zu bilden, stärker als jener Widerstand, und diese aus einem einzigen Antrieb einzusetzen und gemeinsam wirken zu lassen.

---

① vereinigen

Die Summe von Kräften kann nur durch das Zusammenwirken mehrerer entstehen; da aber die Kraft und Freiheit jedes Menschen die ersten Werkzeuge für seine Erhaltung sind – wie kann er sie verpfänden, ohne sich zu schaden? (...) Diese Schwierigkeit lässt sich, auf meinen Gegenstand angewandt, so ausdrücken:

> „Finde eine Gesellschaftsform, die mit ihrer ganzen gemeinsamen Kraft die Person und das Vermögen jedes einzelnen Mitglieds verteidigt und schützt und durch die doch jeder, indem er sich mit allen vereinigt, nur sich selbst gehorcht und genauso frei bleibt wie vorher."

Dies ist das grundlegende Problem, dessen Lösung der Gesellschaftsvertrag darstellt.

Die Bestimmungen dieses Vertrages sind durch die Natur des Aktes so vorgegeben, dass die geringste Änderung sie null und nichtig machen würde; so dass sie, wiewohl sie niemals förmlich ausgesprochen wurden, überall die gleichen sind, überall stillschweigend in Kraft und anerkannt sind. (...)

Wenn man also beim Gesellschaftsvertrag von allem absieht, was nicht zu seinem Wesen gehört, wird man finden, dass er sich auf folgendes beschränkt:

> „Gemeinsam stellen wir alle, jeder von uns seine Person und seine ganze Kraft unter die oberste Richtschnur des Gemeinwillens; und wir nehmen, als Körper, jedes Glied als untrennbaren Teil des Ganzen auf."

Dieser Akt des Zusammenschlusses schafft augenblicklich an Stelle der Einzelperson jedes Vertragspartners eine sittliche Gesamtkörperschaft, die aus ebenso vielen Mitgliedern besteht, wie die Versammlung Stimmen hat, und die durch eben diesen Akt ihre Einheit, ihr gemeinschaftliches Ich, ihr Leben und ihren Willen erhält.

Diese öffentliche Person, die so aus dem Zusammenschluss aller zustande kommt, trug früher den Namen Stadt, heute trägt sie den der *Republik* oder der staatlichen Körperschaft, die von ihren Gliedern *Staat* genannt wird, wenn sie passiv, *Souverän (Oberhaupt)*, wenn sie aktiv ist, und *Macht* im Vergleich mit ihresgleichen. Was die Mitglieder betrifft, so tragen sie als Gesamtheit den Namen *Volk*, als einzelne nennen sie sich *Bürger*, sofern sie Teilhaber an der Souveränität, und *Untertanen*, sofern sie den Gesetzen des Staates unterworfen sind. (...)

Vom Souverän

In der Tat kann jedes Individuum als Mensch einen Sonderwillen haben, der dem Gemeinwillen, den er als Bürger hat, widerspricht oder sich von diesem unterscheidet. Sein Sonderinteresse kann ihm ganz anderes sagen als das Gemeininteresse; sein selbständiges und natürlicherweise unabhängiges Dasein kann ihn das, was er der gemeinsamen Sache schuldig ist, als eine unnütze Abgabe betrachten lassen, deren Einbuße den anderen weniger schadet, als ihn ihre Leistung belastet. Das Individuum würde die moralische Person, die den Staat ausmacht, nur als eine Idee auffassen können, weil sie eben kein Mensch ist, und die Rechte eines Staatsbürgers genießen, ohne die Pflichten des Untertans erfüllen zu wollen, einc Ungerechtigkeit, deren Umsichgreifen① den Untergang des Staatskörpers herbeiführen würde.

Damit nun aber der Gesellschaftsvertrag keine Leerformel sei, schließt er stillschweigend jene Übereinkunft ein, (...) dass, wer immer sich weigert, dem Gemeinwillen zu folgen, von der gesamten Körperschaft dazu gezwungen wird, was nichts anderes heißt, als dass man ihn zwingt, frei zu sein.

Denn die persönliche Freiheit ist die Bedingung, die jedem Bürger dadurch, dass sie ihn dem Vaterlande einverleibt, Schutz gegen jede persönliche Abhängigkeit verleiht, eine Bedingung, die die Stärke und Beweglichkeit der Staatsmaschine ausmacht und den bürgerlichen Verpflichtungen, die ohne sie sinnlos, tyrannisch und den ausgedehntesten Missbräuchen ausgesetzt wären, Rechtmäßigkeit gibt.

Dass die Souveränität unveräußerlich② ist

Die erste und wichtigste Folge der oben aufgestellten Prinzipien ist, dass allein der Gemeinwille die Kräfte des Staates gemäß dem Zwecke seiner Einrichtung, nämlich dem Gemeinwohl, leiten kann; denn wenn der Widerstreit der Einzelinteressen die Gründung von Gesellschaften nötig gemacht hat, so hat der Einklang derselben

① Verbreitung, Ausbreitung
② durch nichts wegzunehmen oder aufzuheben

Interessen sie möglich gemacht. (...)

Ich behaupte deshalb, dass die Staatshoheit (Souveränität), da sie nichts anderes ist als die Ausübung des Gemeinwillens, niemals veräußert werden kann und dass der Souverän (das Staatsoberhaupt), der nichts anderes ist als ein Gemeinwesen, nur durch sich selbst vertreten werden kann; die Macht kann wohl übertragen werden, nicht aber der Wille. (...)

Dass die Souveränität unteilbar ist

Aus dem gleichen Grund, aus dem die Souveränität unveräußerlich ist, ist sie auch unteilbar. Denn der Wille ist entweder allgemein, oder er ist nicht; er ist der des Volkskörpers oder nur der eines Teils. Im ersten Fall ist dieser erklärte Willen ein Akt der Souveränität (der Staatshoheit) und hat Gesetzeskraft. Im zweiten Fall ist er nur ein Privatwille oder ein Verwaltungsakt; es handelt sich bestenfalls um eine Verordnung.

Da aber unsere Staatsmänner die Souveränität in ihrem Ursprung nicht teilen können, zerteilen sie sie in ihrem Bezug auf ihren Gegenstand; sie teilen sie (...) in Legislative[1] und Exekutive[2], in Steuerhoheit, in Gerichtsbarkeit, Recht der Kriegsführung; in innere Verwaltung und die Befugnis, mit dem Auslande zu verhandeln. (...) Dieser Fehler kommt daher, dass sie sich keine klaren Begriffe von der souveränen Gewalt gemacht haben und sie als Teile dieser souveränen Gewalt angesehen haben, was nur deren Wirkung ist. (...)

Ob der Gemeinwille irren kann

Aus dem Vorhergehenden folgt, dass der Gemeinwille immer auf dem rechten Weg ist und auf das öffentliche Wohl abzielt; daraus folgt jedoch nicht, dass die Beschlüsse des Volkes immer gleich richtig sind. Zwar will man immer sein Bestes, aber man sieht es nicht immer. Verdorben wird das Volk niemals, aber oft wird es irregeführt, und nur dann scheint es das Schlechte zu wollen. (...)

---

① gesetzgebende Gewalt
② ausführende Gewalt

Wenn die Bürger keinerlei Verbindung untereinander hätten, würde, wenn das Volk wohlunterrichtet entscheidet, aus der großen Anzahl der kleinen Unterschiede immer der Gemeinwille hervorgehen, und die Entscheidung wäre immer gut. Aber wenn Parteien entstehen, wenn sich kleine Teilvereinigungen zum Nachteil der großen bilden, wird der Wille jeder dieser Vereinigungen ein allgemeiner hinsichtlich seiner Glieder und ein besonderer hinsichtlich des Staates; man kann dann sagen, dass es nicht mehr so viele Stimmen gibt wie Menschen, sondern nur so viele wie Vereinigungen. Die Unterschiede werden weniger zahlreich und bringen ein weniger allgemeines Ergebnis. Wenn schließlich eine dieser Vereinigungen so groß ist, dass sie stärker ist als alle anderen, erhält man als Ergebnis nicht mehr die Summe der kleinen Unterschiede, sondern einen einzigen Unterschied; jetzt gibt es keinen Gemeinwillen mehr, und die Ansicht, die siegt, ist nur eine Privatansicht.

Um wirklich die Aussage des Gemeinwillens zu bekommen, ist es deshalb wichtig, dass es im Staat keine Teilgesellschaften gibt und dass jeder Staatsbürger nur seine eigene Meinung vertritt. (...)

Jean-Jacques Rousseau: Der Gesellschaftsvertrag. S. 5 – 32 (gekürzt und modernisiert)

Fragen:

1. Was sind nach Rousseau die Unterschiede zwischen „*dem Recht des Stärkeren*“ und der *rechtmäßigen Macht*? Wie soll man sich ihnen gegenüber verhalten?
2. Was ist für Rousseau das grundlegende Problem der Staatsphilosophie? Formulieren Sie es mit eigenen Worten.
3. Was ist das Ziel des *Gesellschaftsvertrags*?
4. Welches sind die Bedingungen und Regeln des *Gesellschaftsvertrags*?
5. Wie ist das Verhältnis zwischen dem *Gemeinwillen* und dem *Privatinteresse*? Was heißt in diesem Zusammenhang „... *als dass man ihn zwingt, frei zu sein.*“ (Z. 103) ?
6. Warum verzerrt nach Rousseau die Gründung von Parteien den Gemeinwillen? Was meinen Sie dazu?
7. Versuchen Sie, die Entwicklung der Gesellschaft bildlich darzustellen.
8. Halten Sie die Verwirklichung des *Gesellschaftsvertrags* für möglich? Welche Bedingungen wären die Voraussetzung dafür? Begründen Sie Ihre Meinung.
9. Erklären Sie Rousseaus Idee noch einmal mit eigenen Worten anhand des Schaubilds.

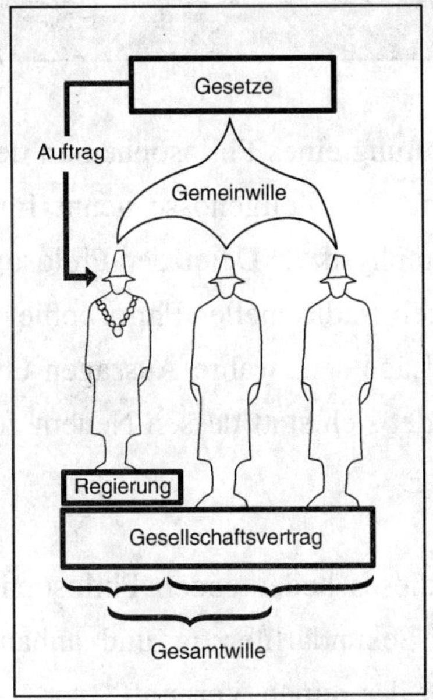

Kunzmann u. a. : dtv-Atlas zur Philosophie. S. 132

Schlussaufgabe:

1. Füllen Sie die Tabelle *Grundfragen der Philosophie* für die Aufklärung und die Französische Revolution aus.
2. Füllen Sie die Tabelle *Grundfragen der Philosophie* für Rousseau aus.
3. Erklären Sie, welche Aspekte der Aufklärung Sie bei Kant und Rousseau finden.

9. Immanuel Kant

Vielleicht kann man die Bedeutung eines Philosophen an der Radikalität messen, mit der er gängige Weltbilder zerstört. Ein Zeitgenosse nennt Immanuel Kant (1724 – 1804) den „Alleszermalmer der Metaphysik". Denn der Philosoph aus Königsberg räumt mit den metaphysischen Grundlagen traditioneller Philosophie gründlich auf. Er bezweifelt, dass die Wissenschaft in der Lage sei, wahre Aussagen über Gott oder die Ewigkeit zu machen. Kants Interesse wendet sich statt dessen Neuem zu, vor allem der Vernunft des autonomen Individuums.

Wir stellen Ihnen das Werk dieses bedeutenden Philosophen der deutschen Aufklärung anhand einer Quelle aus der Sekundärliteratur und anhand eines kurzen Auszugs aus seinem Hauptwerk der „Kritik der reinen Vernunft" vor.

Aufgaben:
Referatsthema: Kants Leben und Theorie

9.1. Theorie von Immanuel Kant

(1) „Die Gegenstände müssen sich nach unserer Erkenntnis richten. " (Kopernikanische Wende)

(2) „Handle so, dass die Maxime deines Willens jederzeit zugleich als Prinzip einer allgemeinen Gesetzgebung gelten könne. " (Kategorischer Imperativ)

(1) Der erste Leitsatz ist aus Kants theoretischer, der zweite aus seiner moralisch-praktischen Philosophie. Es geht im ersten Leitsatz – bei der kopernikanischen Wende – um die Frage: „Was kann ich wissen?" (...)

Das Vertrauen in die Metaphysik ist erschüttert. Der eine Philosoph sagt über das Wesen der Dinge dogmatisch dies, der andere das. Kants Hauptwerk, die „Kritik der reinen Vernunft", will diesen Skandal der sich selbst widersprechenden Vernunft beheben und dem dadurch heraufbeschworenen Skeptizismus eines David Hume Einhalt gebieten. Vor allem geht es um eine Kritik der „reinen" Vernunft, also um die Vernunft, die den

Anspruch erhebt, *rein* gedanklich zu einer Erkenntnis unabhängig von der Erfahrung zu gelangen. „Rein" heißt hier soviel wie spekulativ oder apriorisch (vor aller Erfahrung).

Die „Kritik der reinen Vernunft" versucht zu klären, was die Vernunft zu erkennen vermag. Das Vermögen der Erkenntnis untersucht das Vermögen der Erkenntnis. Die Vernunft nimmt sich selbst kritisch unter die Lupe. – Ist sie überhaupt für eine wissenschaftliche, für eine begründete Metapysik tauglich? Und muss nicht zuerst einmal das untersucht werden, was durch Metaphysik überschritten (transzendiert) werden soll: die Erfahrung? Was ist überhaupt Erfahrung? (...)

Erfahrung, so Kant, setzt sich einmal zusammen aus dem, was wir durch Sinneseindrücke empfangen („Stoff"), und zum anderen aus dem, was unser Erkenntnisvermögen aus sich selbst hinzufügt. Kant nennt diese Hinzufügungen „Formen". Sowohl das Anschauen als auch das Denken verwendet solche Formen. Sie sind „apriorisch", weil sie den Erfahrungen als notwendige Bestandteile vorausgehen, weil erst durch ihre Beteiligung Erfahrungen zustandekommen können. Form + Stoff = Erfahrung.

Die apriorischen Formen der Erfahrung sind bei allen Menschen gleich. Es sind unveränderliche Strukturen des Geistes, die in den „rohen Stoff sinnlicher Eindrücke", in das Chaos der Empfindungen, etwas Ordnendes, Zusammenhangstiftendes hineinbringen. Mit diesen apriorischen Formen wird durch das Anschauen und das Denken in den Stoff etwas Notwendiges und Allgemeingültiges hineingeschrieben und dadurch eine gesetzmäßig strukturierte Erfahrung hergestellt. Im Nachhinein (a posteriori) kann dieses Notwendige und Allgemeingültige aus der Welt, wie wir sie erfahren, wieder mit Hilfe der Wissenschaften herausgefunden werden: da „wir nämlich von den Dingen nur das *a priori* erkennen, was wir selbst in sie legen".

Bildhaft gesprochen: Angenommen, der Mensch könnte nur dann überhaupt etwas sehen, wenn er eine Brille mit blauem Glas trüge. Und angenommen, er trüge schon immer eine solche Brille, wüsste aber nichts davon. Beim Sehen würden dann die Sehempfindungen (Stoff) durch die Brille (Form) zu blauen Seherfahrungen geformt werden. Ohne Form – aber auch: ohne Stoff – käme keine Erfahrung zustande. Misslich wäre es, von einer solchen gleichsam apriorischen Brille gar nichts zu wissen und subjektive Bedingungen des Erkennens – hier: blaues Glas – mit Eigenschaften des Objekts zu verwechseln (die Gegenstände sind blau). Infolge dieser Verwechslung verfiele das erkennende Subjekt dem Schein einer falschen Unmittelbarkeit.

Um dies zu verhindern, sucht Kant alle apriorischen Formen – alle Erkenntnisbrillen – zu ermitteln. Seine Philosophie ist deshalb eine Transzendentalphilosophie, eine Lehre von den apriorischen Voraussetzungen jeder Art von Erfahrung. Hier gilt es, auf einen begrifflichen Unterschied zu achten sowie ein mögliches Missverständnis zu vermeiden. *Erstens*. Der Ausdruck „transzendental" (das, was der Erfahrung a priori vorhergeht und durch geistige, formgebende Zutaten Erfahrung möglich macht) ist nicht zu verwechseln mit „transzendent" (das, was über alle Erfahrung hinausgeht; übersinnlich, jenseitig). *Zweitens*. Apriorische Formen meinen bei Kant keinesfalls zum Beispiel psychologische oder biologische, im Verlauf der Evolution erworbene Erkenntnisvoraussetzungen. Unser Brillenbeispiel ist nur eine Metapher und greift, um das Verständnis zu erleichtern, unerlaubterweise auf Dinghaftes zurück.

Kant beschreitet einen neuen Weg. Erkennen heißt für ihn nicht, dass sich der jeweilige Gegenstand in einem erkennenden Subjekt widerspiegelt, sondern von diesem erzeugt wird (im Hinblick auf seine Form). Das, was wir – bewusst – an formalen Gesetzmäßigkeiten in der erfahrbaren Realität erkennen, ist das, was wir selbst vorgängig – vorbewusst – in diese Realität hineingeformt haben. Unsere Sinnlichkeit formt a priori Raum und Zeit (Anschauungsformen) in das Gewühl der Sinnesempfindungen, so dass aus diesen Empfindungen die räumlich und zeitlich strukturierte Sinneswahrnehmung entsteht. Der Verstand überformt diese Sinneswahrnehmung noch einmal a priori mit seinen denkformen (zwölf Kategorien, zu denen z. B. die Kausalität gehört).

Die Gegenstände, die von uns räumlich oder zeitlich angeschaut oder kategorial gedacht werden, sind Erscheinungen (Phänomena), nicht Dinge *an sich* (Noumena). Nur *für uns*, für unsere Art zu erkennen, erscheinen die Gegenstände in Raum und Zeit oder z. B. als Ursache-Wirkungs-Zusammenhänge. Was die Gegenstände unabhängig von den Bedingungen unserer Erkenntnis sind, ist uns ganz und gar unbekannt.

In der aktiven schöpferischen Tätigkeit unseres Erkennens wird das, worauf sich unser

Erkennen richtet, geformt, gegenständlich anschaubar und begrifflich denkbar gemacht. Grundbedingung alles Erkennens ist die formale Einheit unseres Selbstbewusstseins. Wäre ich kein identisches, denkendes Ich, gäbe es für mich keine *einheitliche* Erkenntnis, keine Erfahrung von identischen Gegenständen. Kant sagt: „Das: *Ich denke* muss alle meine Vorstellungen begleiten *können*.“ Er nennt diese höchste Erkenntnisbedingung des *Ich denke* „transzendentale Apperzeption“. (Apperzeption ist das Bewusstsein, das ich von mir selbst habe. Es ist „transzendental“, wenn es nicht empirisch psychologisch aufgefasst wird, also nicht so, wie ich mich gerade hier und jetzt selbst wahrnehme. Vielmehr ist damit eine apriorische Form der Identität gemeint, die alle Erfahrungsteile annehmen müssen, um *für uns* eine einheitliche Gegenstandserfahrung zu ermöglichen.)

Kant vergleicht seine Revolutionierung des Denkens mit Kopernikus: „Es ist hiemit eben so, als mit den ersten Gedanken des *Copernicus* bewandt, der, nachdem es mit der Erklärung der Himmelsbewegungen nicht gut fort wollte, wenn er annahm, das ganze Sternheer drehe sich um den Zuschauer, versuchte, ob es nicht besser gelingen möchte, wenn er den Zuschauer sich drehen und dagegen die Sternen in Ruhe ließ.“

In der Vorrede zur 2. Auflage der „Kritik der reinen Vernunft“ fasst Kant seinen Ansatzpunkt pointiert zusammen. Zunächst stellt er die herkömmliche Auffassung, die in seinen Augen gescheitert ist, heraus: „Bisher nahm man an, alle unsere Erkenntniß müsse sich nach den Gegenständen richten.“ Dann kehrt Kant diesen traditionellen Ansatz um, vollzieht eine Wendung. Dies ist seine Revolution in der Erkenntnistheorie: „Man versuche es daher einmal, ob wir nicht in den Aufgaben der Metaphysik damit besser fortkommen, dass wir annehmen, die Gegenstände müssen sich nach unserem Erkenntniß richten.“

Also, vereinfacht gesagt: Nicht das Bewusstsein macht sich dem Sein ähnlich, sondern das Bewusstsein macht das Sein sich ähnlich. Dies ist Kants berühmte „kopernikanische Wende“.

Weil wir keine Erfahrung machen können – keine Anschauung bilden, keinen Gedanken fassen können –, ohne dabei unsere apriorischen Formen anzuwenden, deshalb müssen sich die Gegenstände der Erkenntnis nach uns richten, nach der *apriorischen Logik* unserer Erkenntnisausstattung. Das, was dabei die Einheit möglicher Erfahrungen produziert – unser transzendentales „Ich denke“ –, und das, was diesen Erfahrungen von ihrer stofflichen Seite vor unseren Formungen zugrunde liegt, bleibt uns gleichermaßen unbekannt. Eine ungekannte Größe, ein X, ist sowohl unser Ich wie auch die Dinge an sich. Und zwischen diesen beiden X, zwischen diesen beiden eigentlich leeren Bestimmungen, zwischen diesen beiden dimensionslosen Punkten ist unsere, von uns erzeugte erfahrbare Realität – als Erscheinung für uns – ausgespannt.

Die „Kritik der reinen Vernunft“ kommt zu folgendem Resultat: Metaphysik im traditionellen Sinn als Wesenswissen von Seele, Weltganzem, Gott ist nicht möglich, geht über die Kräfte des Menschen. Mit keiner einzigen Anschauung, mit keinem einzigen Gedanken können wir die Welt unserer Erfahrungen metaphysisch übersteigen. Wir erkennen die Dinge an sich (wie auch unser Ich) nur als Erscheinungen in den apriorischen Formen der Anschauung und des Denkens. Die Begriffe Seele, Welt, Gott sind „Ideen“ unserer *Vernunft*, mit denen wir zur besseren Orientierung die von unserer Sinnlichkeit und unserem Verstand geformten einzelnen Erfahrungen noch einmal zusammenfassen. (...)

Fragen:

1. Was ist Erfahrung nach Kant?
2. Was bedeuten die Begriffe *a priori* und *a posteriori*?
3. Beschreiben Sie die Metapher mit der blauen Erkenntnis-Brille mit eigenen Worten. Was möchte Kant damit sagen?
4. Existieren die Gegenstände unabhängig von uns?
5. Sind die Dinge an sich erkennbar?
6. Welche Rolle spielen die Begriffspaare Raum und Zeit, Ursache und Wirkung, Quantität und Qualität etc. im Erkenntnisprozess?
7. Erklären sie die „Kopernikanische Wende“ Kants in der Erkenntnistheorie.
8. Was sind *Seele, Welt, Gott* bei Kant und wie begründet er das?
9. Wie beantwortet Kant die Grundfrage der Philosophie nach dem Verhältnis von Denken und Sein?
10. Kants Philosophie gehört zum *Agnostizismus*. Informieren Sie sich darüber, was das bedeutet.

(2) Im zweiten Leitsatz – beim kategorischen Imperativ – geht es um die Frage: „Was soll ich tun?“

Alle Dinge haben einen Preis, allein der Mensch hat Würde. „Werdet nicht der Menschen Knechte; - lasst euer Recht nicht ungeahndet von Anderen mit Füßen treten“, schreibt Kant in einem Artikel „Von der Kriecherei“. „Das Hinknien oder Hinwerfen zur Erde, selbst um die Verehrung himmlischer Gegenstände sich dadurch zu versinnlichen, ist der Menschenwürde zuwider.“ Aufrecht geht der Mensch. „Wer sich aber zum Wurm macht, kann nachher nicht klagen, daß er mit Füßen getreten wird.“ Das erste Gebot aller Pflichten gegen sich selbst lautet: Erkenne dich selbst! (...)

Diese moralische Selbsterkenntnis geht in schwer zu ergründende Tiefen und verlangt, in den Abgrund des Herzens zu dringen. Aber ihre Einsicht ist aller menschlichen Weisheit Anfang. (...)

Der Mensch ist „Vernunftmensch“ und „Thiermensch“ in einem. Seiner tierischen Natur nach ist er ein körperliches, von sinnlichen Begierden bedrängtes „Sinnenwesen“. Wie jedes Ding in der Natur (hier Ding als *Erscheinung*, nicht als Ding an sich) wird auch er durch andere Dinge bedingt. Er steht unfrei in gesetzmäßigen, kausalen Zusammenhängen der Erfahrungswelt. Seiner vernünftigen Natur nach aber gehört er einem anderen Reich als dem der Natur an: dem Reich der Freiheit. Hier ist er „Person“: ein freies moralisches Subjekt. (...)

Allein als Subjekt der moralisch-praktischen Vernunft ist der Mensch über allen Preis, über alle Käuflichkeit erhaben. Sein Wert misst sich auf dieser Ebene nicht an seiner Brauchbarkeit, als nützliches Mittel einem bestimmten Zweck zu dienen. Als Person ist der Mensch um seiner selbst willen (als Zweck an sich selbst) zu schätzen, d. h. er besitzt Würde, einen „absoluten inneren Werth“, einen Wert jenseits aller Nützlichkeit. Der Mensch verdient als Mensch und nicht aufgrund von Leistungen Achtung.

Alle Menschen sollen daher so miteinander umgehen, dass sie ihrer aller Würde nicht verletzen. Sie sollen sich nicht als bloße Mittel gebrauchen und auch nicht gebrauchen lassen. Sie sollen sich nicht gegenseitig zu nützlichen Sachen erniedrigen. Kein Mensch darf einen anderen Menschen instrumentalisieren. Die Anerkennung der Persönlichkeit eines jeden Menschen ist *allen* Zwecken übergeordnet.

Eine Version von Kants Sittengesetz lautet daher: *„Handle so, dass du die Menschheit sowohl in deiner Person, als in der Person eines jeden andern jederzeit zugleich als*

Zweck, niemals bloß als Mittel brauchst.“

Dieses Sittengesetz nennt Kant „kategorischen Imperativ“. Es heißt „Imperativ“, weil es die Form eines *Befehls* hat. Es heißt „kategorisch“, weil dieser Befehl nicht etwa nur unter bestimmten Bedingungen, sondern *unbedingt*, also ohne Ausnahme gilt. Ein bedingter („hypothetischer“) Imperativ lässt sich daran erkennen, dass er die sprachliche Gestalt hat: *Du musst* so handeln, wenn du dies oder das erreichen willst, wenn du z. B. glücklich sein willst. Der kategorische Imperativ tritt in der Form *Du sollst* auf. Er gibt keine Auskunft darüber, *welche* Zwecke zu verfolgen sind und *wie* sie erfolgreich verwirklicht werden können. Er ist das Gesetz, das den Willen bestimmen, „nötigen“ muss, damit dieser ohne Einschränkung gut ist. In erster Linie kommt es auf den guten Willen – die sittliche Gesinnung – an, nicht auf den Handlungserfolg.

Eine andere Fassung desselben kategorischen Imperativs lautet: „*Handle so, dass die Maxime deines Willens jederzeit zugleich als Princip einer allgemeinen Gesetzgebung gelten könne.*“

Was ich zu tun habe, damit mein Handeln moralisch gut sei, ist einfach: Ich frage mich, ob ich wollen kann, dass alle so handeln, wie ich jetzt. Ich frage mich, ob ich wollen kann, dass der von mir befolgte subjektive Grundsatz (Maxime) ein objektives allgemeines Gesetz wird. (...)

Der kategorische Imperativ ist ein apriorisches „Faktum der Vernunft“. Kant beansprucht, sich dieses Faktum nicht ausgedacht, sondern entdeckt zu haben. (...)

Das Sittengesetz ist kein religiöses Gebot, es entstammt keiner weltlichen Tradition, hinter ihm steht keine fremde Autorität, es ist keine pragmatische Handlungsanweisung, kein Denken hat es ersonnen. Es ist vielmehr das ureigenste Gesetz der Vernunft selbst. Wo immer es Vernunft gibt – auf fremden Planeten, in himmlischen Regionen gar –, das moralische Gesetz der Vernunft ist ein und dasselbe, und es vereint uns alle in der Perspektive einer universalen Gemeinschaft vernünftiger Wesen. Diesem Gesetz in uns verpflichtet sein, heißt autonom sein, heißt sittlich sein, heißt mit sich selbst übereinstimmen, heißt: *vernünftig* sein. Einem solchen Wesen gereicht es zur Zierde, wenn es zu seiner Identität „Ich“ sagt. In Ehrfurcht verbeugt sich Kant vor dem Menschen: Er ist ein Vernunftwesen und Subjekt des moralischen Gesetzes.

Volker Spierling: Kleine Geschichte der Philosophie. S. 206 – 215 und S. 215 – 219

Fragen:

1. Welches Menschenbild liegt Kants Denken zugrunde und was versteht er unter *Menschenwürde*?
2. Erklären sie die zwei Versionen des *Kategorischen Imperativs* mit Ihren eigenen Worten und erläutern Sie sie am Beispiel eines Diebstahls.
3. Der kategorische Imperativ ist für Kant ein apriorisches „Faktum der Vernunft". Diskutieren Sie die Tragweite dieser Behauptung!
4. Reflektieren Sie die Bedeutung dieser Maxime für Ihr eigenes Leben.
5. In Deutschland gehört Kant zur Pflichtlektüre eines Jurastudenten. Überlegen Sie, warum das so ist.

9.2. Kritik der reinen Vernunft

Einleitung

1. Von dem Unterschiede der reinen und empirischen Erkenntnis

Dass alle unsere Erkenntnis mit der Erfahrung anfange, daran ist gar kein Zweifel; denn wodurch sollte das Erkenntnisvermögen sonst zur Ausübung erweckt werden, geschähe es nicht durch Gegenstände, die unsere Sinne rühren und teils von selbst Vorstellungen bewirken, teils unsere Verstandestätigkeit in Bewegung bringen, diese zu vergleichen, sie zu verknüpfen oder zu trennen, und so den rohen Stoff sinnlicher Eindrücke zu einer Erkenntnis der Gegenstände zu verarbeiten, die Erfahrung heißt? *Der Zeit nach* geht also keine Erkenntnis in uns vor der Erfahrung vorher, und mit dieser fängt alle an.

Wenn aber gleich alle unsere Erkenntnis *mit* der Erfahrung anhebt, so entspringt sie darum doch nicht eben alle *aus* der Erfahrung. Denn es könnte wohl sein, dass selbst unsere Erfahrungserkenntnis ein Zusammengesetztes aus dem sei, was wir durch Eindrücke empfangen, und dem, was unser eigenes Erkenntnisvermögen (durch sinnliche Eindrücke bloß veranlaßt,) aus sich selbst hergibt, welchen Zusatz wir von jenem Grundstoffe nicht eher unterscheiden, als bis lange Übung uns darauf aufmerksam und zur Absonderung desselben geschickt gemacht hat.

Es ist also wenigstens eine der näheren Untersuchung noch benötigte und nicht auf den ersten Anschein sogleich abzufertigende Frage: ob es ein dergleichen von der Erfahrung und selbst von allen Eindrücken der Sinne unabhängiges Erkenntnis gebe. Man nennt solche *Erkenntnisse a priori*, und unterscheidet sie von den *empirischen*, die ihre Quellen a posteriori, nämlich in der Erfahrung, haben.

Jener Ausdruck ist indessen noch nicht bestimmt genug, um den ganzen Sinn, der vorgelegten Frage angemessen, zu bezeichnen. Denn man pflegt wohl von mancher aus Erfahrungsquellen abgeleiteten Erkenntnis zu sagen, dass wir ihrer a priori fähig, oder teilhaftig sind, weil wir sie nicht unmittelbar aus der Erfahrung, sondern aus einer allgemeinen Regel, die wir gleichwohl selbst doch aus der Erfahrung entlehnt haben, ableiten. So sagt man von jemand, der das Fundament seines Hauses untergrub: er konnte es a priori wissen, dass es einfallen würde, d. i. er durfte nicht auf die Erfahrung, dass es wirklich einfiele, warten. Allein gänzlich a priori konnte er dieses doch auch nicht wissen. Denn dass die Körper schwer sind, und daher, wenn ihnen die Stütze entzogen wird, fallen, musste ihm doch zuvor durch Erfahrung bekannt werden.

Wir werden also im Verfolg unter Erkenntnissen a priori nicht solche verstehen, die von dieser oder jener, sondern die *schlechterdings* von aller Erfahrung unabhängig stattfinden. Ihnen sind empirische Erkenntnisse, oder solche, die nur a posteriori, d. i. durch Erfahrung möglich sind, entgegengesetzt. Von den Erkenntnissen a priori heißen aber diejenigen *rein*, denen gar nichts Empirisches beigemischt ist. So ist z. B. der Satz: eine jede Veränderung hat ihre Ursache, ein Satz a priori, allein nicht rein, weil Veränderung ein Begriff ist, der nur aus der Erfahrung gezogen werden kann.

Immanuel Kant: Kritik der reinen Vernunft, zit. nach Skirbekk und Gillje: Geschichte der Philosophie, Band 2. S. 541 – 542

Fragen:

1. Was sind Erkenntnisse a priori und Erkenntnisse a posteriori?
2. Erklären Sie das Beipiel mit dem einstürzenden Haus.

Schlussaufgabe:

Füllen Sie die Tabelle *Grundfragen der Philosophie* für Immanuel Kant aus.

10. Georg Wilhelm Friedrich Hegel

Georg Wilhelm Friedrich Hegel (1770 – 1831) gilt als einer der am schwersten verständlichen deutschen Philosophen und ist ein Vertreter des deutschen *Idealismus*. Bekannt ist er durch die Einführung der Methode der *Dialektik* und seiner Idee vom *Weltgeist*, der sich in der Geschichte manifestiert.

Wir stellen Ihnen diesen bedeutenden Philosophen mit zwei Texten aus der Sekundärliteratur sowie einem kurzen Originaltext vor.

Aufgabe:

Referatsthema: Hegels Leben und Theorie

10.1. Über Hegel

1. LEBEN UND HAUPTWERKE

Georg Wilhelm Friedrich *Hegel*, geboren 1770 in Stuttgart, war Schwabe wie Schelling und Hölderlin①. Das Studium der Philosophie, die Beschäftigung mit der Antike und die Begeisterung für die Französische Revolution vereinte die drei Freunde im Tübinger Stift. Die Begeisterung für die Griechen bewahrte Hegel durch sein ganzes Leben. Viel später schrieb er darüber:

> „Bei dem Namen Griechenland ist es dem gebildeten Menschen in Europa, insbesondere uns Deutschen, heimatlich zu Mute ... Wissenschaft und Kunst, was unser geistiges Leben befriedigend, es würdig macht sowie ziert, wissen wir von Griechenland ... “

Im Vergleich zu dem um fünf Jahre jüngeren frühreif-genialen Schelling trat Hegels Begabung zunächst nicht auffällig hervor. Hegel war ein langsamer und zäher, aber in die Tiefe bohrender Denker. Es dauerte lange, bis er seine Gedanken für reif zur

① Friedrich Hölderlin (1770 – 1843): bekannter Dichter mit Nähe zum deutschen Idealismus; Briefroman *Hyperion* spiegelt Sehnsucht nach Geist, Natur und göttlichen Mächten

Veröffentlichung hielt. Als er es aber dann tat, zeigten seine Schriften von diesem Moment an eine durchgängige Einheit der wesentlichen Gedanken, während Schelling vor den Augen seiner Leser immer neue Wandlungen durchmachte.

Nach einigen Jahren mühseliger Hauslehrertätigkeit in Frankfurt und Bern versetzte die bescheidene Erbschaft, die Hegel mit dem Tode seines Vaters zufiel, ihn in den Stand, seiner inneren Berufung zu folgen. Für die Habilitation wählte er auf Schellings Empfehlung die weimarische Universität Jena. Es war die Zeit, da Schiller dort Professor der Geschichte war, Fichte und Schelling Philosophie lehrten, die Romantiker Tieck[1], Novalis[2], die Schlegels[3] in Jena ihren Mittelpunkt hatten, kurz Jena war damals das geistige Zentrum, das erst durch den bald folgenden Aufstieg der Berliner Universität in den Schatten gestellt wurde.

Von 1801 bis 1806 las Hegel in Jena, zunächst im engsten Verein mit Schelling. Als 1806 mit der Schlacht bei Jena die preußische Niederlage hereinbrach, hatte Hegel gerade sein erstes bedeutendes Werk, die „*Phänomenologie des Geistes*“, vollendet.

Das Manuskript führte er mit sich, als er Jena, vor den Kriegsereignissen flüchtend, verließ. Vorher aber hatte er noch in Jena ein Erlebnis gehabt, das einen bleibenden Eindruck hinterließ: Er hatte Napoleon gesehen. „Es ist in der Tat eine wunderbare Empfindung, ein solches Individuum zu sehen, das hier, auf einen Punkt konzentriert, auf einem Pferde sitzend, über die Welt übergreift und sie beherrscht.“

Hegel war nun für einige Zeit Redakteur, dann Rektor eines Gymnasiums in Nürnberg. Hier vollendete er sein zweites großes Werk, die „*Wissenschaft der Logik*“ in drei Bänden (1812/16). Das Werk trug ihm einen Ruf auf den philosophischen Lehrstuhl in Heidelberg ein. Dort schrieb Hegel die „*Enzyklopädie der philosophischen Wissenschaften*“ (1817).

---

① Ludwig Tieck (1773 – 1853): dt. Dichter aus dem Kreis der Jenaer Frühromantiker

② Novalis (1772 – 1801): Dichter der Romantik, entwickelte ein Weltbild des *magischen Idealismus*.

③ August Wilhelm (1767 – 1845) und Friedrich (1772 – 1829) von Schlegel: deutsche Dichter, Philosophen, Sprachforscher der (Früh) Romantik.

Im folgenden Jahre rief man ihn nach Berlin. Der preußische Staat hatte Hegel schon lange angezogen. In seiner Antrittsrede betonte er, dass Preußen durch sein geistiges Übergewicht sich Staaten gleichgestellt habe, die ihm äußerlich überlegen waren. Hegel gelangte in Berlin zu größtem Ansehen und Einfluss. Seine Vorlesungen, obwohl sein Vortrag unvollkommen und stockend war, zogen führende Männer des Staates in ihren Bann. Hegel wurde „preußischer Staatsphilosoph" und das anerkannte Oberhaupt der deutschen Philosophie. Seine Schüler besetzten die Lehrstühle der Universitäten. Die Hegelsche Schule erreichte eine Vormachtstellung, wie sie Kant kaum gehabt hatte.

Hegel las nicht nur über die philosophischen Hauptdisziplinen, sondern auch über Rechts-, Kunst-, Religionsphilosophie, Philosophie der Geschichte und Geschichte der Philosophie. In Buchform erschienen bis zu seinem Todesjahr 1831 noch die „*Grundlinien der Philosophie des Rechts*". Die übrigen Vorlesungen wurden nach seinem Tode von Schülern herausgegeben und machen einen großen Teil seiner gesammelten Werke aus.

2. ALLGEMEINER CHARAKTER DER HEGELSCHEN PHILOSOPHIEDIE – DIALEKTISCHE METHODE

Die Werke Hegels gehören zu den schwierigsten der philosophischen Literatur. Ein amerikanischer Kritiker schreibt:

> „Sie sind Meisterwerke der Unverständlichkeit, verdunkelt durch Abstraktheit und Knappheit des Stiles, durch eine verhängnisvolle Terminologie und durch die übertrieben vorsichtige Begrenzung aller Lehrsätze mit Hilfe eines geradezu gotischen Reichtums an einschränkenden Klauseln." (...)

Es wäre falsch, die Schwierigkeiten dadurch umgehen zu wollen, dass man aus Hegels Werk nur diejenigen Teile, zum Beispiel seiner Geschichtsphilosophie, vorführte, in denen er sich mit konkreten geschichtlichen Vorgängen befasst, die damit anschaulicher sind als die abstrakten Partien, zum Beispiel die Logik. Das würde nicht nur ein unvollkommenes Bild des Hegelschen Systems geben, sondern ein geradezu falsches. Denn was Hegels Werk im ganzen auszeichnet und worauf seine bis in die Gegenwart reichende geschichtliche Bedeutung beruht, ist nicht die einzelne Anwendung seiner Prinzipien auf das geschichtliche Material – bei aller staunenswerten Fülle geschichtlichen Wissens und der Menge der im einzelnen gegebenen überraschenden Ausblicke – , sondern gerade dieses Prinzip selbst und die großartige, wenn auch von Gewaltsamkeiten nicht freie Folgerichtigkeit, mit der er es auf das Ganze des Seins und die Weltgeschichte angewandt hat. Unser folgender Versuch, bei dem wir uns zwar Hegelscher Begriffe, nicht aber aus den genannten Gründen längerer Hegelscher Formulierungen bedienen wollen, zielt ausschließlich darauf, die beiden Momente zu verdeutlichen: die von Hegel ausgebildete und virtuos gehandhabte Methode und den aus ihr erwachsenden einheitlichen Bau des ganzen Systems.

Die unmittelbaren geschichtlichen Vorläufer der Dialektik Hegels sind – abgesehen von der tiefsinnigen Lehre des von Hegel hochgeschätzten *Heraklit*[1] über die Einheit der Gegensätze – Gedanken seiner Vorgänger *Fichte* und *Schelling*. (...)

Fichte war in seiner Wissenschaftslehre, als er den Versuch unternahm, den ganzen Weltinhalt (welcher für Fichte mit dem Bewusstseinsinhalt gleichbedeutend ist) aus einem obersten Prinzip abzuleiten, davon ausgegangen, dass als ersten Schritt das Ich sich selbst „setze". Aus dieser ersten Setzung allein konnte aber das Weltganze nicht entfaltet werden. Es fehlte ein bewegendes Element, es fehlte als Bedingung der Entfaltung des Ich ein Widerstand. Daher hatte Fichte als zweiten Schritt bezeichnet, dass das Ich sich ein Nicht – Ich „entgegensetze". Also auf die erste Setzung *(These)* folgt eine zweite, die einen Widerspruch zur ersten enthält *(Antithese)*. Ich und Nicht-Ich können aber nicht als sich ausschließende Gegensätze bestehenbleiben. Es bedarf einer dritten These, in der die Geltung beider so weit eingeschränkt wird, dass sie einander nicht mehr ausschließen *(Synthese)*. Das hatte Fichte reichlich dunkel in dem Satz ausgedrückt: Das Ich setzt dem teilbaren Ich ein teilbares Nicht-Ich entgegen. (...)

Hegel – unter ausdrücklicher Anerkennung von Fichtes Verdienst – geht über beide {Fichte und Schelling} hinaus. Was seine Fassung der Dialektik von der Fichtes unterscheidet, ist vor allem der tiefere Begriff der Synthese. Bei Fichte hatte die Synthese den Gegensatz von These und Antithese nur auf die Weise zum Verschwinden gebracht, dass die Geltung beider teilweise (partiell) eingeschränkt wurde. In Hegels Synthese werden These und Antithese nicht eingeschränkt, sondern „*aufgehoben*" – in

[1] Heraklit (544 – 483): griech. Philosoph, gilt als Begründer des dialektischen Denkens

dem wunderbaren dreifachen Sinn, den dieses Wort in der deutschen Sprache hat: einmal aufgehoben im Sinne von „beseitigt" (ein Gesetz wird aufgehoben); zum zweiten aufgehoben im Sinne von „bewahrt" (ich hebe dir etwas auf), also demnach nicht zum Verschwinden gebracht, sondern in einer höheren Einheit lebendig erhalten; zum dritten aufgehoben im Sinne von „hinaufgehoben", nämlich auf eine höhere Ebene, auf der beide nicht mehr als sich ausschließende Gegensätze erscheinen. (...)

Es ist nicht schwer, praktische Beispiele anzuführen, die den Sinn und die Fruchtbarkeit eines solchen dreistufigen dialektischen Schemas zeigen. Jeder hat die Erfahrung gemacht, dass wir in unserem Urteil über Menschen, Dinge, Ereignisse – im täglichen Leben wie in der Wissenschaft – oft genug zunächst „von einem Extrem ins andere fallen", also von der These zur Antithese, um unser abschließendes Urteil dann auf einer „goldenen Mitte" zu finden, die aber doch etwas mehr ist als ein Kompromiss zwischen beiden Extremen. Das würde zeigen, wie unser *Denken* dialektisch fortschreitet. Aber bewegt sich nicht auch die „wirkliche" Entwicklung der Dinge nach diesem Gesetz? Wird nicht im Laufe der geschichtlichen Entwicklung oft genug „Vernunft Unsinn, Wohltat Plage"? Pflegt nicht häufig eine in der Geschichte neu auftretende Bewegung zuerst schnell aufzusteigen, dann aber durch eben diesen Aufstieg und die Überspannung ursprünglich vielleicht „richtiger" Prinzipien einen Umschlag ins Gegenteil herbeizuführen – worauf dann in einem neuen Stadium der Dinge der ursprüngliche Gegensatz zu einem Ausgleich kommt, in welchem von beiden Extremen etwas bewahrt (aufgehoben) ist, aber doch so, dass es nicht mehr das Frühere ist?

Die Eigentümlichkeit der Hegelschen Philosophie ist es nun gerade, dass sie die Dialektik *nicht* nur *logisch*, als eine Form unseres Denkens, sondern ontologisch oder *metaphysisch*, als die eigentümliche Form der Selbstbewegung der Wirklichkeit, nimmt und dass sie darüber hinaus zu zeigen unternimmt, dass beides: die Selbstbewegung unseres Denkens und die Selbstbewegung der Wirklichkeit, im Grunde der *gleiche* (oder gar derselbe) Prozess ist.

Hans Joachim Störig: Kleine Weltgeschichte der Philosophie. S. 457 – 461

10. Georg Wilhelm Friedrich Hegel

Fragen:

1. In welchem Forschungsbereich hat Hegel besondere Leistungen erzielt?
2. Was ist Hegels wichtigster Beitrag für die Geistesgeschichte?
3. Erläutern Sie die Position Fichtes zur Betrachtung der Welt.
4. Wie hat Hegel die Fichtes Theorie erweitert?
5. Erläutern Sie die Begriffe *Dialektik, These, Antithese* und *Synthese* mit Hilfe der gegebenen Fachausdrücke. Benutzen Sie hierzu auch die Abbildung.
6. Suchen Sie Beispiele für *Dialektik* aus dem Alltagsleben und aus der Geschichte.

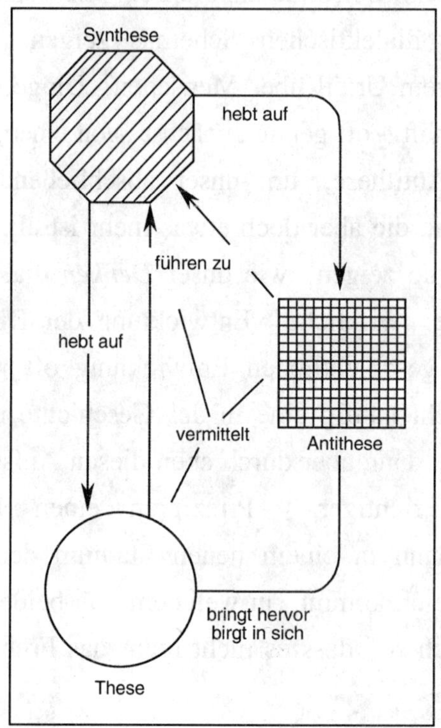

Kunzmann u. a. : dtv-Atlas zur Philosophie. S. 152

10.2. Das Wahre ist das Ganze

wer denkt abstrakt, wer konkret?

Im täglichen Leben bedeutet das Wort „konkret" das, was in der körperlichen Wirklichkeit sichtbar und greifbar ist, was an einem bestimmten Ort zu einer bestimmten Zeit vorhanden ist: dieses Einzelding da. „Abstrakt" dagegen meint üblicherweise etwas, das nicht mehr auf dem Boden des Anschauens steht, das von Besonderheiten absieht, etwas Begriffliches, also etwas von der Realität Abgehobenes. Hegel kehrt diesen Sprachgebrauch des „gesunden Menschenverstandes" vollkommen um: Das Abstrakte ist ihm das vereinzelte, momentan Sichtbaren; das Konkrete der durch Denken erfaßte Zusammenhang des Sichtbaren.

Ein Beispiel. Ein Mörder wird zur Richtstätte geführt. Den Leuten, die ihn sehen, ist er nichts weiter als ein Mörder. Für Hegel heißt hier *abstrakt denken*, ein Moment eines Menschen abtrennen und in der vordergründigen Sichtbarkeit und Feststellbarkeit dieses Moments alle übrigen Momente zu tilgen (z. B. die Momente schlechte Erziehung, erlittene Ungerechtigkeit). *Konkret denken* bedeutet demgegenüber, nach dem Zusammenhang der Lebensgeschichte zu fragen, auch wenn dies von Seiten des gesunden Menschenverstandes den Vorwurf einbringen könnte, man wolle bloß diesen Mörder entschuldigen.

Wer also denkt abstrakt, wer konkret? Hegels Antwort lautet: Der ungebildete Mensch denkt abstrakt, nicht der gebildete. Wer ungebildet ist, der schematisiert, der hält sich an sinnfällige Tatsachen und verleiht ihnen sofort einen festen Begriff. Der Gebildete dringt tiefer in die Sache, sieht eine ganze Milchstraße von Besonderheiten, Beziehungen und Bewegungen, begnügt sich nicht mit empirischen Feststellungen, dass etwas so ist, wie es ist. – Philosophie ist in besonderem Maße konkretes Denken, Denken aller Zusammenhänge in ihrer Notwendigkeit, Denken der Totalität des Konkreten.

Hegels Ziel ist „wissenschaftliche Erkenntnis der Wahrheit". Er versteht unter Wahrheit nicht, dass es hier einen Gegenstand gibt und dort eine richtige Vorstellung von ihm. Wahrheit ist keine Gegebenheit, nichts „Abstraktes", keine „ausgeprägte Münze, die fertig gegeben und so eingestrichen werden kann". Von der Wahrheit muss vielmehr gesagt werden, dass sie etwas Lebendiges, etwas „Konkretes", etwas sich Entwickelndes ist.

Der Keim einer Pflanze zum Beispiel ist Teil des Ganzen der sich entwickelnden Pflanze (in Hegels Terminologie: ist Moment), ist Wahrheit, aber noch nicht die ganze Wahrheit. Erst im Prozess der Pflanze zeigt sich ihre Wahrheit. Etwas ist wahr, wenn es ist, was es (seiner eigenen idealen Bestimmung nach) sein soll, wenn es seine Möglichkeiten, seine Anlagen – oder wie Hegel auch sagt, seinen „Begriff" – verwirklicht. Wahrheit ist nichts Statisches, vielmehr ein Prozess der Verwirklichung, der allem Sein und allem Denken zukommt. Aufgabe der Philosophie ist es, diese dynamische Form der Wahrheit aufzudecken, durchzudenken und damit zu Ende zu bringen. – „Übrigens", bemerkt Hegel, „findet sich die tiefere (philosophische) Bedeutung der Wahrheit zum Teil auch schon im gewöhnlichen Sprachgebrauch. So spricht man z. B. von einem *wahren* Freund und versteht darunter einen solchen, dessen Handlungsweise dem Begriff der Freundschaft gemäß ist; ebenso spricht man von einem *wahren* Kunstwerk. Unwahr heißt dann soviel als schlecht, in sich selbst unangemessen."

Alle endlichen Dinge haben etwas Schlechtes, etwas Unwahres, an sich, weil sie noch nicht die ganze, konkrete Wahrheit sind. Der Verstand hat recht, wenn er die einzelnen Dinge in ihrer vordergründigen, abstrakten Gegebenheit identifiziert, definiert. Aber: Die Philosophie darf hierbei nicht stehenbleiben. Jede Identifikation, die der Verstand vornimmt, unterschlägt das, was der identifizierte Gegenstand über seine jeweilige Gegebenheit hinaus außerdem noch ist. Der Verstand lässt konkrete Bezüge außer acht, die für den Gegenstand bestimmend sind, und betrachtet ihn ganz isoliert, ganz abstrakt. Bei jeder Identifikation hat daher die Philosophie diejenigen Bestimmungen mitzudenken, die in der Identifikation nicht berücksichtigt werden. Dieses unberücksichtigte Nichtidentische artikuliert den Widerspruch gegen die Verabsolutierung dessen, was angeblich schon alles sei. Hierbei wird dieser Widerspruch nicht willkürlich von einem Philosophen ausgedacht, sondern liegt in der Sache selbst begründet, in der Spannung zwischen dem, was ist, und dem, was sein soll. Hegel unterscheidet zwischen „Verstand" und „Vernunft". Der *Verstand* ist das identifizierende Denken. Das philosophische Mitdenken des widerspenstigen Nichtidentischen dagegen ist das „dialektische Denken" der *Vernunft*. Die *Dialektik* ist der Widerstand der Vernunft gegen die endgültigen Fixierungen des Verstandes. Die Vernunft findet sich mit den Feststellungen von (im Hegelschen Sinne) „abstrakten" Tatsachen, auf die der Verstand große Stücke hält, nicht ab. „Der Kampf der Vernunft besteht darin", sagt Hegel, „dasjenige, was der Verstand fixiert hat, zu überwinden." Die Dialektik der Vernunft steht über dem „toten Gebein der Logik" des Verstandes.

Dialektik ist zunächst Kritik am beschränkten Denken des Verstandes, der von vornherein Widersprüche als Denkfehler ausschließt und sich an ein starres Entweder-Oder-Schema hält. Gegen dieses Denken wendet Hegel ein: „Es gibt in der Tat nirgends, weder im Himmel noch auf Erden, weder in der geistigen noch in der natürlichen Welt, ein so abstraktes Entweder-Oder, wie der Verstand solches behauptet. Alles, was irgend ist, das ist ein Konkretes, somit in sich selbst Unterschiedenes und Entgegengesetztes. Die Endlichkeit der Dinge besteht dann darin, dass ihr unmittelbares Dasein dem nicht entspricht, was sie an sich sind. [...] Was überhaupt die Welt bewegt, das ist der Widerspruch, und es ist lächerlich zu sagen, der Widerspruch lasse sich nicht denken."

Fragen:

1. Wie versteht Hegel die Begriffe *abstrakt* und *konkret*?
2. Erklären Sie abstraktes und konkretes Denken.
3. Die Wahrheit ist nach Hegel nichts Statisches, sondern ein Prozess. Erklären Sie dies am Beispiel einer Pflanze. Finden Sie weitere Beispiele.
4. Hegel unterscheidet Verstand und Vernunft. Beschreiben Sie den Unterschied.
5. Auf welchem Grundgedanken basiert die Hegelsche Dialektik? Setzen Sie ihn in Beziehung zum Satz des Widerspruchs (einander entgegengesetzte Urteile können nicht beide zugleich wahr sein, können nicht gleichzeitig bejaht und verneint werden).

Hegels Grundgedanke ist: Das Weltganze, die Totalität aller geistigen und materiellen Gegenstände, ist vernünftig, ist von einer Vernunft geprägt, die ihrer selbst noch nicht bewusst ist, die zur Selbsterkenntnis drängt. In der Welt ist Vernunft, die im Inneren wühlt, tätig ist, daran arbeitet, sich zu erkennen, sich zu finden. Das, worauf alles angelegt ist und worauf alles abzielt, ist das sich wissende Wissen, ist Geist, ist das Absolute, letztendlich der sich offenbare, selbstbewusste, unendlich schöpferische Geist: „Alles, was im Himmel und auf Erden geschieht – ewig geschieht –, das Leben Gottes und alles, was zeitlich getan wird, strebt nur danach hin, dass der Geist sich erkenne, sich sich selber gegenständlich mache, sich finde, für sich selber werde, sich mit sich zusammenschließe. " – Der Prozeß dieser zunehmenden Selbsterkenntnis des Geistes ist der Prozess der Weltgeschichte.

Zunächst ist das Absolute sich seiner nicht bewusst. Es muss aus sich heraustreten, sich gegenständlich machen, um sich in seinem Selbstbewusstsein gleichsam einzuholen, um auch „für sich" zu werden, was es „an sich" schon immer ist. Alles ist auf die Entwicklung der Vernunft, die Vollendung des Geistes oder der in ihrer Ordnung und Regelhaftigkeit erkannten Welt hin angelegt.

Der Mensch nimmt aktiv und leidend an diesem gewaltigen Prozess teil (Weltgeschichte). Es geht aber hierbei nicht in erster Linie um ihn, schon gar nicht um sein persönliches Glück, sondern um die wahrhafte Wirklichkeit des Allgemeinen, um dessen überindividuelle Selbsterkenntnis. Die einzelnen Menschen sind innerhalb des Ganzen wie „Blinde", getrieben vom inneren Geist, der sie listigerweise unbemerkt, gleichsam hinter ihrem Rücken für *sein* Endziel arbeiten und kämpfen lässt. Das Absolute täuscht die Menschen, indem es ihnen vorspiegelt, sie würden aufgrund ihrer Leidenschaften ihre eigenen egoistischen Ziele verfolgen. Da sich die Menschen an ihren gesunden Menschenverstand halten und die Vordergründigkeit empirischer Feststellungen für bare Münze nehmen (abstraktes Denken), gehen sie dieser List auf den Leim und verwirklichen so ihr eigentliches Wohl („List der Vernunft").

Das Absolute entwickelt sich in einer dreifachen Bewegung: von der logischen Grundlage der Wirklichkeit über die Vernünftigkeit der äußeren Natur bis zum Sichbegreifen des Geistes als subjektiver, objektiver und absoluter Geist. „Das Logische wird zur Natur und die Natur zum Geiste. " Hegel teilt seine Philosophie dementsprechend in drei Teile ein: Logik, Naturphilosophie, Philosophie des Geistes.

Stufe 1. Die göttliche Idee ist vorab das *Logische*: eine Art logisches Skelett, die nackte Wahrheit ohne jedes Fleisch, ohne jede Materie, gleichsam die ewigen, reinen Gedanken Gottes vor Erschaffung der Welt („vor" ist nicht zeitlich zu verstehen, die Gedanken Gottes liegen als *logischer* Grund „vor" der Welt), die unbewusste Vorwelt von Bauplänen („Reich der Schatten"), in sich aber nicht starr, sondern voller Bewegungen und Umwälzungen.

Stufe 2. Der lebendige Prozess des Absoluten setzt die *Natur* als sein Anderes. „Die göttliche Idee ist eben dies, sich zu entschließen, dieses Andere aus sich herauszusetzen und wieder in sich zurücknehmen, um Subjektivität und Geist zu sein." Die Natur ist der sich entfremdete Geist, der darin nur ausgelassen ist, ein „bacchantischer Gott", der sich selbst nicht zügelt und fasst, oder, anders gesagt, versteinerte Intelligenz, eingekerkerter Geist. Aber die göttliche Idee bleibt nicht versteinert, sondern „die Steine schreien und heben sich zum Geiste auf".

Stufe 3. Aus der Natur tritt der *Geist* heraus. Als „subjektiver Geist" arbeitet er sich in der Subjektivität des Individuums zum Bewusstsein seiner Freiheit durch. Als „objektiver Geist" sucht er, seine bewusst gewordene Freiheit in der Welt des Rechts, der Moralität und der Sittlichkeit (Sittlichkeit schließt ein: Familie, bürgerliche Gesellschaft, Staat) zu realisieren. Als „absoluter Geist" erfasst er sich selbst, wird wissendes Wissen von seiner Freiheit, indem er sich in der *Kunst* anschaut, in der *Religion* andächtig vorstellt und in der *Philosophie* abschlusshaft denkend begreift.

Vom ständigen inneren Widerspruch, vom ständigen Stachel des Ungenügens aller einzelnen Entwicklungsetappen vorangetrieben, versöhnt sich im absoluten Geist die göttliche logische Idee mit sich selbst. Alles Höhere entsteht nur dadurch, dass seine niedrigeren Entwicklungsstufen mit ihren eigenen Ansprüchen in Widerspruch geraten, dass also das Niedrigere sich als Widerspruch in sich zu dem Höheren aufhebt (Dialektik). In der Kunst, in der Religion und in der Philosophie versöhnt sich die Idee mit allen Formen ihres Andersseins, ihrer Entfremdungen und erlangt eine vollkommenere Absolutheit, als sie zu Beginn des Prozesses besaß. Das Absolute ist sein eigenes Resultat geworden.

Von hier aus sagt Hegel: „Das Wahre ist das Ganze. Das Ganze aber ist nur das durch seine Entwicklung sich vollendende Wesen. Es ist von dem Absoluten zu sagen, dass es wesentlich *Resultat*, dass es erst am Ende das ist, was es in Wahrheit ist; und hierin eben besteht seine Natur, Wirkliches, Subjekt oder Sichselbstwerden zu sein."

Hegels Philosophie beansprucht, die Entwicklung des Ganzen (Dialektik) ebenso abzubilden wie das Zusammenfallen von Anfangs- und Endpunkt (System). Wie das Universum ist auch seine Philosophie „rund" und kennt „kein Erstes und kein Letztes".

Das Absolute hat sich zum Denken Hegels emporgearbeitet und erkennt sich in ihm wieder. Der Geist weiß sich nunmehr als Geist. Indem Hegel das Absolute denkt, denkt das Absolute sich selbst – als Totalität des Konkreten.

Volker Spierling: Kleine Geschichte der Philosophie. S. 233 – 235 und S. 236 – 238

Fragen:

1. Was ist der Weltgeist? Finden Sie synonyme Wendungen im Text.
2. Hegel war Idealist. Die Grundfrage der Philosophie nach dem Verhältnis von Denken und Sein beantwortete er idealistisch: das Denken produziert das Sein. Das gilt auch für den Prozess der Weltgeschichte. Beschreiben Sie diesen Prozess und die Rolle des Menschen darin.
3. Erklären Sie die drei Entwicklungsstufen des Absoluten.
4. Hegel sagt: „Das Wahre ist das Ganze." Erläutern Sie dies, finden Sie Beispiele und diskutieren Sie die Tragweite dieser Aussage.

10.3. Das Sein, das Nichts und das Werden

Erstes Kapitel

Sein

A. Sein

Sein, reines Sein, – ohne alle weitere Bestimmung. In seiner unbestimmten Unmittelbarkeit ist es nur sich selbst gleich und auch nicht ungleich gegen Anderes, hat keine Verschiedenheit innerhalb seiner noch nach außen. Durch irgendeine Bestimmung oder Inhalt, der in ihm unterschieden oder wodurch es als unterschieden von einem Anderen gesetzt würde, würde es nicht in seiner Reinheit festgehalten. Es ist die reine Unbestimmtheit und Leere. – Es ist *nichts* in ihm anzuschauen, wenn von Anschauen hier gesprochen werden kann; oder es ist nur dies reine, leere Anschauen selbst. Es ist ebensowenig etwas in ihm zu denken, oder es ist ebenso nur dies leere Denken. Das Sein, das unbestimmte Unmittelbare ist in der Tat *Nichts* und nicht mehr noch weniger als Nichts.

B. Nichts

Nichts, das reine Nichts; es ist einfache Gleichheit mit sich selbst, vollkommene Leerheit, Bestimmungs- und Inhaltslosigkeit; Ununterschiedenheit in ihm selbst. – Insofern Anschauen oder Denken hier erwähnt werden kann, so gilt es als ein Unterschied, ob etwas oder *Nichts* angeschaut oder gedacht wird. Nichts Anschauen oder Denken hat also eine Bedeutung; beide werden unterschieden, so *ist* (existiert) Nichts in unserem Anschauen oder Denken; oder vielmehr ist es das leere Anschauen und Denken selbst und dasselbe leere Anschauen oder Denken als das reine Sein. – Nichts ist somit dieselbe Bestimmung oder vielmehr Bestimmungslosigkeit und damit überhaupt dasselbe, was das reine *Sein* ist.

C. Werden

a. Einheit des Seins und Nichts

Das reine Sein und das reine Nichts ist also dasselbe. Was die Wahrheit ist, ist weder das Sein noch das Nichts, sondern dass das Sein in Nichts und das Nichts in Sein – nicht übergeht, sondern übergegangen ist. Aber ebensosehr ist die Wahrheit nicht ihre Ununterschiedenheit, sondern dass *sie nicht dasselbe*, dass sie *absolut unterschieden*, aber ebenso ungetrennt und untrennbar sind und unmittelbar *jedes in seinem Gegenteil verschwindet*. Ihre Wahrheit ist also diese *Bewegung* des unmittelbaren Verschwindens des einen in dem anderen: *das Werden*; eine Bewegung, worin beide unterschieden sind, aber durch einen Unterschied, der sich ebenso unmittelbar aufgelöst hat.

G. W. F. Hegel: Wissenschaft der Logik I. S. 82 – 83

Fragen:

1. „Das reine Sein und das reine Nichts ist also dasselbe". Warum?
2. Wie hängen *Sein, Nichts* und *Werden* miteinander zusammen? Welche Rolle spielt das *Werden*?

Schlussaufgabe:

Füllen Sie die Tabelle *Grundfragen der Philosophie* für Hegel aus.

11. Karl Marx

Karl Marx (1818 – 1883) ist einer der einflussreichsten deutschen Philosophen und politischen Denker. Nicht zuletzt, weil er sich nicht damit genügte, die Welt zu interpretieren; er wollte sie verändern, und seine Theorie hatte großen Einfluß auf den Lauf der Geschichte im 20. Jahrhundert. Wir stellen hier das *„Kommunistische Manifest"* vor, das Karl Marx zusammen mit Friedrich Engels 1848 verfasst hat, in der Absicht, die Arbeiterschaft über geschichtliche Prozesse aufzuklären und sie zur Revolution aufzurufen.
Aber beginnen wir damit, dass Marx die Theorie von Hegel „vom Kopf auf die Füße" gestellt hat.

11.1. Über Karl Marx

1. *Leben und Schriften*
1818 als Sohn eines Rechtsanwalts in Trier geboren, der der jüdischen Gemeinde angehörte und noch während Karls Kindheit mit seiner Familie zum Protestantismus übertrat. Der junge Marx studierte zunächst in Bonn, dann in Berlin Rechtswissenschaft, geriet aber gleichzeitig in den Bann der Hegelschen Philosophie. Seine Doktordissertation (Jena 1840/41) behandelt die nacharistotelische Philosophie und damit im historischen Gewande zugleich ein aktuelles Thema; denn die Lage der deutschen Philosophie nach dem Tode ihres unbestrittenen Meisters Hegel war vergleichbar mit der der griechischen nach dem Tode des Aristoteles. Was sollte auf dieses höchste und wie es schien abschließende Stadium der Philosophie noch folgen? Schon in der Dissertation sind die Keime der späteren Marxschen Beantwortung dieser Frage zu erkennen.

Doch Marx konnte sich ihrer Ausarbeitung zunächst keineswegs in Ruhe widmen. Die akademische Laufbahn, die er anstrebte, schien ihm auf Grund seiner schon damals recht weit linkshegelianischen Einstellung verschlossen. Nach dem Regierungsantritt

Friedrich Wilhelms IV. in Preußen (1840) herrschte im Kultusministerium[1] ein reaktionärer und dem Hegelianismus unfreundlicher Kurs. Marx wurde Journalist; zuerst Mitarbeiter, dann 1842 Chefredakteur der in Köln erscheinenden links bürgerlich-demokratischen „Rheinischen Zeitung“. Laufende Verbote der Zeitung durch die Zensur zwangen Marx zur Aufgabe dieses Postens. Er entschloss sich zur Emigration. Vorher hatte er sich mit seiner Jugendfreundin Jenny von Westphalen vermählt, der Tochter einer adligen preußischen Beamtenfamilie, deren Bruder später preußischer Innenminister wurde.

Marx lebte zunächst in Paris, wo er die „Deutsch-Französischen Jahrbücher“ herausgab. Im ersten und einzigen Heft erschien unter anderem die Arbeit von Marx *„Zur Kritik der Hegelschen Rechtsphilosophie“*. In Paris kam es zur näheren Bekanntschaft Marxens mit Friedrich Engels, die zu einer lebenslangen Freundschaft und Arbeitsgemeinschaft wurde. *Engels* (1820 – 1895), Sohn eines Barmer Textilfabrikanten, wie Marx zunächst Junghegelianer, wurde sein engster Mitarbeiter. Nur dank Engels' Unterstützung konnte Marx in den Jahrzehnten seiner späteren Emigration seine wissenschaftlichen Arbeiten fortführen.

Aus Paris auf Betreiben der preußischen Regierung ausgewiesen, begab sich Marx nach Brüssel. Hier entstand in Zusammenarbeit mit Engels die *„Deutsche Ideologie“* (1845). Die Schrift enthält unter anderem in ihrem ersten Teil Thesen über die Lehre Feuerbachs, dessen Kritik der Religion sich Marx und Engels weitgehend zu eigen machten; im dritten Teil eine Auseinandersetzung mit der Lehre des Deutschen *Max Stirner*[2] (1806 – 1856). In seinem Buche *„Der Einzige und sein Eigentum“* hatte Stirner einen extremen Individualismus vertreten. In Brüssel entstand ferner Marx' Auseinandersetzung mit dem französischen utopischen Sozialisten *Proudhon*[3]. Marx gab ihr in ironischer Umkehrung des Proudhonschen Buchtitels „Die Philosophie des Elends“ die Überschrift *„Das Elend der Philosophie“* (1847). Vor allem aber

---

① oberste Behörde für kulturelle Angelegenheiten (Erziehung, Bildung, Wissenschaft und Kunst)

② Max Stirner: dt. Philosoph, Junghegelianer, Theoretiker des Egoismus und des Anarchismus

③ Pierre Joseph Proudhon (1809 – 1865): franz. Sozialist, Mitbegründer des Anarchismus (griech.: Herrschaftslosigkeit); bekämpfte das Eigentum (Eigentum ist Diebstahl) und propagierte ein System gegenseitiger Dienstleistungen.

beteiligten sich Marx und Engels hier stärker als bisher an der internationalen Politik. Sie schlossen sich dem „Bund der Kommunisten" an. In seinem Auftrag verfassten sie das „*Kommunistische Manifest*" (1848). Es ist zu einer Art Evangelium des marxistischen Sozialismus geworden.

Die deutsche Revolution von 1848[1] veranlasste Marx und Engels zur Übersiedlung nach Köln. Ein Jahr lang gaben sie hier die „Neue Rheinische Zeitung" heraus. Nach dem Zusammenbruch der Revolution wurde Marx vor Gericht gestellt, freigesprochen, aber erneut ausgewiesen. Er ging nach Paris zurück und nach weiterer Ausweisung nach London. Dort lebte er bis zu seinem Tode.

Journalistische Arbeit und praktische Politik hatten Marx an die unmittelbare gesellschaftliche Wirklichkeit herangeführt. Er begann nun gründlich Nationalökonomie[2] zu studieren. Als erste größere Frucht dieser Studien erschien 1859 die „*Kritik der politischen Ökonomie*". Ihre Gedanken sind aber im wesentlichen eingegangen in den ersten Band von Marx'eigentlichem Hauptwerk „*Das Kapital*". Nur diesen ersten, 1867 erschienenen Band hat Marx vollendet. Inzwischen war 1864 die so genannte Erste Internationale gegründet worden. Marx war ihr geistiges Oberhaupt. Die Organisationsarbeiten und die sich allmählich fühlbar machende Überbeanspruchung seiner Gesundheit hinderten ihn, die beiden anderen Bände selbst zu vollenden. Marx starb 1883 in London. Der zweite und dritte Band des „Kapitals" wurden durch Engels 1885 und 1894 herausgegeben.

Fragen:

1. Vergleichen Sie das Leben von Hegel und Marx.
2. Wie ist ihre Beziehung gegenüber dem Staat und der herrschenden Politik?
3. Können Sie Rückschlüsse auf ihre Philosophie ableiten?
4. Lesen Sie den folgenden Abschnitt und konzentrieren Sie sich auf die Unterschiede und Gemeinsamkeiten von Hegel und Marx.

---

① Revolution von 1848: Reaktion auf Unruhen in Frankreich, deutsche Forderungen nach Vereins- und Pressefreiheit, Gründung der Nationalversammlung in der Frankfurter Paulskirche; endete mit der Rücknahme der Errungenschaften.

② Volkswirtschaftslehre

2. Hegel und Marx

a) Der dialektische Materialismus

Den Ausgangspunkt des Marxschen philosophischen Denkens – und nur als philosophischer Denker, nicht als Politiker kann Marx in unserem Zusammenhang gewürdigt werden – bildet das System Hegels. Mit ihm vereinigen sich später die Philosophie Feuerbachs, die revolutionären Theorien Frankreichs, insbesondere der französischen utopischen Sozialisten, und die Erkenntnisse der klassischen englischen Nationalökonomie – so dass drei Hauptströmungen des europäischen Denkens in Marx zusammenlaufen.

Zum Verständnis von Marx'philosophischem Ausgangspunkt ist aber nichts so unerlässlich wie die Klarstellung seines Verhältnisses zu Hegel. Neben den oben genannten Schriften ist hierfür besonders aufschlussreich eine Arbeit von Marx, die erst in den zwanziger Jahren dieses Jahrhunderts in Deutschland aufgefunden wurde. Sie trägt den Titel *„Nationalökonomie und Philosophie"*.

Den Grundzug des Marxschen Verhältnisses zu Hegel kann man sehr einfach so bezeichnen: Marx behält die Hegelsche Dialektik als Methode bei; aber er erfüllt sie mit einem dem Hegelschen genau entgegengesetzten Inhalt, er dreht sie um 180 Grad herum, wodurch sie, nach Marx'Ansicht, erst vom Kopf auf die Füße zu stehen kommt. Was heißt das?

Marx sieht in der Dialektik das revolutionäre Prinzip. Ihr Grundgedanke ist, dass die Welt nicht ein Komplex von fertigen Dingen, sondern von Prozessen ist. Es besteht nichts Endgültiges und Absolutes. Es gibt nur den ununterbrochenen Prozess des Werdens und Vergehens. Marx'größter Schüler *Lenin* gibt folgende Umschreibung der dialektischen Entwicklungslehre:

> „Eine Entwicklung, die die bereits durchlaufenen Stadien gleichsam noch einmal durchmacht, aber anders, auf höherer Stufe (‚Negation der Negation'), eine Entwicklung, die nicht gradlinig, sondern sozusagen in der Spirale vor sich geht; eine sprunghafte, mit Katastrophen verbundene revolutionäre Entwicklung; ‚Unterbrechungen der Allmählichkeit'; Umschlagen der Quantität in Qualität; innere Entwicklungsantriebe, ausgelöst durch den Widerspruch, durch den Zusammenprall der verschiedenen Kräfte und Tendenzen, die auf

einer gegebenen Erscheinung oder innerhalb einer gegebenen Gesellschaft wirksam sind; gegenseitige Abhängigkeit und engster, unzertrennlicher Zusammenhang *aller* Seiten jeder Erscheinung (wobei die Geschichte immer neue Seiten erschließt), ein Zusammenhang, der einen einheitlichen, gesetzmäßigen Weltprozess der Bewegung ergibt – dies sind einige Züge der Dialektik (...)"

Diese dialektische Entwicklung ist das, was Marx von Hegel übernimmt. Er erfüllt sie nun nicht wie Hegel mit einer idealistischen, sondern mit einer materialistischen Grundansicht der Welt. Wir haben gesehen, wie bei Fichte alles, was wir „Welt" nennen, nur als ein im denkenden Subjekt erzeugtes „Nicht-Ich" erschien, wie bei Hegel alles, was wir „Natur" nennen, nur als die Idee im Zustande ihres „Andersseins" erschien. Für Hegel war also die Idee das eigentlich und allein Existierende, die Materie nur eine Erscheinungsform der Idee. Die Grundfrage aller neueren Philosophie, an der sich die Geister scheiden, sieht Marx gerade in dem hier vorliegenden Problem des Verhältnisses von Denken und Sein. Was ist das Ursprüngliche? Ist die Materie ein Produkt des Geistes (Idealismus) oder der Geist ein Produkt der Materie (Materialismus)? Marx legt seine Stellungnahme mit folgenden Worten fest:

„Für Hegel ist der Denkprozess, den er sogar unter dem Namen Idee in ein selbständiges Subjekt verwandelt, der Demiurg (Schöpfer, Erzeuger) des Wirklichen. (...) Bei mir ist umgekehrt das Ideelle nichts anderes als das im Menschenkopf umgesetzte und übersetzte Materielle."

Marx schließt sich also in dieser Frage durchaus Feuerbach (und den französischen Materialisten des 18. Jahrhunderts) an. Was er an ihnen aussetzt und worin er über sie hinausgeht, ist zweierlei:

1. Der alte Materialismus war undialektisch, statisch, und damit unhistorisch. Er hatte nicht das dynamische Prinzip der Dialektik, das Marx nun mit ihm verbindet, und konnte darum den Phänomenen der Entwicklung nicht gerecht werden.
2. Der alte Materialismus war zu abstrakt. Er sah das menschliche Wesen losgelöst von den gesellschaftlichen Verhältnissen, deren Produkt es ist, während es nach Marx gerade darauf ankommt, den dialektischen Materialismus auf das gesellschaftliche Leben anzuwenden, und zwar nicht nur theoretisch, um es zu erkennen oder zu „interpretieren", sondern praktisch, um es zu verändern!

Wir müssen aber noch einen Augenblick beim Verhältnis Marxens zu Hegel verweilen, um uns eine Gedankenreihe vorzuführen, die zum vollen Verständnis der Marxschen Gedankenentwicklung unentbehrlich ist. Sie findet sich besonders klar in der eben genannten, lange unbekannten Schrift über Nationalökonomie und Philosophie. Auch sie war also, wie die Grundansicht des dialektischen Materialismus, lange vor der Abfassung des „Kapital" in Marx festgelegt. Sie lässt erst richtig die Stelle erkennen, die dieses Werk im Zusammenhang des Marxschen Denkens einnimmt.

b) Selbstentfremdung und Selbstverwirklichung

Nicht als abstraktes Wesen, sondern konkret soll der Mensch betrachtet werden. Konkret, das heißt: der Mensch in seiner gesellschaftlichen Umwelt, und das heißt vor allem: der Mensch als *arbeitendes* Lebewesen. Der Mensch ist „das Tier, das sich selbst produziert". Das hatte eigentlich auch schon Hegel gesehen. Marx erkennt ausdrücklich an, dass Hegel die Arbeit als das Wesen des Menschen fasst. Aber Hegel, auf Grund seiner idealistischen Einstellung, der alles nur als Selbstbewegung der Idee erschien, fasste auch die Arbeit nur als abstrakte Gedankenarbeit, anstatt im sinnlich-gegenständlichen Sinne. Die Arbeit in diesem Sinne ist aber gerade das, was den *Menschen* (nicht den Geist) sich selber *„enttfremdet"*. In der Arbeit schafft der Mensch ein Äußeres, vergegenständlicht er sein eigenes Wesen. Dieses Äußere tritt ihm nun nicht nur als ein selbständiges gegenüber, sondern, gleichsam nach dem Gesetz der Überwucherung des Mittels über den Zweck, es beginnt ihn zu beherrschen und an der Verwirklichung seiner wahren Bestimmung zu hindern. Diese Bestimmung heißt Freiheit. Vor allem kommt dies an der Erscheinung des Staates zum Vorschein, der der Gesellschaft jetzt als Selbstzweck gegenübertritt. Das steht im Widerspruch zur wahren Idee eines menschlichen Gemeinwesens, in welchem der Staat nicht als ein Fremdes, als Bürokratie, dem Menschen gegenübersteht, sondern bei dem Mensch-Sein und Bürger-Sein eins sind. Das nennt Marx die „wahre Demokratie"

Dieser Grundgedanke liegt nun dem ganzen späteren Werk von Marx zugrunde, welches sich in drei dialektischen Stufen entfaltet:

1. *Erkenntnis* der wahren Idee des menschlichen Gemeinwesens; Erkenntnis aller bisherigen Geschichte als einer Geschichte der (fortschreitenden) Selbstentfremdung des Menschen.
2. *Kritik*, Messen der gesellschaftlichen Wirklichkeit am Ideal des Gemeinwesens und an der wahren Bestimmung des Menschen. Aufgabe der Kritik ist es dabei, die in

der Wirklichkeit vorhandenen Widersprüche aufzuweisen und so die auf Überwindung dieser Widersprüche hintreibende Entwicklung zu fördern.

3. *Handeln:* Idee und Wirklichkeit müssen versöhnt werden. Die Idee muss in die Wirklichkeit übergeführt werden. Das nennt Marx die „Aufhebung der Philosophie durch ihre Verwirklichung". Das heißt: Für Hegel kehrte die Idee aus ihrer Entäußerung in sich selbst zurück. Es blieb aber eine nun gleichsam von der Idee verlassene Wirklichkeit zurück. Die Aufhebung der Selbstentfremdung muss aber nicht in der „Idee", sondern in der Wirklichkeit erfolgen. Erfolgt sie, so würde Philosophie als von der Wirklichkeit getrennte Lehre aufhören, überflüssig werden. So würde die Philosophie durch ihre Verwirklichung aufgehoben und in ihrer Aufhebung verwirklicht.

Bevor wir die eben genannten drei Stufen des Marxschen Denkens noch näher betrachten, wollen wir uns vergegenwärtigen, dass in diesem philosophischen Ausgangspunkt offenbar noch etwas mehr „Hegel" steckt als nur die Übernahme der formalen dialektischen Methode, nämlich:

1. Marx sieht wie Hegel in der gesamten Weltgeschichte einen von einheitlichem Gesetz beherrschten und auf ein Endziel hinstrebenden Prozess.
2. In diesem Prozess ist für Marx wie für Hegel das jeweils tatsächlich Gewordene auch „vernünftig" in dem Sinne, dass es das notwendige – freilich alsbald zu überwindende – Durchgangsstadium des Gesamtprozesses darstellt.
3. Hinter der realistischen und materialistischen Erkenntnis der Wirklichkeit steht bei Marx – wie zwei sozialistische Marxforscher formuliert haben – „ein idealer Glaube an die wirkliche und vollständige Vereinigung von Idee und Wirklichkeit, von Vernunft und Wirklichkeit".

Hans-Joachim Störig: Kleine Weltgeschichte der Philosophie. S. 495 – 500

Fragen:

5. Welche Theorien haben das Denken von Marx stark beeinflusst?
6. Was bedeutet, dass Marx in der *Dialektik* das *„revolutionäre Prinzip"* (Z. 89) sieht?
7. Arbeiten Sie den Unterschied zwischen dem *Hegelschen Idealismus* und dem *Marxschen Materialismus* heraus.
8. Was kritisiert Marx an den alten herkömmlichen Ideen des *Materialismus* und wie verändert er dieses Konzept?
9. *„Der Mensch ist das Tier, das sich selbst produziert"*. (Z. 149 – 150) Erläutern Sie diese Aussage.

10. Definieren Sie den Begriff *Entfremdung*. Benutzen Sie dazu verschiedene Wörterbücher.
11. Was ist nach Marx die Aufgabe des Staates?
12. Formulieren Sie die drei dialektischen Stufen mit Ihren eigenen Worten.
13. Stellen Sie abschließend in einer Tabelle die Gemeinsamkeiten und Unterschiede zwischen Hegel und Marx gegenüber.

11.2. Das Manifest der Kommunistischen Partei

Ein Gespenst geht um in Europa – das Gespenst des Kommunismus. Alle Mächte des alten Europa haben sich zu einer heiligen Hetzjagd gegen dies Gespenst verbündet. (...)

Die Geschichte aller bisherigen Gesellschaft ist die Geschichte von Klassenkämpfen (...). Unterdrücker und Unterdrückte standen in stetem Gegensatz zueinander, führten einen ununterbrochenen, bald versteckten, bald offenen Kampf, einen Kampf, der jedesmal mit einer revolutionären Umgestaltung der ganzen Gesellschaft endete oder mit dem gemeinsamen Untergang der kämpfenden Klassen (...). Unsere Epoche, die Epoche der Bourgeoisie, zeichnet sich jedoch dadurch aus, dass sie die Klassengegensätze vereinfacht hat. Die ganze Gesellschaft spaltet sich mehr und mehr in zwei große feindliche Lager, in zwei große, einander direkt gegenüberstehende Klassen: Bourgeoisie und Proletariat (...). Wir sehen also, wie die moderne Bourgeoisie selbst das Produkt eines langen Entwicklungsganges, einer Reihe von Umwälzungen in der Produktions- und Verkehrsweise ist.

Jede dieser Entwicklungsstufen der Bourgeoisie war begleitet von einem entsprechenden politischen Fortschritt. Unterdrückter Stand unter der Herrschaft der Feudalherren (...) erkämpfte sie sich endlich seit der Herstellung der großen Industrie und des Weltmarktes im modernen Repräsentativstaat die ausschließliche politische Herrschaft. Die moderne Staatsgewalt ist nur ein Ausschuss, der die gemeinschaftlichen Geschäfte der ganzen Bourgeoisieklasse verwaltet.

Die Bourgeoisie hat in der Geschichte eine höchst revolutionäre Rolle gespielt. Die Bourgeoisie, wo sie zur Herrschaft gekommen, hat alle feudalen, patriarchalischen, idyllischen Verhältnisse zerstört (...) und kein anderes Band zwischen Mensch und

Mensch übriggelassen als das nackte Interesse, als die gefühllose „bare Zahlung" (...). Sie hat, mit einem Wort, an die Stelle der mit religiösen und politischen Illusionen verhüllten Ausbeutung die offene, unverschämte, direkte, dürre Ausbeutung gesetzt (...). Die Bourgeoisie hat dem Familienverhältnis seinen rührend-sentimentalen Schleier abgerissen und es auf ein reines Geldverhältnis zurückgeführt (...).

Fragen:

1. Durch welche Merkmale sind die alten Gesellschaften gekennzeichnet?
2. Wer sind die wichtigen Protagonisten in der Epoche der *Bourgeoisie*? Definieren Sie die Begriffe mit Hilfe von Wörterbüchern. Welche unterschiedlichen Erklärungen finden Sie in deutschen und chinesischen Büchern?
3. Beschreiben Sie die historische Entwicklung der *Bourgeoisie*. Inwieweit kann dieser Prozess als *dialektisch* bezeichnet werden?

Die Bourgeoisie (...) hat bewiesen, was die Tätigkeit der Menschen zustandebringen kann. Sie hat ganz andere Wunderwerke vollbracht als ägyptische Pyramiden, römische Wasserleitungen und gotische Kathedralen, sie hat ganz andere Züge ausgeführt als Völkerwanderungen und Kreuzzüge. Die Bourgeoisie kann nicht existieren, ohne die Produktionsinstrumente, also die Produktionsverhältnisse, also sämtliche gesellschaftlichen Verhältnisse fortwährend zu revolutionieren (...). Die Bourgeoisie hat durch die Exploitation① des Weltmarktes die Produktion und Konsumtion② aller Länder kosmopolitisch gestaltet. Sie hat (...) den nationalen Boden der Industrie unter den Füßen weggezogen (...). An die Stelle der alten lokalen und nationalen Selbstgenügsamkeit und Abgeschlossenheit tritt ein allseitiger Verkehr, eine allseitige Abhängigkeit der Nationen voneinander (...). Die Bourgeoisie hebt mehr und mehr die Zersplitterung der Produktionsmittel, des Besitzes und der Bevölkerung auf. Sie hat die Bevölkerung agglomeriert③, die Produktionsmittel zentralisiert und das Eigentum in wenigen Händen konzentriert (...).

Die Produktions- und Verkehrsmittel, auf deren Grundlage sich die Bourgeoisie heranbildete, wurden in der feudalen Gesellschaft erzeugt. Auf einer gewissen Stufe der

---

① Ausbeutung
② Auszehrung, Verbrauch
③ anhäufen, sich zusammenballen

Entwicklung dieser Produktions- und Verkehrsmittel entsprachen die Verhältnisse, worin die feudale Gesellschaft produzierte und austauschte (...), mit einem Wort die feudalen Eigentumsverhältnisse den schon entwickelten Produktivkräften nicht mehr. Sie hemmten die Produktion, statt sie zu fördern. Sie verwandelten sich in ebenso viele Fesseln. Sie mussten gesprengt werden, sie wurden gesprengt. An ihre Stelle trat die freie Konkurrenz mit den ihr angemessen gesellschaftlichen und politischen Konstitutionen① (...).

Unter unseren Augen geht eine ähnliche Bewegung vor. Die bürgerlichen Produktions- und Verkehrsverhältnisse, die bürgerlichen Eigentumsverhältnisse, die moderne bürgerliche Gesellschaft (...) gleicht dem Hexenmeister, der die unterirdischen Gewalten nicht mehr zu beherrschen vermag, die er heraufbeschwor. Seit Dezennien② ist die Geschichte der Industrie und des Handelns nur noch die Geschichte der Empörung der modernen Produktivkräfte gegen die modernen Produktionsverhältnisse, gegen die Eigentumsverhältnisse, welche die Lebensbedingungen der Bourgeoisie und ihrer Herrschaft sind. Es genügt, die Handelskrisen zu nennen (...).

Die Waffen, womit die Bourgeoisie den Feudalismus zu Boden geschlagen hat, richten sich jetzt gegen die Bourgeoisie selbst. Aber die Bourgeoisie hat nicht nur die Waffen geschmiedet, die ihr den Tod bringen; sie hat auch die Männer gezeugt, die diese Waffen führen werden – die modernen Arbeiter, die *Proletarier*. In demselben Maße, worin sich die Bourgeoisie, d. h. das Kapital, entwickelt, in demselben Maße entwickelt sich das Proletariat, die Klasse der modernen Arbeiter, die nur so lange leben, als sie Arbeit finden, und die nur so lange Arbeit finden, als ihre Arbeit das Kapital vermehrt. Diese Arbeiter, die sich stückweis verkaufen müssen, sind eine Ware wie jeder andere Handelsartikel, und daher gleichmäßig allen Wechselfällen der Konkurrenz, allen Schwankungen des Marktes ausgesetzt.

Die Arbeit der Proletarier hat durch die Ausdehnung der Maschinerie und die Teilung der Arbeit allen selbständigen Charakter und damit allen Reiz für den Arbeiter verloren. Er wird ein bloßes Zubehör der Maschine, von dem nur der einfachste, eintönigste, am

① hier Einrichtungen
② Jahrzehnte

leichtesten erlernbare Handgriff verlangt wird. Die Kosten, die der Arbeiter verursacht, beschränken sich daher fast nur auf die Lebensmittel, die er zu seinem Unterhalt und zur Fortpflanzung seiner Rasse bedarf. Der Preis einer Ware, also auch der Arbeit, ist aber gleich ihren Produktionskosten. In demselben Maße, in dem die Widerwärtigkeit der Arbeit wächst, nimmt daher der Lohn ab. Noch mehr, in demselben Maße, wie Maschinerie und Teilung der Arbeit zunehmen, in demselben Maße nimmt auch die Masse der Arbeit zu, sei es durch Vermehrung der Arbeitsstunden, sei es durch Vermehrung der in einer gegebenen Zeit geforderten Arbeit, beschleunigten Lauf der Maschinen usw.

Die moderne Industrie hat die kleine Werkstube des patriarchalischen Meisters in die große Fabrik des industriellen Kapitalisten verwandelt. Arbeitermassen, in der Fabrik zusammengedrängt, werden soldatisch organisiert. Sie werden als gemeine Industriesoldaten unter die Aufsicht einer vollständigen Hierarchie von Unteroffizieren und Offizieren gestellt. Sie sind nicht nur Knechte der Bourgeoisklasse, des Bourgeoisstaates, sie sind täglich und stündlich geknechtet von der Maschine, von dem Aufseher, und vor allem von dem einzelnen fabrizierenden Bourgeois selbst. Diese Despotie ist um so kleinlicher, gehässiger, erbitternder, je offener sie den Erwerb als ihren Zweck proklamiert (...).

Die bisherigen kleinen Mittelstände, die kleinen Industriellen, Kaufleute und Rentiers①, die Handwerker und Bauern, alle diese Klassen fallen ins Proletariat hinab, teils dadurch, dass ihr kleines Kapital für den Betrieb der großen Industrie nicht ausreicht und der Konkurrenz mit den größeren Kapitalisten erliegt, teils dadurch, dass ihre Geschicklichkeit von neuen Produktionsweisen entwertet wird. So rekrutiert② sich das Proletariat aus allen Klassen der Bevölkerung (...).

Mit der Entwicklung der Industrie vermehrt sich nicht nur das Proletariat; es wird in größeren Massen zusammengedrängt, seine Kraft wächst, und es fühlt sie mehr. Die Interessen, die Lebenslagen innerhalb des Proletariats gleichen sich immer mehr aus, indem die Maschinerie mehr und mehr die Unterschiede der Arbeiter verwischt und den

① Empfänger von regelmäßigen Einkommen aus Vermögen oder Versicherungen

② zusammensetzen

Lohn fast überall auf ein gleich niedriges Niveau herabdrückt (...). In Zeiten endlich, wo der Klassenkampf sich der Entscheidung nähert, nimmt der Auflösungsprozess innerhalb der herrschenden Klasse, innerhalb der ganzen alten Gesellschaft, einen so heftigen, so grellen Charakter an, dass ein kleiner Teil der herrschenden Klasse sich von ihr lossagt und sich der revolutionären Klasse anschließt, der Klasse, welche die Zukunft in ihren Händen trägt (...).

Die Proletarier können sich die gesellschaftlichen Produktivkräfte nur erobern, indem sie ihre eigene bisherige Aneignungsweise und damit die ganze bisherige Aneignungsweise abschaffen. Die Proletarier haben nichts von dem Ihrigen zu sichern, sie haben alle bisherigen Privatsicherheiten und Privatversicherungen zu zerstören. Alle bisherigen Bewegungen waren Bewegungen von Minoritäten oder im Interesse von Minoritäten. Die proletarische Bewegung ist die selbständige Bewegung der ungeheueren Mehrzahl im Interesse der ungeheuren Mehrzahl (...). Der moderne Arbeiter dagegen, statt sich mit dem Fortschritt der Industrie zu heben, sinkt immer tiefer unter die Bedingungen seiner eignen Klasse herab. Der Arbeiter wird zum Pauper[1], und der Pauperismus[2] entwickelt sich noch rascher als Bevölkerung und Reichtum. Es tritt hiermit offen hervor, dass die Bourgeoisie unfähig ist, noch länger herrschende Klasse der Gesellschaft zu bleiben (...). Sie ist unfähig zu herrschen, weil sie unfähig ist, ihrem Sklaven die Existenz selbst innerhalb seiner Sklaverei zu sichern (...).

Die wesentlichste Bedingung für die Existenz und für die Herrschaft der Bourgeoisklasse ist die Anhäufung des Reichtums in den Händen von Privaten, die Bildung und Vermehrung des Kapitals; die Bedingung des Kapitals ist die Lohnarbeit. Die Lohnarbeit beruht ausschließlich auf der Konkurrenz der Arbeiter unter sich. Der Fortschritt der Industrie, dessen willenloser und widerstandsloser Träger die Bourgeoisie ist, setzt an die Stelle der Isolierung der Arbeiter durch die Konkurrenz ihre revolutionäre Vereinigung durch die Assoziation[3]. Mit der Entwicklung der großen Industrie wird also unter den Füßen der Bourgeoisie die Grundlage selbst weggezogen, worauf sie produziert und die Produkte sich aneignet. Sie produziert vor allem ihre

---

① Armen
② Armut
③ Vereinigung, Zusaamenschluss

eigenen Totengräber. Ihr Untergang und der Sieg des Proletariats sind gleich unvermeidlich. (...)

Die Arbeiter haben kein Vaterland (...). Die nationalen Absonderungen und Gegensätze der Völker verschwinden mehr und mehr schon mit der Entwicklung der Bourgeoisie, mit der Handelsfreiheit, dem Weltmarkt, der Gleichförmigkeit der industriellen Produktion und der ihr entsprechenden Lebensverhältnisse. Die Herrschaft des Proletariats wird sie noch mehr verschwinden machen (...). Mit dem Gegensatz der Klassen im Innern der Nationen fällt die feindliche Stellung der Nationen gegeneinander (...).

Was beweist die Geschichte der Ideen anderes, als dass die geistige Produktion sich mit der materiellen umgestaltet? Die herrschenden Ideen einer Zeit waren stets nur die Ideen der herrschenden Klasse (...).

Der erste Schritt in der Arbeiterrevolution ist die Erhebung des Proletariats zur herrschenden Klasse, die Erkämpfung der Demokratie. Das Proletariat wird seine politische Herrschaft dazu benutzen, der Bourgeoisie nach und nach alles Kapital zu entreißen, alle Produktionsinstrumente in den Händen des Staates, d. h. des als herrschende Klasse organisierten Proletariats, zu zentralisieren (...). Sind im Laufe der Entwicklung die Klassenunterschiede verschwunden und ist alle Produktion in den Händen der assoziierten Individuen konzentriert, so verliert die öffentliche Gewalt den politischen Charakter. Die politische Gewalt im eigentlichen Sinne ist die organisierte Gewalt einer Klasse zur Unterdrückung einer anderen. Wenn das Proletariat (...) durch eine Revolution sich zur herrschenden Klasse macht und als herrschende Klasse gewaltsam die alten Produktionsverhältnisse aufhebt, so hebt es mit diesen Produktionsverhältnissen die Existenzbedingungen des Klassengegensatzes, der Klassen überhaupt, und damit seine eigene Herrschaft als Klasse auf. An die Stelle der alten bürgerlichen Gesellschaft mit ihren Klassen und Klassengegensätzen tritt eine Assoziation, worin die freie Entwicklung eines jeden die Bedingung für die freie Entwicklung aller ist (...).

Die Kommunisten verschmähen es, ihre Ansichten und Absichten zu verheimlichen. Sie erklären es offen, dass ihre Zwecke nur erreicht werden können durch den gewaltsamen

Umsturz aller bisherigen Gesellschaftsordnung. Mögen die herrschenden Klassen vor einer kommunistischen Revolution zittern. Die Proletarier haben nichts in ihr zu verlieren als ihre Ketten. Sie haben eine Welt zu gewinnen.

Proletarier aller Länder, vereinigt euch!

Gemeinsam verfasst von Karl Marx und Friedrich Engels, 1847/48 (gekürzt)

Fragen:

4. Definieren Sie die folgenden Begriffe: *Produktionsverhältnisse, Produktivkräfte, Kapital, Lohnarbeit, Konkurrenz.* Suchen Sie weitere zum Verständnis notwendige Wörter und erklären Sie sie.
5. Beschreiben Sie die Entwicklung des *Proletariats*, das Abhängigkeitsverhältnis der Proletarier vom *Kapital* und die dargestellte Situation.
6. Worauf gründen sich die *Herrschaftsverhältnisse*? Welche Entwicklung sagen Marx/Engels für die *Bourgeoisie* voraus? Welche Gründe nennen sie?

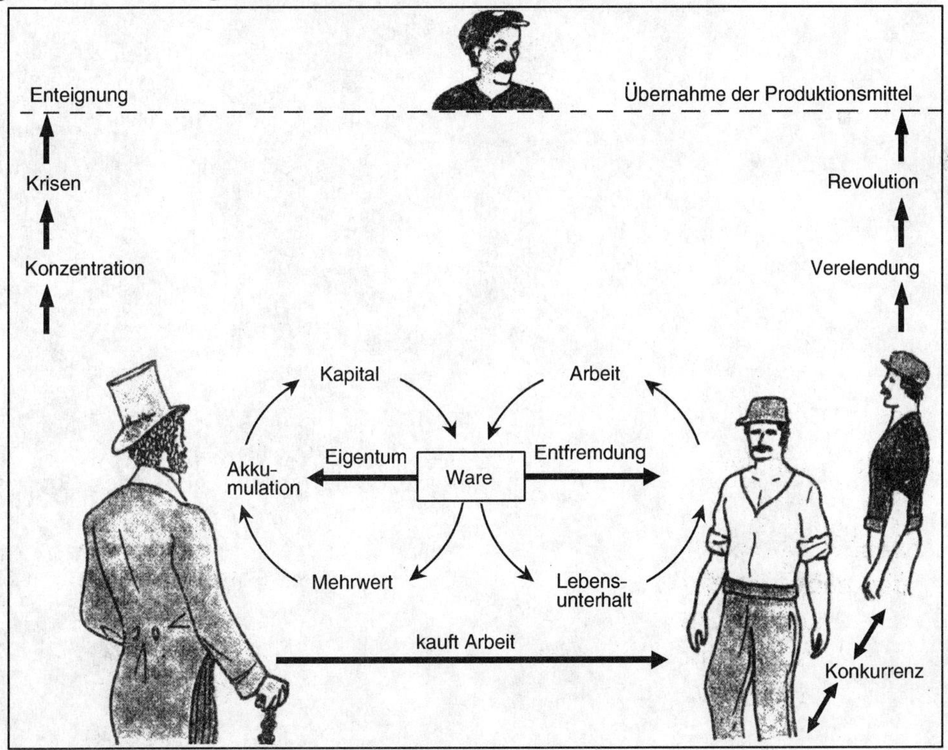

Kunzmann u. a.: dtv-Atlas zur Philosophie. S. 170

7. Beschreiben Sie die von Marx/Engels prophezeite Entwicklung des *Proletariats* und die damit verbundenen Ursachen. Wie ist diese Entwicklung zu erreichen?
8. Welche Unterschiede gibt es zwischen dem Staat während der Epoche der Bourgeoisie und dem Staat nach Überwindung dieser Epoche?
9. Was halten Marx/Engels von der Idee des Nationalstaates?

Schlussaufgabe:

1. Füllen Sie die Tabelle *Grundfragen der Philosophie* für Karl Marx aus.
2. Informieren Sie sich über die unterschiedliche Entwicklung der marxistischen Theorie in Europa und Asien. Welche Schulen gibt es?
3. Hat die Entwicklung der Geschichte, so wie sie von Marx/Engels vorausgesagt wurde, stattgefunden? Nennen Sie Beispiele. Welche Gründe für den anderen Verlauf der geschichtlichen Entwicklung werden im allgemeinen genannt?
4. Die Ideen von Karl Marx sind auch im Westen nicht ohne Folgen geblieben. Können Sie sich vorstellen, inwieweit seine Ideen die Gesellschaften in den kapitalistischen Ländern beeinflusst haben?

12. Friedrich Nietzsche

Im Jahre 1883 verkündet Friedrich Nietzsche (1844 – 1900) in dem später berühmt gewordenen Buch *„Also sprach Zarathustra"*: „Gott ist tot! Gott bleibt tot!" Das ist Nietzsches Ergebnis der Rebellion gegen die *Metaphysik*, die die Existenz der Dinge aus dem Göttlichen erklärt. Bei Nietzsche gehen der Glaube an Religion, Wahrheit, Werte und die Sicherheit eines Aufgehobenseins in einem festgefügten Weltbild vollständig verloren. Aber worauf gründen sich nun die Werte?

Eine radikale Neuorientierung, die *Umwertung aller Werte*, mit dem Ideal des schaffenden Menschen – dem *Übermenschen* mit seinem *Willen zur Macht* – als Maß der Dinge tritt an die Stelle der alten verlorenen Wahrheiten. Aber Nietzsche ist auch bekannt für den Glauben an das Nichts, den *Nihilismus*.

Wir stellen Ihnen einen Text über Nietzsche und einen Textausschnitt von Nietzsche selbst vor.

Aufgabe:
Referatsthema: Friedrich Nietzsche: Leben und Theorie

12. 1. Friedrich Nietzsche der Unzeitgemäße

Im Karteikasten der Darmstädter Landesbibliothek steht an der entsprechenden Stelle im Alphabet: „Nietzsche, Friedrich Wilhelm: 15. 10. 1844 – 25. 8. 1900. Philosoph, u. a. Professor in Basel." Fasst man sein Leben in einem Satz zusammen, kann das heißen: „Ein Gelehrtendasein, früh beginnend, bald abgebrochen, endet im Wahnsinn." Was/ Wer steckt hinter diesen Angaben? Derselbe „Gelehrte" schreibt über sich:

> „Ich kenne mein Los. Es wird sich einmal an meinen Namen die Erinnerung an etwas Ungeheures anknüpfen – an eine Krisis, wie es keine auf Erden gab, an die tiefste Gewissens-Kollision①, an eine Entscheidung, heraufbeschworen *gegen* alles, was bis dahin geglaubt, gefordert, geheiligt worden war. Ich bin

① Konflikt

kein Mensch, ich bin Dynamit. – Und mit alledem ist nichts in mir von einem Religionsstifter. (...) Ich will kein Heiliger sein, lieber noch ein Hanswurst. (...) Vielleicht bin ich ein Hanswurst. (...) Und trotzdem oder vielmehr *nicht* trotzdem – denn es gab nichts Verlogneres bisher als Heilige – redet aus mir die Wahrheit. – Aber meine Wahrheit ist *furchtbar*: denn man hieß bisher die *Lüge* Wahrheit. "

Auch wenn man mitbedenkt, dass diese Sätze 1888, also gegen Ende seines bewussten Lebens und in einer Phase manchmal maßloser Selbstüberschätzung geschrieben sind, wird deutlich, dass den Leser hier einiges erwartet. Wie sieht der Leser aus, den Nietzsche sich wünschte? *Ein Buch für freie Geister* – dieser Untertitel zu *Menschliches, Allzumenschliches*, einem seiner Hauptwerke, gilt für alle Schriften Nietzsches. Im Vorwort schreibt er einiges über den Typus des „freien Geistes", den er sich als Leser und Gefährten wünscht. Dieser hat „ sein entscheidendes Ereignis in einer *großen Loslösung* gehabt. " Damit ist eine tiefe Erschütterung gemeint, eine seelische/ intellektuelle Krise, wie wir sie häufig in Begleitung der Pubertät und den nachfolgenden Jahren finden. In ihr werden alle gewohnten Bindungen und Pflichten, alles, was bisher „Gut" und „Böse" hieß, zutiefst fragwürdig. „Freier Geist" heißt zugleich auch eine Unruhe, ein Verlangen nach Neuem, nach Wanderschaft, ein „Wille zum *freien* Willen. " Nietzsche ist diesen Weg selbst mit beispielloser Radikalität gegangen, und der Leser muss hier zum Mitgehen bereit sein bis in die Erfahrung völliger Vereinsamung hinein – wenn irgendwo in der Geschichte der Philosophie, kann man bei diesem Philosophen das Abgründige eines rücksichtslosen Denkens erfahren. Dabei muss der freie Geist mit Nietzsches Worten „beinahe Kuh" sein, d. h. er muss die Texte langsam und genau lesen, mit der Geduld eines Wiederkäuers. Das ist einmal notwendig wegen der Form des Aphorismus①, die Nietzsche bevorzugt („ Ein Aphorismus, rechtschaffen geprägt und ausgegossen, ist damit, dass er abgelesen ist, noch nicht ‚ entziffert'; vielmehr hat jetzt erst seine *Auslegung*② zu beginnen, zu der es einer Kunst der Auslegung bedarf"). Zum andern ist dieses sorgfältige Lesen auch notwendig wegen der Kompliziertheit und Widersprüchlichkeit von Nietzsches Denken selbst. (...)

Dementsprechend hat sich, nach einer langen Deutungsgeschichte, in der gegenwärtigen

① kurzer meist geistreicher Spruch, der eine wichtige Erfahrung oder Lebensweisheit enthält
② Erkläring, Interpretation

philosophischen Auseinandersetzung um Nietzsche die Einsicht in die Vielschichtigkeit seines Denkens durchgesetzt. Übrigens ist Nietzsche zur Zeit fast wieder zu einer Art Modephilosophen geworden – angesichts der fortdauernden Krise des Marxismus entdecken viele „freie Geister“ Gemeinsamkeiten und neue Anregungen in Nietzsches Denken. Außerdem übt seine Radikalität eine große Anziehung aus. Es ist heute einfach nicht mehr zulässig, Nietzsches Philosophieren in einige handliche Formeln zu verpacken, auch wenn solche Formeln von ihm selbst wiederholt angeboten werden. (...)

Nietzsche ist insofern ein typisch deutscher Philosoph, als er von beiden Eltern her aus dem kulturellen Milieu des deutschen protestantischen Pfarrhauses kommt. Wie der Großvater, war auch sein Vater Pfarrer, und zwar in einem sächsisch-preußischen Dorf südwestlich von Leipzig. Das Kind wurde auf den Namen Friedrich Wilhelm getauft, weil es am Geburtstag des Königs auf die Welt kam(!). Für Nietzsches Entwicklung ist sehr wichtig, dass er mit vierzehn Jahren nach Schulpforta kam. An dieser traditionsreichen Landesschule, wo man um vier Uhr morgens aufstand und um sechs Uhr der Unterricht begann, wurde er gründlich mit dem Bildungsgut seiner Zeit sowie den antiken Schriftstellern und Philosophen bekannt. „Kind“ ist Nietzsche, wie er selbst schreibt, eigentlich kaum gewesen. Schon mit zwölf Jahren fängt er an, ausführlich Tagebuch zu führen, verfasst Gedichte und entwickelt große musikalisch-kompositorische Fähigkeiten. Mit zwanzig beginnt er das Studium der klassischen Philologie und Theologie in Bonn, entschließt sich bald, die Gotteswissenschaft aufzugeben und folgt 1865 seinem Lehrer nach Leipzig. Dieser ist von den überragenden Leistungen seines Schülers so überzeugt, dass Nietzsche auf seine Fürsprache hin 1869 zum Professor der klassischen Philosophie in Basel ernannt wird. Ohne Promotion und Habilitation – die normalen Voraussetzungen der akademischen Laufbahn – ist Nietzsche also mit fünfundzwanzig Jahren Professor; eine glänzende, gesicherte Karriere scheint vor ihm zu liegen.

Aber sein Weg verläuft anders. Er ist gekennzeichnet von Krankheit und Einsamkeit. Allein die Krankheitsgeschichte ist ein Kapitel für sich, wobei wir „Krankheit“ natürlich nicht als etwas naturgesetzlich Gegebenes sehen dürfen – Krankheit ist immer auch Schutz und Protest des Selbst. Ab 1856, mit 12 Jahren also schon, hören wir von ständigen Kopf- und Augenschmerzen. Sie verstärken sich in den 70er Jahren zu migräneartigen Anfällen, die manchmal bis zur Bewusstlosigkeit führen. Seine Sehkraft lässt so stark nach, dass er über lange Zeiträume nicht lesen kann. Dazu andere Krankheiten: eine Brustverletzung, Ruher- und Rachendiphterie. Dazwischen dann Perioden seelischer Hochstimmung und äußerster Schaffenskraft, so dass der Wechsel von Krankheit und Genesung den Rhythmus seiner Werke bestimmt. Wegen seiner ständigen Krankheiten muss sich Nietzsche immer öfter von seiner Lehrtätigkeit beurlauben lassen; 1879 wird er mit einem Ruhegehalt pensioniert. Die folgenden zehn Jahre seines bewussten Lebens verbringt er in ständiger Wanderschaft, wobei er sich den Sommer über meist in Sils-Maria im Oberengadin und im Winter in Nizza und Cannes aufhält. (...)

Über mehrere Jahre bestand eine enge Freundschaft zu Richard Wagner, mit dessen Schaffen der selber hochmusikalische Nietzsche zunächst große Hoffnungen auf eine kulturelle Erneuerung verbunden hat. Als sich aber das Bayreuther Unternehmen (1876 Eröffnung des Festspielhauses) immer mehr als Symbol einer nationalen Selbstbeweihräucherung① herausstellte, brach Nietzsche die Beziehung ab. Dieser Bruch führte später bis zur völligen Abwendung von aller romantischen Musik.

All diese (spärlichen) Informationen zu Nietzsches Leben sprechen erst, wenn man sich bereits ein bisschen in seinen Schriften umgesehen hat. Erst dann kann man den Gegensatz ermessen zwischen der Haltung des Menschheitspropheten im Text und seiner tatsächlichen Einsamkeit, völligen Wirkungslosigkeit. Erst dann wird die ganze Skala fühlbar zwischen Stolz und Schmerz, Verachtung und werbender Sehnsucht nach Nähe. Das immer verzweifeltere Theaterspielen gehört zu Nietzsche und seinen Texten dazu. Um so erschütternder der Zusammenbruch am 3. Januar 1889 in Turin: nach Berichten ist Nietzsche einem armseligen Droschkenpferd, das von seinem Kutscher misshandelt wurde, am helllichten Tag mitten in der Stadt um den Hals gefallen und hat es leidenschaftlich umarmt. Danach verschickte er an Freunde die sog. „Wahnsinnszettel", kurze Briefe, die unterschrieben sind mit „Dionysos"② oder „der Gekreuzigte"③. Er wird in die Nervenklinik in Basel eingeliefert. Ab 1890 lebt der vom Wahnsinn Gebrochene bei seiner Mutter, die ihn bis zu ihrem eigenen Tod (1897) versorgt. Der inzwischen zum Gegenstand eines Kultes gewordene Nietzsche stirbt am 25. August

① hier Selbstverherrlichung
② griech. Gott des Weins, des Rausches und der Fruchtbarkeit
③ Jesus Christus

1900. Oder ist es ein anderer, der da gestorben ist?

(...) Es ist kein Zufall, dass der „Übermensch“ zum ersten Mal in einem dichterischen Werk verkündet wird. *Also sprach Zarathustra. Ein Buch für Alle und Keinen* (...). Zarathustra geht zu den Menschen, um ihnen seine Weisheit zu verkünden (der Name erinnert an den altpersischen Religionsstifter Zarathustra bzw. Zoroaster, der um 600 v. Chr. lebte). Schon in diesen ersten Sätzen liegt eine übertrumpfende Anspielung auf Jesus von Nazareth, wie sich auch der Stil des ganzen Werkes an der kraftvollaltertümlichen Sprache der Lutherbibel orientiert. Dem entsprechen auch die vielen Bilder und Gleichnisse, die Zarathustra in seinen Reden an die Menschen, an seine Jünger und im Selbstgespräch gebraucht. Eigentliche Handlung gibt es wenig; die Reden sind in lockerer Folge aneinander gereiht. Ihr Hauptthema ist – wenn man das bei einem dichterischen Werk so isoliert ausdrücken darf – der Übermensch, „der Blitz aus der dunklen Wolke Mensch“. Der Übermensch ist die Überwindung des Menschen; allerdings darf man dabei weder an etwas Engelartiges denken noch ist es ein germanischer Held, wie man Nietzsche im Nationalsozialismus hinzubiegen versucht hat: „Ich beschwöre euch, meine Brüder, *bleibt der Erde treu*“, sagt Zarathustra schon am Anfang des Werkes. In seiner ersten Rede „Von den drei Verwandlungen“ deutet er gleichnishaft an, worauf der Übermensch zielt. „Drei Verwandlungen nenne ich euch des Geistes: wie der Geist zum Kamele wird, und zum Löwen das Kamel, und zum Kinde zuletzt der Löwe.“ Das Kamel ist der „tragsame Geist“, dem Ehrfurcht und Selbsterniedrigung innewohnt, und damit ist sicherlich die lange Geschichte der menschlichen Abhängigkeit von (einem) Höheren Wesen gemeint. Der löwe, die zweite Gestalt des Geistes, will Freiheit. Er setzt sein „Ich will“ gegen das „Du sollst“ (der Kampf gegen die Moral, auch z. B. in ihrer Form als Kantischer kategorischer Imperativ, ist ja eines der wichtigsten Themen Nietzsches). Aber auch der Löwe muss sich nochmals verwandeln. Er muss zum Kind werden. Das Kind ist ihm überlegen: „Unschuld ist das Kind und Vergessen, ein Neubeginnen, ein Spiel, ein aus sich herausrollendes Rad, eine erste Bewegung, ein heiliges Jasagen. Ja, zum Spiele des Schaffens, meine Brüder, bedarf es eines heiligen Ja-sagens: *seinen* Willen will nun der Geist, *seine* Welt gewinnt sich der Weltverlorene.“ Vielleicht muss man sich damit abfinden, dass sich trotz aller gelehrter Bemühungen sehr viel mehr, als in diesen Bildern ausgedrückt ist, zum Übermenschen nicht sagen lässt. Wie das Kind steht er „Jenseits von Gut und Böse“; wie das Kind lebt er in der Unschuld des Spiels, in völliger Bejahung seines irdischen Daseins.

Also sprach Zarathustra – eine Frohe Botschaft vom Tode Gottes und vom Übermenschen? Das ist nur ein Gesichtspunkt. Viel durchdringender wirkt – jedenfalls beim ersten Lesen – die Atmosphäre der Einsamkeit, ja des Gespenstischen die Zarathustra umgibt. Sie steigert sich nochmals im vierten Buch, wo der inzwischen zum Greis gewordene Zarathustra in seiner Höhle von einem wahren Gruselkabinett① von Gestalten Besuch erhält: zwei Könige, der alte Zauberer, der letzte Papst, der hässlichste Mensch, der freiwillige Bettler, der Schatten, der Gewissenhafte des Geistes, der traurige Wahrsager und sein Esel. Zarathustra feiert mit ihnen das Abendmahl.

(...) Das erste Hauptstück, „Von den Vorurteilen der Philosophen“, enthält gedrängt die wesentlichen Fragestellungen seines späten Philosophierens. Ein wichtiger Gedankenzug ist die Infragestellung des herkömmlichen Gegensatzes von „Bewusstsein“ und „Unbewusstem“. Nietzsche versucht – hier in manchem S. Freud vorwegnehmend – auch das bewusste Denken, die Logik der Philosophen als Ausdruck viel ursprünglicherer Lebens-Instinkte, Lebens-Wertschätzungen zu sehen. Denn wenn ich z. B. ein größtmögliches Maß logischer Klarheit suche, steht dahinter auch eine gewisse Entscheidung bzw. Wertschätzung. Nietzsche fasst das Leben grundsätzlich als „Wille zur Macht“ – auch hier wieder ein sehr vieldeutiger Leitbegriff. Er ist vielleicht am ehesten zu fassen als Gegenpol zu „Moral“ und „Wahrheit“. „Wille zur Macht“: das Leben will sich und will sich ganz. In seiner chaotischen Triebhaftigkeit steht es von vornherein quer zu jeder Moral; es steht „Jenseits von Gut und Böse“. Das Leben als Wille zur Macht steht auch Jenseits von „Wahr“ und „Falsch“ – möglicherweise ist der Schein, selbst die Täuschung für das Leben wichtiger (Nietzsche betrachtet die Kunst gerne unter dieser Fragestellung). So wird der altehrwürdige Begriff der „Wahrheit“ überführt in den der „Perspektive“. Die Perspektive ist ja die Blickrichtung, von der aus ein Gegenstand vom jeweiligen Standpunkt des Betrachters aus erscheint. Und je nach Ort, Zeit, Gefühlen, Wertschätzungen ist derselbe Gegenstand vielleicht sehr verschieden, bzw.:

> „Es gibt *nur* ein perspektivisches Sehen, *nur* ein perspektivisches ‚Erkennen‘; und *je mehr* Affekte wir über eine Sache zu Wort kommen lassen, *je mehr*

① Vergnügungseinrichtung, in der viele furchtbare Figuren zur Unterhaltung des Publikums gezeigt werden

Augen, verschiedene Augen wir uns für dieselbe Sache einzusetzen wissen, um so vollständiger wird unser ‚Begriff' dieser Sache, unsere ‚Objektivität' sein."

Die übliche Vorstellung von Erkenntnis und Objektivität – möglichst wenige, klare, allgemein anerkannte begriffliche Kriterien – wird hier also gerade umgekehrt. Ganz konsequent, und konsequenterweise nicht unproblematisch. Aber: „je *mehr* Augen (...)".

Leben als „Wille zur Macht" – man hat sicher einiges von der Eigenart Nietzsches verstanden, wenn man sein Denken als eine Philosophie des Körpers zu fassen versucht. Eine Philosophie des Körpers, die um die Geschichte seiner Verstümmelung und die Möglichkeiten seiner Steigerung kreist. Nietzsche sucht leidenschaftlich ein intensiveres Leben. Das von Anfang an Problematische bei dieser Suche liegt meines Erachtens in der Sichtweise der gesellschaftlichen Zusammenhänge, in denen das Leben wirklich lebt. Hat sich Nietzsche, der Unzeitgemäße, nicht zu weit von „seiner Zeit" entfernt, so dass er sich über weite Strecken mit Pauschalurteilen begnügt? Sehr schnell wird dem Leser etwa das Plumpe seiner Abwertung der Frauen, die Verlogenheit seiner gelegentlich heroischen Kriegsverherrlichung ins Auge springen. Und wer sind die „Ausnahme Menschen", die er im Auge hat? Etwa der Kreis seiner späteren Verehrer? Wie tröstlich, dass ihm der Kult um seine Person in den 90er Jahren, das modische Gerede vom Übermenschen erspart geblieben ist! Und auch wenn heute manches an seiner Demokratiekritik in neuem Licht erscheint, so muss insgesamt die aristokratische Lösung, der Traum einer künftigen Elite scheitern.

Christoph Helferich: Geschichte der Philosophie. S. 346 – 357

Fragen:

1. Wie schätzt Nietzsche sich selbst und seine Wirkung auf die Nachwelt ein?
2. Welche Erwartungen und Forderungen stellt Nietzsche an seine Leser? Setzen Sie dies in Zusammenhang mit den kurzen Texten am Anfang.
3. Welche Ursachen für die Aktualität Nietzsches werden angeführt? Nennen Sie weitere Gründe.
4. Welche Verbindung zwischen Nietzsches Ideen und seiner Persönlichkeit und Gesundheit deutet der Autor an? Was meinen Sie dazu?
5. Informieren Sie sich in der Bibliothek über *Richard Wagner* und seine Bedeutung für die deutsche Musik.
6. Wie definiert Nietzsche den *Übermenschen*? Durch welche *Stadien der Verwandlung*

ist er gegangen?
7. Nietzsche unterscheidet zwischen dem *Herdenmenschen* und dem *Übermenschen*. Können Sie sich vorstellen, welche Gefahr hier lauert?
8. Was sagt Nietzsche zu den Begriffen W*ahrheit* und *Objektivität*?
9. Was erfahren Sie über den *Willen zur Macht*?
10. Geben Sie die Einstellung des Autors zu Nietzsche wieder.

12. 2. Jenseits von Gut und Böse

203

Wir, die wir eines andren Glaubens sind –, wir, denen die demokratische Bewegung nicht bloß als eine Verfalls-Form der politischen Organisation, sondern als Verfalls-, nämlich Verkleinerungs-Form des Menschen gilt, als seine Vermittelmäßigung und Wert-Erniedrigung: wohin müssen wir mit unsren Hoffnungen greifen? – Nach *neuen Philosophen*, es bleibt keine Wahl; nach Geistern, stark und ursprünglich genug, um die Anstöße zu entgegengesetzten Wertschätzungen zu geben und „ewige Werte" umzuwerten, umzukehren; nach Vorausgesandten, nach Menschen der Zukunft, welche in der Gegenwart den Zwang und Knoten anknüpfen, der den Willen von Jahrtausenden auf *neue* Bahnen zwingt. Dem Menschen die Zukunft des Menschen als seinen *Willen*, als abhängig von einem Menschen – Willen zu lehren und große Wagnisse und Gesamt-Versuche von Zucht und Züchtung vorzubereiten, um damit jener schauerlichen Herrschaft des Unsinns und Zufalls, die bisher „Geschichte" hieß, ein Ende zu machen – der Unsinn der „größten Zahl" ist nur seine letzte Form –: dazu wird irgendwann einmal eine neue Art von Philosophen und Befehlshabern nötig sein, an deren Bilde sich Alles, was auf Erden an verborgenen, furchtbaren und wohlwollenden Geistern dagewesen ist, blass und verzwergt ausnehmen möchte. Das Bild solcher Führer ist es, das vor *unsern* Augen schwebt: – darf ich es laut sagen, ihr freien Geister? Die Umstände, welche man zu ihrer Entstehung teils schaffen, teils ausnützen müsste; die mutmaßlichen Wege und Proben, vermöge deren eine Seele zu einer solchen Höhe und Gewalt aufwüchse, um den *Zwang* zu diesen Aufgaben zu empfinden; eine Umwertung der Werte, unter deren neuem Druck und Hammer ein Gewissen gestählt, ein Herz in Erz verwandelt würde, dass es das Gewicht einer solchen Verantwortlichkeit ertrüge; andererseits die Notwendigkeit solcher Führer, die erschreckliche Gefahr, dass sie ausbleiben oder missraten und entarten könnten – das sind *unsre* eigentlichen Sorgen und

Verdüsterungen, ihr wisst es, ihr freien Geister? Das sind die schweren fernen Gedanken und Gewitter, welche über den Himmel *unseres* Lebens hingehn. Es gibt wenig so empfindliche Schmerzen, als einmal gesehn, erraten, mitgefühlt zu haben, wie ein außerordentlicher Mensch aus seiner Bahn geriet und entartete: wer aber das seltene Auge für die Gesamt-Gefahr hat, dass „der Mensch" selbst *entartet*, wer, gleich uns, die ungeheuerliche Zufalligkeit erkannt hat, welche bisher in Hinsicht auf die Zukunft des Menschen ihr Spiel spielte – ein Spiel, an dem keine Hand und nicht einmal ein „Finger Gottes" mitspielte! – wer das Verhängnis errät, das in der blödsinnigen Arglosigkeit und Vertrauensseligkeit der „modernen Ideen", noch mehr in der ganzen christlich-europäischen Moral verborgen liegt: der leidet an einer Beängstigung, mit der sich keine andere vergleichen lässt, – er fasst es ja mit einem Blicke, was Alles noch, bei einer günstigen Ansammlung und Steigerung von Kräften und Aufgaben, *aus dem Menschen zu züchten* wäre, er weiß es mit allem Wissen seines Gewissens, wie der Mensch noch unausgeschöpft für die größten Möglichkeiten ist, und wie oft schon der Typus Mensch an geheimnisvollen Entscheidungen und neuen Wegen gestanden hat: – er weiß es noch besser, aus seiner schmerzlichsten Erinnerung, an was für erbärmlichen Dingen ein Werdendes höchsten Ranges bisher gewöhnlich zerbrach, abbrach, absank, erbärmlich ward. Die *Gesamt-Entartung des Menschen*, hinab bis zu dem, was heute den sozialistischen Tölpeln und Flachköpfen als ihr „Mensch der Zukunft" erscheint, – als ihr Ideal! – diese Entartung und Verkleinerung des Menschen zum vollkommenen Herdentiere (oder, wie sie sagen, zum Menschen der „freien Gesellschaft"), diese Vertierung des Menschen zum Zwergtiere der gleichen Rechte und Ansprüche ist *möglich*, es ist kein Zweifel! Wer diese Möglichkeit einmal bis zu Ende gedacht hat, kennt einen Ekel mehr, als die übrigen Menschen, – und vielleicht auch eine neue *Aufgabe*! ...

Friedrich Nietzsche: Jenseits von Gut und Böse. S. 108 – 110
(gemäß der heutigen Orthographie leicht verändert)

Fragen:

1. Wie steht Nietzsche zum Christentum, zur Demokratie, zum Sozialismus?
2. Was ist für ihn alle bisherige Geschichte?
3. Warum sind neue „Philosophen und Befehlshaber" nötig?
4. Was ist deren Aufgabe?
5. Worin bestehen für Nietzsche die Hauptgefahren in Bezug auf die Menschheit und deren Führer?

6. Vergleichen Sie den Sprachstil Nietzsches mit dem anderer Philosophen. Bemerken Sie Unterschiede?

Schlussaufgabe:

1. Füllen Sie die Tabelle *Grundfragen der Philosophie* für Friedrich Nietzsche aus.
2. Vergleichen Sie abschließend das Menschenbild von Marx und Nietzsche.

13. Geistige Strömungen zu Beginn des 20. Jahrhunderts

Anhand eines Ausschnitts aus dem sehr empfehlenswerten Buch „*Geschichte der Philosophie*“ von Christoph Helferich stellen wir Ihnen die Situation zu Beginn des 20. Jahrhunderts vor.

13. 1. Die Philosophie unserer Zeit

Albert Einstein, Sigmund Freud, Wassily Kandinsky, drei Namen für die Erweiterung und Verrätselung der Wirklichkeit im 20. Jahrhundert

Neunzehntes und zwanzigstes Jahrhundert stehen auf gemeinsamer geschichtlicher Grundlage und stellen insofern eine Einheit dar. Dennoch haben wir das Gefühl, mit dem Übergang ins 20. Jahrhundert noch ein Stück mehr in der Gegenwart, in unserer Zeit zu sein. (...) Das 20. Jahrhundert baut auf dem vorhergehenden auf; die geschichtlich-gesellschaftliche Grundlage ist vorhanden. Jetzt können die in ihr angelegten Tendenzen ausgebildet, entfaltet oder, mit einem neueren soziologischen Ausdruck, „ausdifferenziert“ werden. (...)

Wir wollen uns hier auf drei Vorgänge beschränken, für die die Namen Einstein, Freud und Kandinsky stehen: die Entwicklung des modernen naturwissenschaftlichen Bewusstseins (Relativitätstheorie, Quantenphysik①), die Entstehung der Psychoanalyse und den Schritt in der Malerei zur abstrakten Kunst. Alle drei erweitern und vertiefen auf ganz unvorhersehbare Weise die Vorstellung davon, was „Wirklichkeit“ sei. Und alle drei machen nochmals einen ganz entschiedenen Schritt weg vom „normalen“ Bewusstsein der meisten ihrer Mitbürger. Die Kluft zwischen wissenschaftlich-künstlerischem und Alltagsbewusstsein ist seitdem noch tiefer, noch krasser geworden. Gerade dieses Auseinanderklaffen② ist ein wesentlicher Ausdruck jener Verrätselung, Verdunkelung, auch: Ohnmachtserfahrung, mit der wir seitdem leben müssen. Sicher

① physikalische Theorie, die die Atome und Moleküle sowie ihre Wechselwirkung mit Elementarteilchen beschreibt. 1900 von Max Planck begründet.

② Auseinanderfallen

spürt jeder bisweilen die Sehnsucht, die Welt (sagen wir bescheidener: seine Umgebung) doch einmal „ganz" verstehen zu können, was ja nichts anderes heißt als der Wunsch, sich in ihr heimisch zu fühlen. Doch wäre es vermessen und gefährlich, diese Sehnsucht gewaltsam stillen zu wollen, die Entwicklung des modernen Bewusstseins gleichsam im Handstreich zu beseitigen. Es gibt zu denken, dass alle drei Strömungen – Relativitätstheorie, Psychoanalyse, abstrakte Kunst – von den Nationalsozialisten als „ undeutsch" bzw. „entartet" gebrandmarkt worden sind.

Die entscheidenden Veränderungen der naturwissenschaftlichen Vorstellungswelt betreffen die grundlegenden Begriffe von Raum und Zeit, die Möglichkeit „objektiver", d. h. vom jeweiligen Beobachter unabhängiger Naturerkenntnis sowie im Zusammenhang damit das Problem der Anwendbarkeit des Gesetzes von Ursache und Wirkung (Kausalgesetz), dem Erklärungsprinzip der Naturwissenschaft überhaupt. (...)

Gehen wir nicht alle davon aus, dass der Raum, wie wir ihn erfahren, und die Zeit, wie sie sich als die 24 Stunden eines jeden Tages oder die biblischen siebzig Jahre eines Menschenlebens darstellt, etwas gleichsam Natürliches sind? Und doch hat der Gang der Naturwissenschaft im 19. Jahrhundert diese anschaulich-festen Vorstellungen allmählich aufgeweicht. In steigendem Maße gerieten neue Befunde, vor allem aus den Bereichen der Elektrizitätslehre und Optik, mit den herkömmlichen mechanistischen Deutungen in Widerspruch. Man hat Albert Einstein mit Kopernikus verglichen, einmal wegen seiner Bedeutung, zum anderen weil auch Einstein eigentlich keine neuen „ Tatsachen " entdeckte, sondern bekannten Tatsachen eine neue Deutung gegeben hat, die alle früheren Erklärungsversuche überboten hat. Er tat dies in zwei Schritten: 1905 mit der Speziellen Relativitätstheorie und 1916 mit der Allgemeinen Relativitätstheorie. „Spezielle *Relativitätstheorie* " ist zu verstehen in direktem Gegensatz zum absoluten Charakter von Raum und Zeit, von dem man ja bisher immer ausgegangen war. Ganz knapp als Ergebnis formuliert lag Einsteins Leistung in dem Nachweis, dass Raum und Zeit abhängig sind vom jeweiligen Bewegungszustand des Beobachters (anders ausgedrückt: sie sind relativ zu ihm). „ Es gibt " im Weltraum keine allgemeine Gleichzeitigkeit, sondern immer nur jeweils verschiedene „Ortszeiten", Raum-Zeit-Systeme. Ebenso kann ein Stab von einem Meter Länge (hier nach unserem irdischen Maß) größer oder kleiner werden, bzw. es „gibt" überhaupt keinen „Stab von einem

Meter Länge“, der immer und überall einen Meter lang wäre. (...)

In der Allgemeinen Relativitätstheorie ist Einstein noch einen Schritt weitergegangen. Er wies nach, dass das Licht, von dessen Geschwindigkeit als Konstante einer gradlinigen Bewegung er selbst noch ausgegangen war, sich in kosmischen Dimensionen nicht gradlinig fortpflanzt. Sein Verlauf ist abhängig von Gravitationsfeldern. (...)

Eine andere, spezifisch moderne Tiefendimension der Wirklichkeit hat die Psychoanalyse erschlossen. Ihr Begründer ist Sigmund Freud (1856 – 1939). Freud stammt wie Einstein aus einer jüdischen Familie. Bis zu seiner Emigration nach London 1938 (Anschluss Österreichs an das Reich!) lebte er als Nervenarzt in Wien. Die Psychoanalyse hat zu Beginn des Jahrhunderts die Bedeutung des Unbewussten entdeckt. Damit hat sie der ganzen bisherigen Auffassung vom Menschen widersprochen, die seit den griechischen Philosophen seine wesentliche Auszeichnung in der selbständigen menschlichen Vernunft, in seinem Bewusstsein also sah (klassische Definition: der Mensch als *animal rationale*①). Freud schrieb einmal von drei großen Kränkungen②, die die Eigenliebe des Menschen erlitten habe: Durch Kopernikus sei die Erde aus dem Mittelpunkt der Welt gerückt worden. Darwin habe nachgewiesen, dass die menschliche Seele keineswegs göttlicher Herkunft sei. Die empfindlichste Kränkung aber stelle die psychologische dar, denn hier werde gezeigt, dass der Mensch „nicht einmal Herr ist im eigenen Hause, sondern auf kärgliche Nachricht angewiesen bleibt von dem, was unbewusst in seinem Seelenleben vor sich geht.“

Nun war der Begriff des Unbewussten selbst keineswegs neu. Von der Romantik bis zur Lebensphilosophie hat man darunter hauptsächlich die (schöpferischen) Kräfte der Seele und der Natur verstanden, die ohne Beteiligung des menschlichen Verstandes oder seines Willens wirken. Welche besondere, moderne Bedeutung hat dieser Begriff bei Freud erhalten, und wie ist er dazu gekommen?

Eine erste Orientierung gibt hierzu Freuds *Selbstdarstellung* aus dem Jahre 1925. In seiner Studienzeit war die Medizin streng naturwissenschaftlich-positivistisch

① vernünftiges Tier
② Verletzungen des Selbstbewusstseins

ausgerichtet: Jede Krankheit musste eine körperlich genau feststellbare Ursache haben. War diese körperliche Ursache einmal festgestellt, konnte die Krankheit bekämpft werden (viele Ärzte gehen noch heute so vor). Diese Methode versagte jedoch bei einem be stimmten Krankheitsbild, der Hysterie, die damals recht häufig auftrat. Da man zu den Symptomen keine körperliche Ursache finden konnte, sprachen die Ärzte häufig von Einbildung oder ererbter Degeneration① des Nervensystems. Bei der Beschäftigung mit diesen Kranken traf Freud zu seinem eigenen Erstaunen auf einen seelischen Befund: die Äußerungsformen der Hysterie standen in Zusammenhang mit Vorstellungen, Wünschen, Gefühlen der Kranken, die diesen selbst nicht bewusst waren. Zunächst behandelte auch Freud, wie damals üblich, mit Elektrotherapie② und Hypnose. Aus dem Ungenügen an diesen Behandlungsmethoden und der eigenen Beobachtung, besonders auch seiner Träume, erwuchs dann die Psychoanalyse als eine neue Theorie seelischer Prozesse und neue Methode therapeutischer Behandlung. Die *Traumdeutung* von 1900 ist ihr erstes großes Dokument.

Freud war auf einen Vorgang gestoßen, den er „Verdrängung" nannte („er war eine Neuheit, nichts ihm Ähnliches war je im Seelenleben erkannt worden" – *Selbstdarstellung*). Verdrängung ist der Versuch, eigene mit einem Trieb zusammenhängende Vorstellungen (Gedanken, Bilder, Erinnerungen; z. B. die Phantasie, jemanden zu töten) in das Unbewusste zurückzustoßen, weil sie für das Ich gefährlich sein könnten. So sah Freud das Seelenleben immer bestimmter als ein konfliktreiches, dynamisches Geschehen, als einen „Apparat", dessen Motor das Streben nach Lust ist. Dieses Streben nach Lust ist eine Äußerung des Sexualtriebs. Hierbei ist zu betonen, dass „Sexualität" bei Freud stets in einem umfassenden Sinne verstanden wird, der weit mehr meint als die sog. genitale, auf die Zeugungsorgane beschränkte Sexualität. In der Arbeit mit den Patienten stellte sich heraus, dass entscheidende seelische Konflikte in der frühen Kindheit lagen und dann „vergessen" wurden. Die Psychoanalyse hat so die kindliche Sexualität entdeckt (*Drei Abhandlungen zur Sexualtheorie*, 1905). Entsprechend änderte Freud auch die Behandlungsmethode. Er erarbeitete die Technik der „freien Assoziation", bei der der Patient auf einer Couch liegt – der Analytiker sitzt hinter ihm – und all seine Gedanken und Gefühle frei

---

① Rückbildung, Entartung, die durch Vererbung bedingt ist

② Krankenbehandlung durch Stromschläge

heraussprudeln soll. Sehr schnell entwickelt nun der Patient einen Widerstand gegen die Erinnerung an bestimmte Erlebnisse bzw. Gefühlszustände, was mit dem Vorgang der Verdrängung zusammenhängt. An diesem Punkt setzt die analytische Arbeit ein. Eine zweite Technik ist die Arbeit mit den Träumen der Patienten. Da im Schlaf der zensierende Einfluss des Bewusstseins vermindert ist, tauchen in den Träumen eine Menge sonst verborgener Phantasien, Wünsche, Ängste auf, wenn auch meist in charakteristisch verschlüsselter Form. Die gemeinsame Arbeit mit dem Traummaterial kann so tiefe seelische Vorgänge erhellen. Freud nannte den Traum einmal den „Königsweg zum Unbewussten". (...)

Schließlich ist noch auf die Entwicklung der Kunst am Anfang des Jahrhunderts hinzuweisen. In einer geradezu hektisch anmutenden Geschwindigkeit hat sich hier in allen Bereichen – Malerei gleichermaßen wie Musik, Plastik, Literatur – eine völlige Umwälzung der künstlerischen Ausdrucksmittel ereignet. Man spricht daher von *Avantgardismus* (*avant-garde*, Vorhut, Vorreiter), denn der Charakter des ständigen Sich-Überbietens ist dieser Epoche eigentümlich. Das Sich-Überbieten reicht bis zur Infragestellung von „Kunst" überhaupt. Überraschend ist das Gemeineuropäische des Vorgangs: war einmal das Zeichen gegeben, haben die Künstler gemeinsam reagiert, als müssten sie einer geschichtlichen Notwendigkeit gehorchen. Heute verstauben die damals so herausfordernden Werke des Avantgardismus in den Museen und Bibliotheken (schon seit längerem gibt es die Bezeichnung „Klassiker der Moderne"!). Wer jedoch den Staub gleichsam abwischen kann und sich auf die Werke und Manifeste und Biographien einlässt, kann noch immer etwas spüren von dem Aufbruch in neue Wirklichkeiten, den die Kunst damals gewagt hat.

Wir beschränken uns hier auf einige Stichworte zur Malerei, die diesen Vorgang ja schon von ihrem Medium her besonders augen-fällig macht. Man hat das Jahr 1905 den „Durchbruch zum 20. Jahrhundert" genannt (W. Hoffmann). In diesem Jahr bildeten sich zwei radikale Künstlergruppen, in Paris *Les Fauves* („die wilden Tiere", wie sie sich nach dem Ausdruck eines Kritikers nannten – Matisse, Derain, Braque u. a.) und *Die Brücke* in Dresden (Kirchner, Nolde, Heckel u. a.). Gemeinsam war ihnen eine sehr impulsive, antiklassische und antiakademische Formensprache, die Suche nach einer neuen Unmittelbarkeit des Ausdrucks (Matisse: „Es lässt sich in einem allzu ordentlichen Haushalt, einem Haushalt von Tanten aus der Provinz, nicht leben. Also bricht man in die Wildnis auf, um sich einfachere Mittel zu schaffen, die den Geist nicht ersticken"). Schon zwei Jahre später haben Picasso und Braque den Kubismus entwickelt. Um die Forderung nach mehr bzw. intensiverer Wirklichkeit zu erfüllen und ihre Vielschichtigkeit zu enthüllen, wird der Gegenstand hier in verschiedene – kubische – Formpartikel zerlegt und wieder zusammengesetzt bzw. als *papier collé* (Klebebild, Collage, ab 1912) mit Bruchstücken der Alltagswirklichkeit „angereichert". Ein bedeutsamer Vorgang:

> „Der entwicklungsgeschichtliche Einschnitt des Kubismus spiegelt sich in dessen unmittelbarer Wirksamkeit. Er beseitigt die beiden Voraussetzungen, auf denen die europäische Malerei seit der Renaissance beruhte. Seit der Entwicklung der Zentralperspektive standen Bildraum und Erfahrungsraum in Wechselbeziehung. Der Raum [in der Zentralperspektive] stellte zwischen allen Bildträgern eine geistig-körperliche Kontinuität her. Dieser Kontinuität [...] entsprach [...] die homogene Oberfläche des Bildes. [...] Diesen Prämissen widersprechen die Kubisten. Die Körper werden segmentiert und büßen ihre organische Geschlossenheit ein. [...] Das sind Gestaltungsmerkmale, welche die erfinderische Willkür des Künstlers betonen. Sie belegen dessen Anspruch, ein Hersteller künstlerischer Wirklichkeiten zu sein, indem sie den Gestaltungsakt vom Vorbild der Wahrnehmungswirklichkeit unabhängig machen."

„Vorbild der Wahrnehmungswirklichkeiten" – in der abstrakten Malerei ist sie ganz verschwunden. Die Kraft der reinen Farbe und der reinen Form ist sich selbst genug. Lange Zeit galt der russische Maler Wassily Kandinsky (1866 – 1944) als der Schöpfer der abstrakten Malerei. Inzwischen hat die Kunstgeschichte Vorgänger entdeckt, die zeitweilig die Grenze zum Abstrakten schon vor ihm überschritten hatten. (...) Was Kandinsky – er lebte von 1896 – 1914 hauptsächlich in München – dennoch auszeichnet, ist die Bewusstheit und die Konsequenz, mit der er diesen Schritt getan hat. 1910 entstand sein erstes ungegenständliches Aquarell, 1911 das erste abstrakte Bild. Großen Einfluss hatte auch sein Buch *Über das Geistige in der Kunst* (1910), das damals viel diskutiert wurde. Es gibt die Botschaft aus: „alles ist erlaubt", wenn die Mittel nur „innerlich-notwendig" sind („Gegensätze und Widersprüche – das ist unsere Harmonie"). Und verblüffenderweise sind kurz darauf unabhängig von Kandinsky in verschiedenen europäischen Metropolen abstrakte Bilder gemalt worden. Damit war die Schwelle zu einer vorher nicht gekannten Freiheit in der Kunst endgültig überschritten. Die folgende Geschichte der *-ismen* (Futurismus, Expressionismus, Dadaismus, Surrealismus usf.)

hat ungeahnte Möglichkeiten des künstlerischen Ausdrucks eröffnet. (...) Zugleich kehrt sie, mit der Technik der Verfremdung, eine andere Seite der Wirklichkeit hervor: Das Fremde, Bedrohliche selbst der alltäglichsten Gebrauchsgegenstände, werden sie aus ihrem gewohnten Zusammenhang herausgerissen. (...)

Christoph Helferich: Geschichte der Philosophie. S. 373 – 380

Fragen:

1. Auf welchen Gebieten gab es zu Anfang des 20. Jahrhunderts *Neuerungen* und damit *Verunsicherungen*?
2. Wie sah das wissenschaftliche Weltbild vor *Albert Einstein* aus und wie haben seine Theorien es verändert? Versuchen Sie, seine Erkenntnis mit Ihren eigenen Worten wiederzugeben.
3. Welches ist die große Entdeckung der *Psychoanalyse*? Mit welchem Konzept steht sie im Widerspruch?
4. Beschreiben Sie die von *Freud* genannten *drei Kränkungen* genauer.
5. Beschreiben Sie das Krankheitsbild der *Hysterie*. Welche Beobachtungen hat Freud in diesem Zusammenhang gemacht?
6. Wie wird *Psychoanalyse* definiert? Mit welchen Techniken arbeitet sie?
7. Wie haben Sie den Begriff *Verdrängung* verstanden?
8. Sehen Sie sich die Bilder von Malern des 19. Jahrhunderts (z. B. *Adolph Menzel, Jean-François Millet, Gustave Courbet*) an.
   Vergleichen Sie sie mit Bildern der bekannten Maler der *Brücke* und der *Kubisten*. Wie wird die Welt abgebildet?
9. Sehen Sie sich auch die Bilder von *Wassily Kandinsky* an. Vergleichen Sie diese Bilder mit den anderen im Text genannten *-ismen*. Versuchen Sie, den gesellschaftlichen Bezug herzustellen.

13.2. Franz Kafka

Auch in der Literatur spielt die *Verunsicherung* und *Verrätselung* eine große Rolle. Wer könnte Gefühle der Ohnmacht in einem vermeintlich stabilen gesellschaftlichen Gefüge mit seinen festen Regeln besser ausdrücken als der Prager Schrifsteller *Franz Kafka* (1883 – 1924). Seine Themen sind der einsame Mensch in seiner Lebensangst, im Widerspruch mit sich selbst und einer anonymen Macht. In Kafkas Geschichten gerät er in groteske Situationen, die in ihrer Mehrdeutigkeit Traumbildern näher sind als der Realität.

1883 als Sohn einer bürgerlichen, jüdischen Familie in Prag geboren, studierte er zunächst Germanistik, später Jura. Nach der Promotion arbeitete er bis zu seiner Pensionierung im Jahre 1922 bei verschiedenen Versicherungsanstalten. 1917 wird seine Lungentuberkulose entdeckt, an der er einige Jahre später, am 3. Juni 1924, starb.

Aufgabe:
Referatsthema: Franz Kafka: Leben und Werk

Der Prozess

(...) Vor dem Gesetz steht ein Türhüter. Zu diesem Türhüter kommt ein Mann vom Lande und bittet um Eintritt in das Gesetz. Aber der Türhüter sagt, dass er ihm jetzt den Eintritt nicht gewähren könne. Der Mann überlegt und fragt dann, ob er also später werde eintreten dürfen. „Es ist möglich“, sagt der Türhüter, „jetzt aber nicht“. Da das Tor Zum Gesetz offensteht wie immer und der Tührüter beiseite tritt, bückt sich der Mann, um durch das Tor in das Innere zu sehen. Als der Türhüter das merkt, lacht er und sagt: „ Wenn es dich so lockt, versuche es doch, trotz meinem Verbot hineinzugehen. Merke aber: Ich bin mächtig. Und ich bin nur der unterste Türhüter. Von Saal zu Saal stehen aber Türhüter, einer mächtiger als der andere. Schon den Anblick des dritten kann nicht einmal ich mehr ertragen. “ Solche Schwierigkeiten hat der Mann vom Lande nicht erwartet, das Gesetz soll doch jedem und immer zugänglich sein, denkt er, aber als er jetzt den Türhüter in seinem Pelzmantel genauer ansieht, seine große Spitznase, den langen, dünnen, schwarzen tartarischen Bart, entschließt er sich doch, lieber zu warten, bis er die Erlaubnis zum Eintritt bekommt. Der Türhüter gibt ihm einen Schemel und lässt ihn seitwärts von der Tür sich niedersetzen. Dort sitzt er Tage und Jahre. Er macht viele Versuche, eingelassen zu werden und ermüdet den Türhüter durch seine Bitten. Der Türhüter stellt öfters kleine Verhöre mit ihm an, fragte ihn nach seiner Heimat aus und nach vielem anderen, es sind aber teilnahmslose Fragen, wie sie große Herren stellen, und zum Schlusse sagte er ihm immer wieder, dass er ihn noch nicht einlassen könne. Der Mann, der sich für seine Reise mit vielem ausgerüstet hat, verwendet alles, und sei es noch so wertvoll, um den Türhüter zu bestechen. Dieser nimmt zwar alles an, aber sagt dabei: „Ich nehme es nur an, damit du nicht glaubst, etwas versäumt zu haben. “ Während der vielen Jahre beobachtete der

Mann den Türhüter fast ununterbrochen. Er vergisst die anderen Türhüter, und dieser erste scheint ihm das einzige Hindernis für den Eintritt in das Gesetz. Er verflucht den unglücklichen Zufall in den ersten Jahren laut, später, als er alt wird, brummt er nur noch vor sich hin. Er wird kindisch, und da er in dem jahrelangen Studium des Türhüters auch die Flöhe in seinem Pelzkragen erkannt hat, bittet er auch die Flöhe, ihm zu helfen und den Türhüter umzustimmen. Schließlich wird sein Augenlicht schwach, und er weiß nicht, ob es um ihn wirklich dunkler wird oder ob ihn nur die Augen täuschen. Wohl aber erkennt er jetzt im Dunkel einen Glanz, der unverlöschlich aus der Türe des Gesetzes bricht. Nun lebt er nicht mehr lange. Vor seinem Tode sammeln sich in seinem Kopfe alle Erfahrungen der ganzen Zeit zu einer Frage, die er bisher an den Türhüter noch nicht gestellt hat. Er winkt ihm zu, da er seinen erstarrenden Körper nicht mehr aufrichten kann. Der Türhüter muss sich tief zu ihm hinunterneigen, denn die Größenunterschiede haben sich sehr zuungunsten des Mannes verändert. „Was willst du denn jetzt noch wissen?“ fragt der Türhüter, „du bist unersättlich“. „Alle streben doch nach dem Gesetz“, sagt der Mann, „Wie kommt es, dass in den vielen Jahren niemand außer mir Einlass verlangt hat?“ Der Türhüter erkennt, dass der Mann schon am Ende ist, und um sein vergehendes Gehör noch zu erreichen, brüllt er ihn an: „Hier konnte niemand sonst Einlass erhalten, denn dieser Eingang war nur für dich bestimmt. Ich gehe jetzt und schließe ihn.“ (...)

Franz Kafka: Der Prozess. S. 182 – 183

Aufgaben:

1. Beschreiben Sie den *Türhüter* und den *Mann*.
2. Was sucht der *Mann* beim *Türhüter*?
3. Weshalb geht der *Mann* nicht hinein?
4. Was ist das *Gesetz*? Wen präsentiert der *Türhüter*? Wen der *Mann*?
5. Wie endet die Geschichte? Sind Sie zufrieden mit diesem Schluss?
6. Finden Sie die Geschichte interessant? Wenn ja, warum? Wenn nein, warum nicht?
7. Untersuchen Sie die Biographie *Kafkas* unter dem Aspekt der *Verunsicherung*.

Schlussaufgabe:

Füllen Sie die Tabelle *Grundfragen der Philosophie* für den Beginn des 20. Jahrhunderts aus.

14. Sigmund Freud

Triebe, Sexualität, das *Unbewusste, Überich* und *Es, Träume, Schuldgefühle und Verdrängung*! Das sind die Schlagwörter, die sich mit dem Namen Sigmund Freud (1856 – 1939) verbinden. Doch wie hängt dies alles zusammen? Was hat die Sexualität mit unseren Träumen zu tun und umgekehrt?
Freud, der den Menschen in die Seele schaute und ihre intimsten Geheimnisse erforschte, hat sich zeitlebens bemüht, einen Schleier über seine private Existenz zu legen. Er hat das Menschenbild und die damit verbundenen Ideale der Aufklärung gründlich erschüttert und sich mit seinen radikalen Brüchen von Tabus bis heute viele Feinde gemacht. Die Nationalsozialisten verbrannten 1933 seine Bücher und 1938 musste er vor ihnen nach London fliehen.
Seine umstrittenen Theorien hatten und haben großen Einfluß auf die Kunst, Philosophie, Psychologie und Psychiatrie.
Hier stellen wir Ihnen mehrere Texte über Freuds Ideen zum Aufbau der Persönlichkeit und die Bedeutung der Träume vor.

14.1. Das Ich, das Überich und das Es

Das Ich: Infolge der vorgebildeten Beziehung zwischen Sinneswahrnehmung und Muskelaktion hat das Ich die Verfügung über die willkürlichen Bewegungen. Es hat die Aufgabe der Selbstbehauptung, erfüllt sie, indem es nach außen die Reize kennen lernt, Erfahrungen über sie aufspeichert (im Gedächtnis), überstarke Reize vermeidet (durch Flucht), mäßigen Reizen begegnet (durch Anpassung) und endlich lernt, die Außenwelt in zweckmäßiger Weise zu seinem Vorteil zu verändern (Aktivität); nach innen gegen das Es, indem es die Herrschaft über die Triebansprüche gewinnt, entscheidet, ob sie zur Befriedigung zugelassen werden sollen, diese Befriedigung auf die in der Außenwelt günstigen Zeiten und Umstände verschiebt oder ihre Erregungen überhaupt unterdrückt. (...) Das Ich strebt nach Lust, will der Unlust ausweichen.

Das Überich: Als Niederschlag der langen Kindheitsperiode, während der der werdende Mensch in Abhängigkeit von seinen Eltern lebt, bildet sich in seinem Ich eine besondere Instanz heraus, in der sich dieser elterliche Einfluss fortsetzt. Sie hat den Namen des *Überichs* erhalten. Insoweit dieses Überich sich vom Ich sondert oder sich ihm entgegenstellt, ist es eine dritte Macht, der das Ich Rechnung tragen muss.

Eine Handlung des Ichs ist dann korrekt, wenn sie gleichzeitig den Anforderungen des Es, des Überichs und der Realität genügt, also deren Ansprüche miteinander zu versöhnen weiß.

Die Einzelheiten der Beziehungen zwischen Ich und Überich werden durchwegs aus der Zurückführung auf das Verhältnis des Kindes zu seinen Eltern verständlich. Im Elterneinfluss wirkt natürlich nicht nur das persönliche Wesen der Eltern, sondern auch der durch sie fortgepflanzte Einfluss von Familien-, Rassen- und Volkstradition sowie die von ihnen vertretenen Anforderungen des jeweiligen sozialen Milieus. Ebenso nimmt das Überich im Laufe der individuellen Entwicklung Beiträge von seiten späterer Fortsetzer und Ersatzpersonen der Eltern auf, wie Erzieher, öffentlicher Vorbilder, in der Gesellschaft verehrter Ideale.

Das Es: Die Macht des Es drückt die eigentliche Lebensabsicht des Einzelwesens aus. Sie besteht darin, seine mitgebrachten Bedürfnisse zu befriedigen. Eine Absicht, sich am Leben zu erhalten und sich durch die Angst vor Gefahren zu schützen, kann dem Es nicht zugeschrieben werden. Dies ist die Aufgabe des Ichs, das auch die günstigste und gefahrloseste Art der Befriedigung mit Rücksicht auf die Außenwelt herauszufinden hat. Das Überich mag neue Bedürfnisse geltend machen, seine Hauptleistung bleibt aber die Einschränkung der Befriedigungen.

Die Kräfte, die wir hinter den Bedürfnisspannungen des Es annehmen, heißen wir *Triebe*. Sie repräsentieren die körperlichen Anforderungen an das Seelenleben. (...) Nach langem Zögern und Schwanken haben wir uns entschlossen, nur zwei Grundtriebe anzunehmen, den *Eros* und den *Destruktionstrieb*.

Das Ziel des ersten ist, immer größere Einheiten herzustellen und so zu erhalten, also Bindung, das Ziel des anderen im Gegenteil, Zusammenhänge aufzulösen und so die Dinge zu zerstören. Wir heißen ihn darum auch *Todestrieb*.

Sigmund Freud: Abriss der Psychoanalyse. In: Roland Henke u. a.: Zugänge zur Philosophie. S. 156 – 58

Fragen:

1. Beschreiben Sie, wie Freud den Aufbau der Persönlichkeit bestimmt.
   – Wie sind die einzelnen Teile definiert?
   – Wann haben sie sich entwickelt?
   – Welche Funktionen haben sie?
   – Wie ist ihr Verhältnis untereinander?
2. Welche Funktion hat das *Es* für das ganze Individuum?

14. 2. Sigmund Freud

Freud selbst verstand sich in erster Linie als Arzt und Naturforscher. Nach anfänglichen gehirnanatomischen[1] Studien arbeitete er zusammen mit Breuer[2] an der Erforschung der Hysterie. Dann begann er sich systematisch – theoretisch und praktisch – mit den seelischen Erkrankungen zu beschäftigen, die zwar nicht immer ohne begleitende körperliche Symptome, wohl aber ohne erkennbare körperliche Ursachen sind. Für ihre Behandlung entwickelte er eine neue Psychotherapie, die Psychoanalyse. (...) Mit Hilfe einer Technik des Erinnerns setzt der Arzt im Patienten Assoziationen von Vorstellungen frei, gibt diesen eine für den Kranken lebensgeschichtliche Bedeutung, die diesem die Herkunft seiner krankhaften Symptome bewusst macht und ihn durch dieses geweckte Bewusstsein allmählich von seinen Verhaltensstörungen heilt. Ziel dieser psychoanalytischen Behandlung ist es, den Kranken mit seiner ihm entfremdeten Lebensgeschichte zu versöhnen, sein Ich auf diese Weise zu stärken und ihn so wieder zur Bewältigung alltäglicher Lebensprobleme tauglich zu machen. Diese psychoanalytische Interpretation der Äußerungen des Patienten schafft einen neuen Text, in dem der Kranke eine neue sinnvolle Textur[3] seiner Lebensgeschichte erkennen kann. In Verbindung mit dieser therapeutischen Praxis hat Freud seine neuen Forschungshypothesen über die menschliche Psyche entworfen. Unser Triebleben ist in den Anfängen des Lebens amorph[4] und anarchisch. Wie jeder spezifische Trieb, so formt sich auch die Sexualität erst allmählich, zusammen mit der wachsenden Fähigkeit, zwischen dem eigenen Selbst und der Außenwelt zu unterscheiden. Dieser

---

① Forschungen zum Aufbau des Gehirns

② Breuer, Joseph (1842 – 1925): Nervenarzt, gab zusammen mit Freud die bahnbrechende *„Studien über Hysterie"* (1895) heraus.

③ Zusammenfügung, Anordnung

④ formlos, ohne feste Gestalt

Reife- und Bildungsprozeß geht oft nicht ohne seelische Verletzungen vor sich. Nicht alle Triebregungen lassen sich befriedigen, auch nicht auf Umwegen. Die Flucht in die Krankheit bietet sich so häufig als die äußerste Möglichkeit zur Bewältigung eines Triebkonfliktes. Freud fand seine Hypothesen durch die Analyse der Träume seiner Patienten bestätigt. Immer zeigten sich in den manifesten Trauminhalten latente Traumgedanken, die unerfüllte Wünsche repräsentierten. Die Traumdeutung wurde so zum Paradigma① psychoanalytischer Methodik. Hand in Hand mit der Entdeckung der verschiedenen „Triebschicksale" ging die Entdeckung des Unbewussten als einer eigenmächtigen Instanz gegenüber dem Bewusstsein. Vor allem am Triebschicksal „Verdrängung" konnte man die Eigendynamik des Unbewussten studieren. Für Freud war die Verdrängung nicht so sehr ein unbewusst-absichtliches Vergessen, eher eine seelische Hemmung, sich der inneren Triebkonflikte bewusst zu werden. In ihr sah er eine maßgebliche Quelle der seelischen Erkrankung, der Stagnation und des Rückschrittes der personalen Entwicklung. Sie war ihm die negative Kehrseite der Sublimierung, jenes gelingenden Triebverzichtes, dem sich die höheren menschlichen Kulturleistungen verdanken. Freud hat diesen Zusammenhang zwischen Regression und Sublimierung, zwischen seelischer Krankheit und schöpferischer Wertsetzung von immer neuen Seiten beleuchtet. Diese Studien gehören gleichermaßen in den Bereich der Psychopathologie, der Kulturanthropologie und der Philosophie.

R. Wiehl: Geschichte der Philosophie. 20. Jahrhundert. S. 74 – 75

Fachbegriffe der Psychoanalyse

die *Psychoanalyse* (Z. 6):

die *Assoziation/en* (Z. 7):

die *Verhaltensstörung* (Z. 10):

die *entfremdete Lebensgeschichte* (Z. 11/12):

---

① Musterbeispiel

die *Psyche* (Z. 17):

der *Trieb*, das *Triebleben* (Z. 17/18):

der *Triebkonflikt* (Z. 24):

das *Triebschicksal* (Z. 28):

das *Unbewusste* (Z. 28):

die *Verdrängung* (Z. 30):

die *Sublimierung* (Z. 35):

die *Regression* (Z. 36):

Aufgaben:

1. Klären Sie zuerst mit Hilfe des Textes und, falls notwendig, mit Wörterbüchern die oben genannten Fachbegriffe.
2. Für welche Krankheiten suchte Freud eine Erklärung?
3. Was ist die Aufgabe und das Ziel der *Psychoanalyse*? Welcher Technik bedient sie sich?
4. Beschreiben Sie die von Freud entwickelte Theorie der menschlichen *Psyche*.
5. Wozu benutzt Freud die *Traumdeutung*?
6. Erläutern Sie die Rolle der *Verdrängung* im Vergleich zur *Sublimierung*.

Arbeitsvorschlag:

Sie finden nachfolgend drei Texte über die Traumdeutung. Teilen Sie sich in drei Gruppen ein und übernehmen Sie jeweils einen Text. Bereiten Sie den Text so gut vor, dass Sie ihn den anderen ohne die Textvorlage referieren können. Lösen Sie sich so weit wie möglich vom Text.
Bilden Sie nun Gruppen, so dass jede Gruppe aus drei Personen mit jeweils verschiedenen Texten besteht. Tragen Sie sich gegenseitig Ihre Texte frei vor und diskutieren Sie über die Gemeinsamkeiten und die Unterschiede.

14. 3. Der Königsweg zum Unbewussten

Die Traumdeutung

Der Autor der *Traumdeutung*, der sich schon seit längerem für seine eigenen Träume wie für die seiner Patienten interessiert hatte, betrachtete die Arbeit an dem Buch „als ein Stück meiner Selbstanalyse, als meine Reaktion auf den Tod meines Vaters, also auf das bedeutsamste Ereignis, den einschneidendsten Verlust im Leben eines Mannes". Nimmt man diese Äußerung ernst, so läßt sie zwei Dinge, die für die Psychoanalyse von zentraler Bedeutung sind, sichtbar werden. (...)

Zum einen gibt Freud, der in seiner neurologischen Praxis täglich Patienten sah, mit dem Hinweis auf seine Selbstanalyse zu verstehen, dass er, der Arzt, seinerseits in der Position des Kranken ist, d. h. in der Position dessen, der der Heilung bedarf. Freud identifiziert sich also nicht mit der klassischen Rolle des (gesunden) Arztes, der seelisch kranke Individuen behandelt und somit eine Kluft zwischen sich und die anderen legt; vielmehr indiziert① die eingestandene Selbstanalyse, die mit der Arbeit an der *Traumdeutung* verbunden ist, die erkannte Notwendigkeit der Selbstheilung des Arztes. Diese therapeutische Wende, die Arzt und Patient aus dem traditionellen Macht- und Abhängigkeitsgefüge – der Arzt ist der „Wissende", der seinem Wissen gemäß fragt, der Patient der „Unwissende", der zu antworten hat – entlässt und das Verhältnis beider als eines der – idealiter② – kommunikativen Symmetrie definiert, darf als einer der Eckpfeiler der Psychoanalyse gelten, der sie von der naturwissenschaftlich orientierten Medizin bis heute unterscheidet. Die Macht liegt nicht länger auf seiten des Arztes, des „Wissenden", der den Patienten dazu auffordert, seine neurotischen Symptome zu schildern, um diese sodann zu klassifizieren; die ärztliche Macht erleidet vielmehr in dem Maße Dispens, wie der Arzt sich selber – und gleichsam je nachdem – als „normal" oder „neurotisch", „gesund" oder „krank" erlebt und die Einfälle und Assoziationen des Patienten verstehend aufnimmt, ohne sie im Sinne wissenschaftlicher Hypothesenvalidierung③ auf ein imaginäres Schema von Gesundheit

① anzeigen, verdeutlichen
② im Idealfall
③ den wissenschaftlichen Wert einer Grundannahme bestimmen und damit verbindlich machen

und Krankheit abzubilden.

Wenn Freud zu Beginn der *Traumdeutung* von seiner Selbstanalyse – und das heißt: Selbstheilung – spricht, so bedeutet das im Hinblick auf das Verfahren der Psychoanalyse, daß „ an die Stelle der Schilderung der Symptome und der Einklassifizierung des Verhaltens in Rubriken der Medizin (...) jetzt die Schilderung der unmittelbaren Lebenssituation des Patienten (tritt). Was dieser frei ausdrückte“ – ohne Vorgaben und Imperative des Arztes –, „war nicht länger ausgerichtet auf die im Kopfe des Arztes verborgenen Krankheitsschemata, vorab zugerichtet und fragmentiert① zur Einfütterung in den ärztlichen Wahrnehmungsapparat, sondern wahrte den selbsterfahrenen Zusammenhang des Erlebens “. Die Psychoanalyse, mit anderen Worten, errichtet ein völlig neues Paradigma der Arzt-Patient-Beziehung. (...)

Freuds *Traumdeutung*, die Lehre vom unbewussten Seelenleben, das „ hinter dem offiziellen Bewusstsein “ als verdrängtes existiert, macht ernst mit der Einsicht, dass noch die unglaubwürdigsten Geständnisse und Phantasien der Individuen auf der Couch keine Zufallsproduktionen, sondern unbewusst determiniert② seien; dass noch in den bizarrsten, verrücktesten und unverständlichsten Träumen ein Sinn sich verberge, den man mittels einer bestimmten Technik, eben der Kunst der Traumdeutung, enthüllen könne, „ dass bei Anwendung dieses Verfahrens jeder Traum sich als ein sinnvolles psychisches Gebilde herausstellt “; schließlich, dass zwischen den phantastischen Hervorbringungen von seelisch gesunden und seelisch kranken Individuen nur ein gradueller Unterschied bestehe. Wenn am Anfang der Psychoanalyse die Analyse der Träume steht, dann kommt das insofern nicht von ungefähr, als der Traum – der die Dichter und Philosophen seit den ältesten Zeiten beschäftigt – ein Mischgebilde darstellt, „eine Art von normalem ‚ pathologischem ‘ Phänomen “, das dem Gesunden ebenso vertraut bzw. unvertraut ist wie dem Neurotiker. Wie die Traumanalyse den kulturellen Raum der Psychiatrie, welche seelische Krankheit und Gesundheit säuberlich scheidet, transzendiert③ und psychische Pathologien④ in den kulturellen Raum der „Normalität“ hineinreißt, so überschreitet die Psychoanalyse insgesamt die Grenzlinie zwischen

① bruchstückhaft verkleinert, zerteilt
② bestimmt, festgelegt
③ hier hinausgehen, überschreiten
④ krankhaftes Verhalten, Krankheiten

„normal" und „anormal". Wo Arzt und Patient sich nicht mehr in der klassischen Subjekt-Objekt-Relation gegenüberstehen, sondern beide interagierende① Teilnehmer einer „Szene" sind, wird der Gegensatz zwischen Gesundheit und Krankheit, Normalität und Abweichung tendenziell hinfällig. Das Interesse an der Psychoanalyse, die ja von Anfang an gerade auch die Nicht-Ärzte, die Laien in ihren Bann zog, aber auch das von der Psychoanalyse ausgehende Beunruhigungspotential rühren daher, dass sie den Raum des Pathologischen② – oder umgekehrt: den Raum des Nichtpathologischen – enorm erweitert hat. Deshalb darf gesagt werden, die Psychoanalyse sei in erster Linie nicht eine Krankheitslehre (und ein therapeutisches Verfahren zur Heilung von Krankheiten), sondern die umfassende Theorie vergangener und gegenwärtiger Kultur sowie die Lehre von den individuell und kollektiv internalisierten③ Opfern, die die Kultur als Preis ihres Erhalts den Individuen abfordert.

Freuds Annahme, dass in den Träumen ein „Sinn" eingekapselt④ sei, ist keineswegs neu, sie steht vielmehr in einer ehrwürdigen Tradition. Bereits der romantische Dichter Novalis hatte bemerkt, Träume enthielten mehr als nur Ströme zusammenhanglosen Unsinns. Auch andere Schriftsteller und Gelehrte schon vor Novalis hatten auf die eigentümliche „Logik" des Traums hingewiesen. Insofern griff Freud ein Thema auf, das auf eine lange Vorgeschichte zurückblicken konnte.

Hans-Martin Lohmann: Freud zur Einführung. S. 15 – 20

Fragen:

1. Woher stammen Freuds Erkenntnisse über die *Traumdeutung*?
2. Beschreiben Sie das neue Verhältnis zwischen *Arzt* und *Patient* in der *Psychoanalyse*. Warum ist dies so wichtig?
3. Was kritisiert Freud an der traditionellen *Arzt-Patient-Beziehung*?
4. „... *Lehre vom unbewussten Seelenleben, das ‚hinter dem offiziellen Bewusstsein' als verdrängtes existiert* ...". (Z. 40/41) Erklären Sie die Bedeutung dieses Satzes.
5. Welche Bedeutung haben Träume für die *Psychoanalyse*?
6. Welches Bild der Kranken hat die *Psychoanalyse*?

---

① miteinander aktiv kommunizierende
② Krankhaften
③ verinnerlichten
④ eingeschlossen

7. Welches Bild von *Normalität* und *Anormalität* wird entworfen?
8. Geben Sie die am Ende beschriebene Definition der *Psychoanalyse* in eigenen Worten wieder und erläutern Sie sie.
9. Fassen Sie den Text unter besonderer Berücksichtigung der oben genannten Fragen für Ihre Gruppe zusammen.

14.4. Erläuterung der Traumdeutung

Den Weg zum Verständnis („Deutung“) des Traumes beschreiten wir, indem wir annehmen, dass das, was wir als Traum nach dem Erwachen erinnern, nicht der wirkliche Traumvorgang ist, sondern nur eine Fassade, hinter welcher sich dieser verbirgt. Dies ist unsere Unterscheidung eines *manifesten* Trauminhaltes und der *latenten* Traumgedanken. Den Vorgang, der aus den letzteren den ersteren hervorgehen ließ, heißen wir die *Traumarbeit*. Das Studium der Traumarbeit lehrt uns an einem ausgezeichneten Beispiel, wie unbewusstes Material aus dem Es, ursprüngliches und verdrängtes sich dem Ich aufdrängt, vorbewusst wird und durch das Sträuben des Ichs jene Veränderungen erfährt, die wir als die *Traumentstellung* kennen. Es gibt keinen Charakter des Traumes, der nicht auf diese Weise seine Aufklärung fände.

Wir beginnen am besten mit der Feststellung, dass es zweierlei Anlässe zur Traumbildung gibt. Entweder hat während des Schlafes eine sonst unterdrückte Triebregung (ein unbewusster Wunsch) die Stärke gefunden, sich im Ich geltend zu machen, oder es hat eine vom Wachleben erübrigte Strebung①, ein vorbewusster Gedankengang mit allen ihm anhängenden Konfliktregungen im Schlaf eine Verstärkung durch ein unbewusstes Element gefunden. Also Träume vom Es her oder vom Ich her. Der Mechanismus der Traumbildung ist für beide Fälle der gleiche, auch die dynamische Bedingung ist dieselbe. Das Ich beweist eine spätere Entdeckung aus dem Es dadurch, dass es zeitweise seine Funktionen einstellt und die Rückkehr zu einem früheren Zustand gestattet. Dies geschieht korrekterweise, indem es seine Beziehungen mit der Außenwelt abbricht, seine Besetzungen von den Sinnesorganen zurückzieht. Man kann mit Recht sagen, mit der Geburt ist ein Trieb entstanden, zum aufgegebenen Intrauterinleben② zurückzukehren, ein Schlaftrieb. Der Schlaf ist eine solche Rückkehr

① Wunsch
② in der Gebärmutter, vor der Geburt

in den Mutterleib. Da das wache Ich die Motilität[1] beherrscht, wird diese Funktion im Schlafzustand gelähmt, und damit wird ein guter Teil der Hemmungen, die dem unbewussten Es auferlegt waren, überflüssig. Die Einziehung oder Herabsetzung dieser „Gegenbesetzungen" erlaubt nun dem Es ein jetzt unschädliches Maß von Freiheit. Die Beweise für den Anteil des Unbewussten Es an der Traumbildung sind reichlich und von zwingender Natur.

a) Das Traumgedächtnis ist weit umfassender als das Gedächtnis im Wachzustand. Der Traum bringt Erinnerungen, die der Träumer vergessen hat, die ihm im Wachen unzugänglich waren.
b) Der Traum macht einen uneingeschränkten Gebrauch von sprachlichen Symbolen, deren Bedeutung der Träumer meist nicht kennt. Wir können aber ihren Sinn durch unsere Erfahrung bestätigen. Sie stammen wahrscheinlich aus früheren Phasen der Sprachentwicklung.
c) Das Traumgedächtnis reproduziert sehr häufig Eindrücke aus der frühen Kindheit des Träumers, von denen wir mit Bestimmtheit behaupten können, nicht nur, dass sie vergessen, sondern dass sie durch Verdrängung unbewusst geworden waren. Darauf beruht die meist unentbehrliche Hilfe des Traumes bei der Rekonstruktion der Frühzeit des Träumers, die wir in der analytischen Behandlung der Neurosen versuchen.
d) Darüber hinaus bringt der Traum Inhalte zum Vorschein, die weder aus dem reifen Leben noch aus der vergessenen Kindheit des Träumers stammen können. Wir sind genötigt, sie als Teil der *archaischen* Erbschaft anzusehen, die das Kind, durch das Erleben der Ahnen beeinflusst, vor jeder eigenen Erfahrung mit sich auf die Welt bringt. Die Gegenstücke zu diesem phylogenetischen[2] Material finden wir dann in den ältesten Sagen der Menschheit und in ihren überlebenden Gebräuchen. Der Traum wird so eine nicht zu verachtende Quelle der menschlichen Vorgeschichte.

Was aber den Traum so unschätzbar für unsere Einsicht macht, ist der Umstand, dass das unbewusste Material, wenn es ins Ich eindringt, seine Arbeitsweisen mit sich bringt. Was will sagen, die vorbewussten Gedanken, in denen es seinen Ausdruck

① Bewegungsvermögen
② stammesgeschichtlich

gefunden hat, werden im Laufe der Traumarbeit so behandelt, als ob sie unbewusst Anteile des Es wären, und im anderen Falle der Traumbildung werden die vorbewussten Gedanken, die sich die Verstärkung der unbewussten Triebregung geholt haben, zum unbewussten Zustand erniedrigt. Erst auf diesem Wege erfahren wir, welches die Gesetze des Ablaufes im Unbewussten sind und wodurch sie sich von den uns bekannten Regeln im Wachdenken unterscheiden. Die Traumarbeit ist also im wesentlichen ein Fall von unbewusster Bearbeitung vorbewusster Gedankenvorgänge. Um ein Gleichnis aus der Historie heranzuziehen: Die einbrechenden Eroberer behandeln das eroberte Land nicht nach dem Recht, das sie darin vorfinden, sondern nach ihrem eigenen. Es ist aber unverkennbar, dass das Ergebnis der Traumarbeit ein Kompromiss ist. In der dem unbewussten Stoff aufgenötigten Entstellung und in den oft sehr unzugänglichen Versuchen, dem Ganzen eine dem Ich noch annehmbare Form zu geben (sekundäre Bearbeitung), ist der Einfluss der noch nicht gelähmten Ichorganisation zu erkennen. Das ist, im Gleichnis, der Ausdruck des anhaltenden Widerstandes der Unterworfenen.

Die Gesetze des Ablaufes im Unbewussten, die auf solche Art zum Vorschein kommen, sind sonderbar genug und ausreichend, das meiste, was uns am Traum fremdartig ist, zu erklären. Da ist vor allem eine auffällige Tendenz zur *Verdichtung*, eine Neigung, neue Einheiten zu bilden aus Elementen, die wir im Nachdenken gewiss auseinander gehalten hätten. Demzufolge vertritt oft ein einziges Element des manifesten Traumes eine ganze Anzahl von latenten Traumgedanken, als wäre es eine allen gemeinsame Anspielung; überhaupt ist der Umfang des manifesten Traumes außerordentlich verkürzt im Vergleich zu dem reichen Stoff, aus dem er hervorgegangen ist. Eine andere, von der früheren nicht ganz unabhängige Eigentümlichkeit der Traumarbeit ist die Leichtigkeit der *Verschiebung* psychischer Intensitäten (Besetzungen) von einem Element auf ein anderes, so dass oft im manifesten Traum ein Element als das deutlichste und dementsprechend wichtigste erscheint, das in den Traumgedanken nebensächlich war, und umgekehrt wesentliche Elemente der Traumgedanken im manifesten Traum nur durch geringfügige Andeutungen vertreten werden. Außerdem genügen der Traumarbeit meist recht unscheinbare Gemeinsamkeiten, um ein Element für alle weiteren Operationen durch ein anderes zu ersetzen. Man begreift leicht, wie sehr durch diese Mechanismen der Verdichtung und Verschiebung die Deutung des Traumes und die Aufdeckung der Beziehungen zwischen manifestem Traum und latenten Traumgedanken erschwert werden kann. (...)

Durch das Studium der Traumarbeit haben wir noch viele andere, ebenso merkwürdige wie wichtige Besonderheiten der Vorgänge im Unbewussten kennen gelernt, von denen nur wenige hier erwähnt werden sollen. Die entscheidenden Regeln der Logik haben im Unbewussten keine Geltung, man kann sagen, es ist das Reich der Unlogik. Strebungen mit entgegengesetzten Zielen bestehen im Unbewussten nebeneinander, ohne dass ein Bedürfnis nach deren Abgleichung sich regte. Entweder sie beeinflussen einander überhaupt nicht, oder wenn, so kommt keine Entscheidung, sondern ein Kompromiss zustande, das unsinnig wird, weil es miteinander unverträgliche Einzelheiten einschließt. Dem steht nahe, dass Gegensätze nicht auseinander gehalten, sondern wie identisch behandelt werden, so dass im manifesten Traum jedes Element auch sein Gegenteil bedeuten kann. (...)

Angesichts der Komplikation und der Vieldeutigkeit der Beziehungen zwischen manifestem Traum und dahinter liegendem latenten Inhalt ist man natürlich berechtigt zu fragen, auf welchem Weg man überhaupt dazu kommt, aus dem einen das andere abzuleiten, und ob man dabei allein auf ein glückliches Erraten, etwa unterstützt durch die Übersetzung der im manifesten Traum erscheinenden Symbole, angewiesen ist. Man darf die Auskunft geben, diese Aufgabe ist in den allermeisten Fällen in befriedigender Weise lösbar, aber nur mit Hilfe der Assoziationen, die der Träumer selbst zu den Elementen des manifesten Inhaltes liefert. Jedes andere Verfahren ist willkürlich und ergibt keine Sicherheit. Die Assoziationen des Träumers aber bringen die Mittelglieder zum Vorschein, die wir in die Lücke zwischen beiden einfügen und mit deren Hilfe wir den latenten Inhalt des Traumes wiederherstellen, den Traum „deuten" können. Es ist nicht zu verwundern, wenn diese der Traumarbeit entgegengesetzte Deutungsarbeit gelegentlich nicht die volle Sicherheit erzielt.

Es erübrigt, uns noch die dynamische Aufklärung zu geben, warum das schlafende Ich überhaupt die Aufgabe der Traumarbeit auf sich nimmt. Sie ist zum Glück leicht zu finden. Jeder in Bildung begriffene Traum erhebt mit Hilfe des Unbewussten einen Anspruch an das Ich auf Befriedigung eines Triebes, wenn er vom Es – auf Lösung eines Konfliktes, Aufhebung eines Zweifels, Herstellung eines Vorsatzes, wenn er von einem Rest der vorbewussten Tätigkeit im Wachleben ausgeht. Das schlafende Ich ist aber auf den Wunsch, den Schlaf festzuhalten, eingestellt, empfindet diesen Anspruch als eine

Störung und sucht diese Störung zu beseitigen. Dies gelingt dem Ich durch einen Akt scheinbarer Nachgiebigkeit, indem es dem Anspruch eine unter diesen Umständen harmlose *Wunscherfüllung* entgegensetzt und ihn so aufhebt. Diese Ersetzung des Anspruches durch Wunscherfüllung bleibt die wesentliche Leistung der Traumarbeit. Vielleicht ist es nicht überflüssig, dies an drei einfachen Beispielen zu erläutern, einem Hungertraum, einem Bequemlichkeitstraum und einem vom sexuellen Bedürfnis eingegebenen. Beim Träumer meldet sich im Schlaf ein Bedürfnis nach Nahrung, er träumt von einer herrlichen Mahlzeit und schläft weiter. Er hatte natürlich die Wahl, aufzuwachen, um zu essen, oder den Schlaf fortzusetzen. Er hat sich für letzteres entschieden und den Hunger durch den Traum befriedigt. Wenigstens für eine Weile; hält der Hunger an, so wird er doch erwachen müssen. Der andere Fall: der Schläfer soll erwachen, um zu bestimmter Zeit auf der Klinik zu sein. Er schläft aber weiter und träumt, dass er sich schon auf der Klinik befindet, als Patient allerdings, der sein Bett nicht zu verlassen braucht. Oder nächtlicherweise regt sich die Sehnsucht nach dem Genuss eines verbotenen Sexualobjekts, der Frau eines Freundes. Er träumt vom Sexualverkehr, freilich nicht mit dieser Person, aber doch einer anderen, die denselben Namen trägt, wenngleich sie selbst ihm gleichgültig ist. Oder sein Sträuben äußert sich darin, daß die Geliebte überhaupt anonym bleibt.

Natürlich liegen nicht alle Fälle so einfach; besonders in den Träumen, die von unerledigten Tagesresten ausgehen und sich im Schlafzustand nur eine unbewusste Verstärkung geholt haben, ist es oft nicht leicht, die unbewusste Triebkraft aufzudecken und deren Wunscherfüllung nachzuweisen, aber man darf annehmen, daß sie immer vorhanden ist. Der Satz, dass der Traum Wunscherfüllung ist, wird leicht auf Unglauben stoßen, wenn man sich erinnert, wie viele Träume einen direkt peinlichen Inhalt haben oder selbst unter Angst zum Erwachen führen, ganz abgesehen von den so häufigen Träumen ohne bestimmten Gefühlston. Aber der Einwand des Angsttraumes hält der Analyse nicht stand. Man darf nicht vergessen, dass der Traum in allen Fällen das Ergebnis eines Konflikts, eine Art von Kompromissbildung ist. Was für das unbewusste Es eine Befriedigung ist, kann eben darum für das Ich ein Anlass zur Angst sein.

Wie die Traumarbeit vor sich geht, hat sich das eine Mal das Unbewusste besser durchgesetzt, das andere Mal das Ich energischer gewehrt. Die Angstträume sind meist diejenigen, deren Inhalt die geringste Entstellung erfahren hat. Wird der Anspruch des Unbewussten zu groß, so dass das schlafende Ich nicht imstande ist, ihn durch die verfügbaren Mittel abzuwehren, so gibt es den Schlafwunsch auf und kehrt ins wache Leben zurück. Man trägt allen Erfahrungen Rechnung, wenn man sagt, der Traum sei jedesmal ein *Versuch*, die Schlafstörung durch Wunscherfüllung zu beseitigen, er sei also der Hüter des Schlafes. Dieser Versuch kann mehr oder weniger vollkommen gelingen, er kann auch misslingen und dann wacht der Schläfer auf, anscheinend durch eben diesen Traum geweckt. Auch dem braven Nachtwächter, der den Schlaf des Städtchens behüten soll, bleibt ja unter Umständen nichts übrig, als Lärm zu schlagen und die schlafenden Bürger zu wecken.

An den Schluss dieser Erörterungen setzen wir die Mitteilung, die unser langes Verweilen beim Problem der Traumdeutung rechtfertigen wird. Es hat sich ergeben, dass die unbewussten Mechanismen, die wir durch das Studium der Traumarbeit erkannt haben und die uns die Traumbildung erklärten, dass dieselben Mechanismen uns auch zum Verständnis der rätselhaften Symptombildungen verhelfen, durch die Neurosen und Psychosen unser Interesse herausfordern. Eine solche Übereinstimmung muss große Hoffnungen bei uns erwecken.

Sigmund Freud: Abriss der Psychoanalyse. S. 24 – 30

Fragen:

1. Erklären Sie den Unterschied zwischen *manifesten Trauminhalten* und dem *latenten Traumgedanken.*
2. Wann ist das Träumen möglich?
3. Warum ist das *Es* während des Schlafens so stark?
4. Welche Merkmale haben Träume?
5. Erläutern Sie folgende Phänomene: *Verdichtung, Verschiebung, Unlogik.*
6. Mit welchen Mitteln kann man die *Traumaussage* deuten?
7. Was sind die Gründe für das Träumen?

14.5. Der Traum als Zugangsweg zum Unbewussten

In der *Traumdeutung* betont Freud, daß der Traum äußerlich und innerlich mit der Psychose verwandt ist. Andererseits ist der Traum mit Gesundheit im wachen Zustand völlig vereinbar. Der Traum kann im Prinzip wie ein „Symptom" behandelt werden, aber worauf weist das Symptom hin? Freud zeigt, dass Kinder immer von Wünschen träumen, die am Vortag geweckt, aber nicht befriedigt wurden. Der Traum stellt damit eine Wunscherfüllung dar. Die Träume der Erwachsenen enthalten ebenfalls einen Rest des Traumtages, sind aber durchwegs komplizierter. Oft sind sie unverständlich und scheinen von jeder Wunscherfüllung oft denkbar weit entfernt (Angstträume und Alpträume). Nach Freud sind solche Träume zum Gegenstand der Verdrängung geworden. Wenn ein Traum mit Angst verbunden ist, hängt das damit zusammen, dass er darauf zielt, verdrängte und verbotene Wünsche, die das Ich nicht akzeptiert, zu erfüllen.

Um einen Traum zu verstehen, müssen wir zwischen *manifestem Trauminhalt* und *latenten Traumgedanken* unterscheiden. Der manifeste Trauminhalt ist das, woran wir uns beim Aufwachen mehr oder weniger deutlich erinnern können. Die latenten Traumgedanken befinden sich auf der Ebene des Unbewussten, sind auf „einem anderen Schauplatz". Der manifeste Inhalt des Traumes ist der entstellte Ersatz für die unbewussten Traumgedanken. Die Entstellung ist auf psychische Abwehrmechanismen zurückzuführen. Im wachen Zustand blockieren diese Mechanismen die unbewussten und verdrängten Wünsche, lassen sie nicht ins Bewusstsein dringen. Während des Schlafes können sie nur in verkleidetem Zustand erscheinen. Folglich ist der Träumende ebensowenig imstande, den Sinn des Traumes zu verstehen, wie der Neurotiker den Sinn seiner eigenen Symptome.

Der Traum, so wie wir uns daran erinnern („manifester Trauminhalt"), ist also eine *verkleidete* Erfüllung *verdrängter* Wünsche. Den Prozess, der die unbewussten Traumgedanken entstellt hat, nennt Freud „Traumarbeit". (...) In der Traumarbeit wird mit Verdichtung, Verschiebung, Dramatisierung und Symbolisierung gearbeitet. Dazu kommt die sekundäre Traumarbeit. Das Unbewusste bedient sich also „künstlerischer" Mittel. Im Traum sind wir alle Künstler.

Die Verdichtung besteht beispielsweise darin, dass ein Phänomen des manifesten Traums mehrere unterschiedliche Wünsche beinhalten kann. Die Verschiebung ist ein Prozess, bei dem ein für uns wichtiges Ereignis oder eine für uns wichtige Person im Traum als unbedeutende Erinnerung oder als Person, die wir nicht kennen, zum

Ausdruck kommt. Etwas Ähnliches kann geschehen, wenn ein Traum völlig trivialen Inhalts mit Angst oder starken Gefühlen verbunden wird. Hier haben Verdichtung und Verschiebung gewirkt, und die Analyse muss die „freie Assoziation" benutzen, um zum unbewussten Trauminhalt vorzustoßen.

Ebenso ist die Symbolisierung eine Variante der Entstellung. Das männliche Geschlechtsorgan kann zum Beispiel ersetzt werden durch Gegenstände ähnlicher Form wie Stöcke, Regenschirme, Messer und Revolver. Das weibliche Geschlechtsorgan wird symbolisch von Hohlräume umschließenden und sich öffnenden Gegenständen dargestellt (Höhlen, Grotten, Etuis, Zimmer, Häuser usw.). Die sekundäre Traumarbeit führt unseren Versuch, den Traum in Worten auszudrücken, auf eine Weise zu Ende, die den Anspruch auf einen logischen Zusammenhang befriedigt, und fügt damit ein weiteres Element der Entstellung hinzu. Weil mehrere sinngebende Impulse im manifesten Inhalt zusammenkommen, nennt ihn Freud überdeterminiert①.

Freud behauptet weiterhin, dass der latente Inhalt *zensiert* wird. Etwas vereinfacht können wir sagen, dass verdrängte und verbotene Wünsche an einer Zensurinstanz vorbei müssen, ehe sie im Bewusstsein auftauchen können. Die Traumarbeit wandelt die latenten Traumgedanken um in einen manifesten Inhalt, um auf diese Weise die Zensur zu vermeiden und zu umgehen. Im Traum, an den wir uns erinnern können, ist also eine geheime, verschlüsselte Botschaft enthalten. Wir können den manifesten Traum als ein Bilderrätsel ansehen, das gelöst werden muss. Erst wenn der Analytiker den Code kennt, bekommt der Traum einen neuen Sinn. Und worin besteht dieser geheimnisvolle Sinn? Die Träume der Erwachsenen drehen sich Freud zufolge meist um sexuelle Inhalte; solche Träume sind Ausdruck erotischer Wünsche. (...)

Wir fassen Freuds Errungenschaften der *Traumdeutung* in fünf Punkten zusammen:

1. Der Unterschied von latenten Traumgedanken und manifestem Trauminhalt ist wichtig, um den Sinn des Traumes zu verstehen.
2. Der manifeste Inhalt ist eine Entstellung der latenten Traumgedanken, das heißt das Werk der Traumarbeit.

---

① determinieren: bestimmen, abgrenzen; überdeterminiert: mehrfach bestimmt

3. Freud benutzt zur Analyse des Traums die „freie Assoziation", ein Mittel, das auch in der Psychotherapie verwendet werden kann.
4. Freuds Beschäftigung mit der Traumdeutung enthält den Keim eines allgemeinen psychologischen Modells der menschlichen Psyche.
5. Der Versuch, den Traum zu dechiffrieren[①], vermittelt Freud die Einsicht, dass das Unbewusste gleichsam mit „grammatikalischen" Regeln arbeitet oder wie eine „Sprache" strukturiert ist (vgl. den Traum als Bilderrätsel).

Gunnar Skirbekk, Nils Gilje: Geschichte der Philosophie. Band 2, S. 737 – 740

Fragen:

1. Was ist die Ursache von *Angstträumen*?
2. Welche Verbindung besteht zwischen *manifestem Trauminhalt* und *latenten Traumgedanken*?
3. Was versteht Freud unter *Traumarbeit*?
4. Erläutern Sie die Prozesse der *Verdichtung, Verschiebung* und *Symbolisierung*.
5. Warum werden *Traumbotschaften* verschlüsselt?
6. Wer ist die *Zensurinstanz* und wie kann man Träume entschlüsseln?
7. Fassen Sie den Text unter besonderer Berücksichtigung der oben genannten Fragen für Ihre Gruppe zusammen.

Schlussaufgabe:

1. Füllen Sie die Tabelle *Grundfragen der Philosophie* für Sigmund Freud aus.
2. Vergleichen Sie das Menschenbild von Marx und Freud.

---

① entschlüsseln

15. Jean-Paul Sartre

Der *Existentialismus* ist eine der wichtigsten philosophischen Schulen des 20. Jahrunderts, in der der Mensch wieder mit seiner *Freiheit* und *Verantwortung* konfrontiert wird. Diese kann er weder an eine Religion noch an eine weltliche Autorität abgeben. Der Mensch, der sich erst noch definieren muss, wird „*in die Welt geworfen*" und muss sich in ihr ohne Gott zurechtfinden. Die Erfahrungen des 2. Weltkriegs spielen hier eine Rolle. Versuchte 1961 Adolf Eichmann, sich in seinem Prozess, in dem er sich für die Deportation der deutschen Juden in Vernichtungslager verantworten musste, mit der Ausrede herauszureden, er habe nur seine „Pflicht" getan, ist dies für Existentialisten völlig inakzeptabel. Nur wir selber tragen die *Verantwortung* für uns und unsere Taten. Jean-Paul Sartre (1905 – 1980) schreibt: „Ich bin meine freie Wahl. Der Mensch ist das, was er aus sich macht. " Sartre war ein politischer Mensch. Er war Mitglied der Kommunistischen Partei, aus der er aber später austrat. 1964 hat er den Literaturnobelpreis abgelehnt.

Zum Schluss dieses Buches bieten wir Ihnen eine Einführung in den Existentialismus und stellen Ihnen danach einen Grundtext aus dem Werk von Jean-Paul Sartre vor.

15.1. Existenz als Thema: Jean-Paul Sartre

Jean-Paul Sartre (1905 – 1980) gehört ganz in das intellektuelle, politische Klima von Paris: er lebte, um zu schreiben, um schreibend zu wirken. Seine Breitenwirkung ist das Ergebnis seiner vielfältigen Aktivitäten – als philosophischer Autor; als Schriftsteller mit Romanen und erfolgreichen Theaterstücken; als Journalist und Herausgeber der wichtigen philosophischen Zeitschrift *Les temps modernes* (ab 1945); durch die offengelegte, freie Beziehung mit seiner Gefährtin Simone de Beauvoir; als Literaturkritiker, Essayist und nicht zuletzt auch durch spektakuläre politische Aktionen. In der sartreschen Form, als „Existentialismus", wurde der existenzphilosophische① Ansatz zum europäischen Ereignis, in den Nachkriegsjahren sogar eine zeitlang zur Lebensform und Mode, zum Schrecken der braven Franzosen und ihres Klerus, der

① existentialistisch

seine Schriften 1948 auf den *Index librorum prohibitorum*① setzen ließ.

Sartres philosophisches Hauptwerk heißt *Das Sein und das Nichts* (1943); es ist das Grundbuch der spezifisch französischen Form des Existentialismus. Es ist stark von Heideggers *Sein und Zeit* beeinflusst, aber auch „dialektisiert" von Hegel her. (...)

Greifen wir einige Begriffe heraus, die für den Existentialismus besonders wichtig geworden sind: Freiheit, Entwurf, Situation und Verantwortung. Sie werden im letzten Teil des Werkes ausgeführt, wo Sartre über Haben, Machen und Sein als Grundkategorien der menschlichen Wirklichkeit schreibt.

„Die erste Bedingung der Tätigkeit ist die Freiheit", heißt es gleich am Anfang des Abschnitts. Das intensive Bewusstsein der menschlichen Freiheit ist Sartres eigenster Beitrag, ist Grundlage und spezifische Färbung des französischen Existentialismus. Freiheit nicht nur als Voraussetzung des Handelns, sondern des eigenen Seins selbst. „Personsein" heißt sich ständig überschreiten, sich ständig wählen, sich auf der Basis eines grundlegenden Entwurfs ständig neu zu entwerfen: „Das freie Sichentwerfen ist grundlegend, denn es ist mein Sein. (...) der grundlegende Entwurf, der ich bin, ist ein Entwurf, der nicht meine Zusammenhänge mit diesem oder jenem besonderen Gegenstand der Welt betrifft, sondern mein In-der-Welt-Sein als Ganzheit (...). Ich erwähle mich fortwährend (...) weil wir ganz und gar Wählen und Handeln sind (...)."

Das heißt nicht, dass ich tun und lassen kann, was ich will. Überall treffe ich auf Umstände und Hindernisse, die mich beschränken: meine Familie, mein Geld, die für das Abitur notwendige Punktzahl, das Schicksal meines Volkes usw. Sartre nennt dieses Aufeinanderprallen② „die Situation". Jede Situation ist ein Konflikt zwischen mir und einem Hindernis. Aber Sartre besteht darauf: es gibt kein „objektives" Hindernis. Es liegt immer am Einzelnen selbst, ob er es für überwindbar oder unüberwindbar hält. „Wir fangen an, das Paradoxe der Freiheit zu erkennen: es gibt Freiheit nur in *Situation*, und es gibt Situation nur durch Freiheit." Sartre zeigt das an einem extremen Beispiel. Sicherlich bin ich ohne meinen Willen geboren worden. Was aber meine Geburt/mein

① Liste der verbotenen Bücher
② Zusammentreffen

Leben für mich bedeutet, muss ich jederzeit selbst entscheiden. „So *wähle* ich in gewissen Sinne, geboren zu sein.“

Wenn ich mir meiner Freiheit bewusst bin, übernehme ich auch ganz die Verantwortung für mein Tun. Es gibt keine Entschuldigung mehr – „denn selbst für meinen Wunsch, die Verantwortung zu fliehen, bin ich verantwortlich.“ So zeigt sich die andere Seite der Freiheit. Sie bedeutet zugleich eine ungeheure Last, vor der wir uns gerne in die Unwahrhaftigkeit flüchten. Sartre spitzt das zu in dem berühmten Satz: „Der Mensch ist verurteilt, frei zu sein.“ In seinen Erzählungen und Stücken hat Sartre diese Situation dichterisch gestaltet. Beispielhaft ist der frühe Roman *Der Ekel* (1938). Er erzählt von einem jungen Mann, der die Erfahrung der Grundlosigkeit seiner Existenz macht. In dieser Erfahrung geht ihm zugleich seine Freiheit auf.

Einen guten Einstieg in Sartres Denken bietet der Vortrag *Ist der Existentialismus ein Humanismus?* aus dem Jahre 1946. Sartre geht hier auf einige Vorwürfe ein, die gegen seine Philosophie erhoben worden sind (sie sei eine Lehre der Verzweiflung; es würde nur die schmutzige, klebrige Seite der menschlichen Existenz gesehen; es sei eine individualistische, kleinbürgerliche Philosophie). In der Erwiderung findet sich der berühmte Satz, „dass die Existenz der Essenz vorangeht.“ Man kann ihn als Grundthese des Existentialismus ansehen. „Es bedeutet, dass der Mensch zuerst existiert, sich begegnet, in der Welt auftaucht und sich *danach* definiert“ (d. h., in den Begriffen der Metaphysik, sein Wesen, seine Essenz bestimmt). Es gibt keinen Gott, der irgendwie eine menschliche Natur festgelegt hätte. Für Sartre ist der Existentialismus „nichts anderes als die Bemühung, alle Folgerungen aus einer zusammenhängenden atheistischen Einstellung zu ziehen.“ Es ist für ihn eine durchaus optimistische Lehre.

Man hat oft darauf hingewiesen, dass für Geburt und Gestalt des französischen Existentialismus die Umstände des Zweiten Weltkriegs wichtig waren. Dieser Hinweis, nimmt man ihn nicht als pauschale Erklärung, ist richtig. Die Situation in dem von Deutschen besetzten Frankreich hat von jedem eine persönliche Entscheidung gefordert, ob er sich als Kollaborateur①, als passives Opfer oder als Mitglied der

① Jemand, der mit dem Feind oder der Besatzungsmacht zusammenarbeitet

Résistance, des Widerstands wählen will. Sartre hat nach seiner Gefangenschaft (1941) aktiv in der Widerstandsbewegung mitgearbeitet und diese ständige Entscheidungssituation selbst durchlebt.

Das abstrakt-Zugespitzte des frühen existentialistischen Freiheitsbegriffs hat er später korrigiert. Wichtig ist hierfür einmal seine fortwährende Auseinandersetzung mit dem Marxismus. In der *Kritik der dialektischen Vernunft* (1960) schreibt er, dass die existentialistische Philosophie ihren Ort findet „im Innern der marxistischen Philosophie" – womit natürlich nicht der Stalin-Marxismus gemeint ist. Zum andern hat er später die Einsichten der Psychoanalyse von Freud ernster genommen. In *Das Sein und das Nichts* hatte er sie noch als deterministisch① abgelehnt, weil ein Konzept des Über-Ich und des Unbewussten natürlich nicht zur Theorie eines persönlichen Entwurfs aus Freiheit passen. Man überstrapaziert auch das Moment der persönlichen Freiheit, wenn man es zum Ausgangspunkt einer Gesamtdeutung der Welt nimmt. Gleichwohl ist das frühe existentialistische Bewusstsein von Freiheit eine wichtige Herausforderung – so schwer es auch oft fällt, sie anzunehmen: „Der Mensch ist nichts anderes als wozu er sich macht." „Ich erwähle mich fortlaufend".

Es gibt eine ganze Reihe von Persönlichkeiten im Umkreis von Sartre, die den Existentialismus in theoretischen und literarischen Arbeiten weitergetragen und interpretiert haben. An erster Stelle ist hier seine Lebensgefährtin Simone de Beauvoir (1908 – 1986) zu nennen. Ihre Studie *Das andere Geschlecht* (1949) ist eine große Darstellung der Situation der Frau in einer vom Mann beherrschten und interpretierten Welt. Dieses Buch und ihre zahlreichen Romane haben noch heute einen großen Einfluss nicht nur in der Frauenbewegung.

Albert Camus (1913 – 1960) ist wie Sartre Schriftsteller und Theoretiker. Beide waren eng befreundet, bis sie sich 1954 wegen politischer Differenzen überwarfen. Berühmt sind Camus' Erzählungen *Die Pest* und *Der Fremde*. Im Mittelpunkt seiner Arbeit steht der Begriff (genauer: das Lebensgefühl) des Absurden, den er in *Der Mythos von*

① Willensfreiheit ausschließend

Sisyphos[1] (1942) entfaltet. Der von den Göttern zu einer sinnlosen Arbeit verurteilte mythische Held Sisyphos ist ihm Gleichnis für die Situation des Menschen in einer absurden, gottverlassenen Welt (man kann beobachten, dass heute angesichts der atomaren und ökologischen Bedrohung ein Bewusstsein von Absurdität wieder weit verbreitet ist). In allem Bewusstsein der Absurdität seines Tuns bejaht Sisyphos dennoch das Leben. Der letzte Satz des Essays heißt: „Wir müssen uns Sisyphos als einen glücklichen Menschen vorstellen."

Christoph Helferich: Geschichte der Philosophie. S. 405 – 407

Fragen:

1. Erläutern Sie die Begriffe: *Freiheit, Entwurf, Situation* und *Verantwortung* (so wie Sartre sie versteht) mit Ihren eigenen Worten.
2. Welche Kritikpunkte werden am *Existentialismus* genannt?
3. Stellen Sie den Zusammenhang her zwischen Sartres Theorie und seinem persönlichen Leben und Wirken.
4. Versuchen Sie, weitere Informationen über die Beziehung *zwischen Simone de Beauvoir* und *Jean-Paul Sartre* zu finden.
5. Schlagen Sie im Lexikon die Bedeutung von *absurd* nach und setzen Sie sie in Zusammenhang mit dem letzten Abschnitt.

15.2. Ist der Existentialismus ein Humanismus?

Die existentialistische Auffassung des Menschen

Wenn der Mensch, so wie ihn der Existentialist begreift, nicht definierbar ist, so darum, weil er anfangs überhaupt nichts ist. Er wird erst in der weiteren Folge sein, und er wird so sein, wie er sich geschaffen haben wird. Also gibt es keine menschliche Natur, da es keinen Gott gibt, um sie zu entwerfen. Der Mensch ist lediglich so, wie er sich konzipiert[2] – ja nicht allein so, sondern wie er sich will und wie er sich *nach* der Existenz[3] konzipiert, wie er sich will nach diesem Sichschwingen auf die Existenz hin; der Mensch ist nichts anderes als wozu er sich macht.

---

[1] griech. Sagenheld: musste in der Unterwelt einen großen Fels einen Berghang hinaufwälzen, der, fast am Gipfel, immer wieder hinabrollte. Sisyphos-Arbeit: vergebliche Mühe

[2] entwirft

[3] das Dasein des Menschen

15. Jean-Paul Sartre

Der Mensch ist, wozu er sich macht

Das ist der erste Grundsatz des Existentialismus. Das ist es auch, was man die Subjektivität nennt und was man uns unter eben diesem Namen zum Vorwurf gemacht hat. Aber was wollen wir denn damit anderes sagen, als dass der Mensch eine größere Würde hat als der Stein oder der Tisch? Denn wir wollen sagen, dass der Mensch zuerst existiert, das heißt, dass er zuerst ist, was sich in eine Zukunft hinwirft und was sich bewusst ist, sich in der Zukunft zu planen.

Der Entwurf

Der Mensch ist zuerst ein Entwurf, der sich subjektiv lebt, anstatt nur ein Schaum zu sein oder eine Fäulnis oder ein Blumenkohl; nichts existiert diesem Entwurf vorweg, nichts ist im Himmel, und der Mensch wird zuerst das sein, was er zu sein geplant hat, nicht was er sein wollen wird. Denn was wir gewöhnlich unter Wollen verstehen, ist eine bewusste Entscheidung, die für die meisten unter uns dem nachfolgt, wozu er sich selbst gemacht hat. Ich kann mich einer Partei anschließen wollen, ein Buch schreiben, mich verheiraten, alles das ist nur Kundmachung einer ursprünglicheren, spontaneren Wahl als was man Willen nennt.

Der Mensch ist voll und ganz verantwortlich

Aber wenn wirklich die Existenz der Essenz① vorausgeht, so ist der Mensch verantwortlich für das, was er ist. Somit ist der erste Schritt des Existentialismus, jeden Menschen in Besitz dessen, was er ist, zu bringen und auf ihm die gänzliche Verantwortung für seine Existenz ruhen zu lassen. Und wenn wir sagen, dass der Mensch für sich selber verantwortlich ist, so wollen wir nicht sagen, dass der Mensch gerade eben nur für seine Individualität verantwortlich ist, sondern dass er verantwortlich ist für alle Menschen. (...) Indem wir sagen, dass der Mensch sich wählt, verstehen wir darunter, dass jeder unter uns sich wählt; aber damit wollen wir ebenfalls sagen, dass, indem er sich wählt, er alle Menschen wählt. Tatsächlich gibt es nicht *eine* unserer Handlungen, die, indem sie den Menschen schafft, der wir sein wollen, nicht gleichzeitig ein Bild des Menschen schafft, so wie wir meinen, dass er sein soll. Wählen, dies oder jenes zu sein, heißt gleichzeitig, den Wert dessen, was wir wählen, bejahen, denn wir können nie das Schlechte wählen. (...)

---

① das Wesen, das; was der Mensch aus sich macht

Der Mensch wählt sich, indem er alle Menschen wählt

Wenn andererseits die Existenz der Essenz vorangeht und wir zur gleichen Zeit existieren wollen, wie wir unser Bild gestalten, so ist dieses Bild für alle und für unsere ganze Epoche gültig. Somit ist unsere Verantwortlichkeit viel größer, als wir es etwa voraussetzen könnten, denn sie bindet die ganze Menschheit. Bin ich Arbeiter und wähle, eher einer christlichen Gewerkschaft beizutreten als Kommunist zu sein – will ich mit diesem Beitritt anzeigen, dass Bescheidung[1] im Grunde die Lösung ist, die dem Menschen zukommt, dass das Reich des Menschen nicht auf Erden ist – so binde ich dadurch nicht nur meinen Fall: ich will für alle Selbstbescheidung über, folglich hat mein Schritt die ganze Menschheit gebunden.

Der individuelle Akt bindet die ganze Menschheit

(...) So bin ich für mich selbst und für alle verantwortlich, und ich schaffe ein bestimmtes Bild des Menschen, den ich wähle; indem ich mich wähle, wähle ich den Menschen. (...)

Angst

(...) Sicherlich glauben viele Leute, wenn sie handeln, nur sich selber zu binden; und wenn man ihnen sagt: Aber wenn alle Welt so handeln würde? – zucken sie die Achseln und antworten: Alle Welt handelt eben nicht so. Aber in Wahrheit muss man sich immer fragen, was würde geschehen, wenn wirklich alle Welt ebenso handeln würde? (...)

Angst und Böswilligkeit

Wer lügt und sich entschuldigt, indem er erklärt: Alle Welt handelt eben nicht so – ist einer, der mit seinem Gewissen nicht im reinen ist; denn die Tatsache des Lügens schließt einen allgemeinen Wert ein, welcher der Lüge dann beigemessen wird.

---

① Bescheidenheit

Fragen:

1. In der *Bibel* schuf Gott den Menschen nach seinem Bilde. Was sagt *Sartre* zur Schaffung des Menschen?
2. Warum hat der Mensch eine größere Würde als die Dinge?
3. Erklären Sie die Bedeutung des Satzes: „*Die Existenz geht der Essenz voraus.*“
4. Warum trägt der Mensch sowohl für sich als auch für die gesamte Menschheit *Verantwortung*? Erklären Sie *Sartres* Beispiele und suchen Sie weitere.
5. Was halten Sie von *Sartres* Idee von der *gänzlichen Verantwortlichkeit des Menschen*?

Dostojewskij und der Existentialismus

Dostogjewskij① hatte geschrieben: „Wenn Gott nicht existierte, so wäre alles erlaubt.“ Da ist der Ausgangspunkt des Existentialismus. In der Tat, alles ist erlaubt, wenn Gott nicht existiert, und demzufolge ist der Mensch verlassen, da er weder in sich noch außerhalb seiner eine Möglichkeit findet, sich anzuklammern. Vor allem findet er keine Entschuldigungen. Geht tatsächlich die Existenz der Essenz voraus, so kann man nie durch Bezugnahme auf eine gegebene und feststehende menschliche Natur Erklärungen geben; anders gesagt, es gibt keine Vorausbestimmung mehr, der Mensch ist frei, der Mensch ist Freiheit.

Der Mensch ist Freiheit

Wenn wiederum Gott nicht existiert, so finden wir uns keinen Werten, keinen Geboten gegenüber, die unser Betragen rechtfertigen. So haben wir weder hinter uns noch vor uns, im Lichtreich der Werte, Rechtfertigungen oder Entschuldigungen. Wir sind allein, ohne Entschuldigungen. Das ist es, was ich durch die Worte ausdrücken will: Der Mensch ist verurteilt, frei zu sein. Verurteilt, weil er sich nicht selbst erschaffen hat, anderweit aber dennoch frei, da er, einmal in die Welt geworfen, für alles verantwortlich ist, was er tut. Der Existentialist glaubt nicht an die Macht der Leidenschaft. Er wird nie denken, dass eine schöne Leidenschaft ein verwüstender Wildbach ist, der den Menschen unvermeidlich zu gewissen Taten führt und der deshalb eine Entschuldigung ist. Er denkt, der Mensch sei für seine Leidenschaft verantwortlich. Der Existentialist wird auch nie denken, dass der Mensch auf Erden Hilfe finden könne in einem gegebenen Zeichen, dass ihm seine Richtung weise.

① Dostojewskij, Fjodor (1821 – 1881): russischer Dichter

Der Mensch erfindet den Menschen

Denn er denkt, dass der Mensch das Zeichen entziffern wird, wie es ihm gefällt. Er denkt also, dass der Mensch ohne irgendeine Stütze und ohne irgendeine Hilfe in jedem Augenblick verurteilt ist, den Menschen zu erfinden. (...)

Existentialismus und Atheismus

Der Existentialismus ist nichts anderes als eine Bemühung, alle Folgerungen aus einer zusammenhängenden atheistischen Einstellung zu ziehen. Er versucht keineswegs, den Menschen in Verzweiflung zu stürzen. Aber wenn man, wie die Christen, jede Haltung des Unglaubens Verzweiflung nennt, so geht der Existentialismus von der Urverzweiflung aus. Der Existentialismus ist mithin nicht ein Atheismus im Sinne, dass er sich erschöpfte in dem Beweis, Gott existiere nicht. Eher erklärt er: Selbst wenn es einen Gott gäbe, würde das nichts ändern; das ist unser Standpunkt. Nicht, als ob wir glaubten, dass Gott existiert, aber wir denken, dass die Frage nicht die seiner Existenz ist; der Mensch muss sich selber wieder finden und sich überzeugen, dass ihn nichts vor ihm selber retten kann, wäre es auch ein gültiger Beweis der Existenz Gottes.

Schlussfolgerungen

In diesem Sinne ist der Existentialismus ein Optimismus, eine Lehre der Tat, und nur aus Böswilligkeit können die Christen, ihre eigene Verzweiflung mit der unseren verwechselnd, uns zu Verzweifelten stempeln.

Jean-Paul Sartre: Ist der Existentialismus ein Humanismus? In: 3 Essays, S. 11 – 13, 16 – 17 und 35 – 36

Fragen:

1. Warum sind mit der Nichtexistenz Gottes die Werte in Frage gestellt?
2. Was bedeutet: *„Der Mensch ist verurteilt, frei zu sein?“*
3. Was bedeutet: *„... der Mensch, einmal in die Welt geworfen“*?
4. Warum verneinen die *Existentialisten* die Idee der *Macht der Leidenschaft*?
5. Was kritisieren die Christen am *Existentialismus*?
6. Wie ist die Beziehung zwischen *Existentialismus* und *Atheismus*?

Schlussaufgabe:

Füllen Sie die Tabelle *Grundfragen der Philosophie* für Jean-Paul Sartre aus.

Zusammenfassung:
Versuchen Sie zum Abschluss noch einmal, den Gang der Ideen von der Renaissance bis zum Existentialismus anhand der Tabelle *Grundfragen der Philosophie* zu erfassen.

Anhang

Sprachliches Übungsmaterial

1. Für die Diskussion

Seine Meinung/Überzeugung/Ansicht zum Ausdruck bringen
Ich bin der Meinung, (dass)...
Ich bin der Ansicht, (dass)...
Nach meiner Ansicht ...
Meiner Meinung/Ansicht nach ...
Ich finde/glaube/denke, (dass)...

Seine Meinung begründen
Ich möchte das so begründen ...
Der Hauptgrund ist für mich ...
Ein ganz wichtiges Argument ist ...

Seine Zustimmung ausdrücken
Das finde/meine/glaube ich auch.
Ich bin derselben Meinung (wie ...)
Das ist ganz/auch meine Meinung.
Ich bin mit dir einer Meinung.
Ich möchte mich der Meinung meiner Vorrednerin anschließen

Der Ansicht des Gegners widersprechen, seine Argumente abschwächen
Das bezweifle ich.
Das halte ich für falsch.
Das ist meiner Ansicht nach ein falscher Schluss.
Hier habe ich andere Informationen.

Dem Gegner etwas zugeben, dies aber relativieren
Das stimmt zwar, aber ...
In diesem Punkt haben Sie zwar recht, trotzdem ...
Ich gebe zu, dass ... aber ...
In diesem Punkt gebe ich Ihnen recht, aber ...
Ich kann Ihnen (nur) teilweise zustimmen.
Sicher. Das mag stimmen, aber ...
Ich bezweifle, dass ...
Das kann ja sein, aber es kommt immer darauf an ...
Da bin ich mir nicht so sicher. Ich könnte mir denken, dass ...

Eine Meinung ablehnen
Ich bin ganz anderer Meinung/Ansicht.
Ich sehe das ganz anders.
Tut mir leid, in diesem Punkt muss ich Ihnen widersprechen.

Etwas näher erklären, durch Beispiele erläutern
Ich möchte das genauer erklären.
Dazu möchte ich noch ergänzen, dass ...
Ich möchte dies durch ein Beispiel veranschaulichen/deutlich machen/belegen.

Jemanden unterbrechen
Entschuldigen Sie, dass ich Sie unterbreche. Aber ...
Wenn ich etwas dazu sagen darf.

Darum bitten, zu Ende reden zu dürfen
Darf ich bitte aussprechen!
Wenn Sie mich das bitte noch sagen lassen: ...
Lassen Sie mich bitte diesen Satz/Gedanken noch zu Ende sprechen/führen.

2. Redeeinleitende Verben mit Textbezug

Die Autorin/der Autor behauptet
sagt/glaubt/denkt/findet
ist der Meinung, dass
äußert sich zu
drückt aus

bemerkt
stellt fest

zeigt
veranschaulicht
beschreibt
referiert/stellt dar/legt dar
fordert
deutet an
gibt zu
vertritt die These
erklärt/erläutert/begründet
zieht den Schluss
definiert/legt fest/bestimmt

bestreitet/widerspricht der Annahme/wendet ein
kritisiert/problematisiert/missbilligt/greift ... an
rechtfertigt/legitimiert/verteidigt
schlägt vor/legt nahe
stimmt zu/unterstützt
stellt in Frage
schränkt die Behauptung ein
nimmt an/vermutet
äußert gegen etwas Bedenken
stellt die Hypothese auf
zieht die Konsequenz
fasst zusammen

Philosophische Begriffe

Abkürzungen: griech. griechisch
lat. lateinisch

absolut: zu lat. „absolutus" = losgelöst. Absolut heißt in der Philosophie das, was selbst nicht mehr begründungsbedürftig und begründungsfähig ist, unabhängig von allem anderen existieren kann. Gegensatz: relativ = bezogen auf, also nicht unabhängig.

Abstraktion, f: zu lat. „abstrahere" = abziehen. Verfahren zur Gewinnung abstrakter Begriffe und das Ergebnis dieses Verfahrens. Im Prozess der Abstraktion wird bei einer Reihe von Gegenständen von Besonderheiten abgesehen (abstrahiert) und nur das ihnen allen zukommende Wesentliche, Allgemeine herausgearbeitet.

absurd: das Sinn- und Vernunftwidrige.

Analogie, f: zu griech. „analogus" = übereinstimmend. In der Logik eine Schlussform, in der aus der Ähnlichkeit zweier Systeme in einem Bereich auf weitere Gemeinsamkeiten geschlossen wird.

Analyse, f: griech. Auflösung. Zergliederung eines Ganzen in seine Bestandteile.

Analytische Philosophie: Richtung in der Philosophie des 20. Jhs., die die Auffassung vertritt, dass die philosophischen Probleme durch die Analyse ihrer sprachlichen Darstellung geklärt werden können. Stark beeinflusst wurde die A. P. durch das Werk Ludwig Wittgensteins. Vertreter: Bertrand Russell.

Anschauungsformen: Nach I. Kant bilden „Raum" und „Zeit" die A., d. h. die Form, in der Erfahrung überhaupt erst möglich ist. Alle Erfahrung hat Raum und Zeit (ein Nebeneinander und ein Nacheinander) immer zur Voraussetzung – die A. sind deshalb „a priori": vor der Erfahrung.

An Sich: In der Ontologie bedeutet „an-sich-Sein" die Ordnung der Dinge unabhängig von einem erkennenden Subjekt.

Anthropologie, f: griech. Lehre vom Menschen. Seit dem 16. Jh. üblich gewordener Begriff für die Lehre vom Wesen und der Natur des Menschen.

A priori /A posteriori: lat. vom Früheren her bzw. vom Späteren her. In der Erkenntnistheorie, vor allem bei Kant, heißt die Erkenntnis, die von aller Erfahrung unabhängig, also reine Vernunfterkenntnis ist, a priori (vor aller Erfahrung). Die Erkenntnis jedoch, die Resultat von Erfahrung ist, a posteriori (nach der Erfahrung).

Ästhetik, f: zu griech. „aisthesis" = sinnliche Wahrnehmung. Ursprünglich die Wissenschaft von den Formen der sinnlichen Erkenntnis, seit dem 18. Jh. auch eine Theorie über die Bildung von Geschmacksurteilen und der schönen Künste. Der Begriff wird heute oft gleichbedeutend mit „Philosophie der Kunst" verwendet.

Atheismus, m: griech. „atheos" = ohne Gott. Philosophische Position, die die Existenz eines Gottes oder mehrerer Götter negiert.

Aufklärung, f: Allgemein jedes Bemühen, das die auf Vernunft gegründete Selbständigkeit und Autonomie des Menschen anstrebt. Im 18. Jh. philosophische und kulturelle Bewegung, die die Bevormundung des Menschen durch Kirche und Staat kritisiert und den „mündigen Bürger" fordert, für den die Vernunft die entscheidende Instanz sein soll. Vertreter: Charles de Montesquieu, Jean-Jaques Rousseau, Denis Diderot, Voltaire; Immanuel Kant, Christian Wolff.

Aussage, f: Im logischen Sinn sind Aussagen Sätze, die man sinnvoller Weise behaupten kann, d. h. deren Wahrheitsanspruch prinzipiell überprüfbar sein muss. (Im Gegensatz zu Fragesätzen, Befehlen u. ä.).

Autonomie, f: Unabhängigkeit von einer Fremdgesetzlichkeit.

Axiom, n: In der Philosophie und Logik ein Grundsatz, der wegen seiner augenscheinlichen Richtigkeit (Evidenz) an die Spitze eines Begründungsverfahrens gesetzt wird, selber aber nicht weiter begründet werden kann.

Basis, f /**Überbau,** m: Begriffspaar aus der Philosophie des Marxismus, das die Wechselwirkung zwischen der materiellen (ökonomischen) Basis einer Gesellschaft und dem davon abhängigen geistigen (politischen, juristischen, religiösen und kulturellen) Überbau beschreibt.

Begriff, m: In einem Begriff wird das abstrakt Allgemeine, das einer konkreten Sache zukommt oder einer Reihe von Gegenständen gemeinsam ist, erfasst. So fasst der Begriff „Tisch" zusammen, was allen nur denkbaren Tischen, ungeachtet ihrer besonderen Farbe und Gestalt, gemeinsam ist und sie zu einem „Tisch" macht.

Beweis, m: Begründung einer Behauptung, d. h. die Einlösung eines Wahrheitsanspruchs durch Argumente, die jeder Kritik standhalten. Was als Beweis für eine Behauptung gilt, hängt vom wissenschaftstheoretischen und kulturellen Umfeld ab.

Bewusstsein, n: allgemein meint B. die Fähigkeit, sich etwas vorzustellen. Bewusstsein ist immer „Bewusstsein von etwas", es verfolgt also eine Intention. Macht das Bewusstsein sich selbst zum Gegenstand, spricht man von Selbstbewusstsein.

Deduktion, f: Schluss von einer allgemeinen Aussage auf eine besondere mittels logischer Schlussregeln.

Definition, f: lat. Umgrenzung. Im weitesten Sinne jede Art von Festsetzung des Gebrauchs von Worten, Zeichen und Begriffen, die Beschreibung ihrer Bedeutung.

Determinismus /Indeterminismus, m: Gegensätzliche philosophische Position bezüglich der Frage, ob menschliches Handeln und Wollen den Naturgesetzen unterliegt (determiniert) oder völlig frei (nicht determiniert) ist.

Dialektik, f: Die Logik des Widerspruchs als formales oder inhaltliches Prinzip des Philosophierens. Nach Hegel entsteht durch die Negation einer These eine Antithese, deren Negation wiederum eine Synthese von These und Antithese ergibt.

Dogma, n: Eine festgelegte Meinung, die nicht angezweifelt werden kann, dessen Wahrheitsgehalt aber oft nicht bewiesen werden kann.

Dualismus, m: Bezeichnung für philosophische Lehren, die davon ausgehen, dass Welt und Kosmos von zwei Prinzipien beherrscht und durchdrungen sind (Gut und Böse, Materie und Geist, Leib und Seele).

Empirismus, m: griech. „empeiria" = Erfahrung. Erkenntnistheoretische Position, die die sinnliche Wahrnehmung als einzige Quelle der Erkenntnis zulässt. Gegensatz zum Rationalismus. Vertreter: Epikur, Francis Bacon, John Locke, David Hume.

Entfremdung, f: Allgemein Bezeichnung für einen Zustand, in dem eine organisch gedachte Beziehung zwischen Mensch und Mensch, Mensch und Natur und auch Mensch und Gott verzerrt oder in ihr Gegenteil verkehrt wurde. Bei Marx bezeichnet Entfremdung vor allen die Tatsache, dass in der bürgerlichen Gesellschaft der Arbeiter dem Produkt seiner Arbeit, und damit seiner Tätigkeit selbst, entfremdet wird.

Erkenntnistheorie, f: Philosophische Disziplin, die sich mit den Fragen nach den Möglichkeiten und Grenzen, Zielen und Methoden des menschlichen Erkennens beschäftigt.

Erklärung, f: In der Erkenntnistheorie Rückführung einer Aussage auf Gesetzmäßigkeiten bzw. auf Theorien.

Ethik, f: griech. „ethos" = Gewohnheit, Sitte. Meist gleichbedeutend mit „Moralphilosophie" verwendet. Disziplin der Philosophie, die die Begründbarkeit und Rechtfertigung moralischer Verbote, Gebote, Normen und Regeln untersucht.

Evidenz, f: Evidente Wahrheiten sind solche, die unmittelbar einsichtig sind und nicht weiter begründet werden können oder müssen.

Evolution, f: Allgemein Bezeichnung für kontinuierliche Entwicklungsprozesse im Gegensatz zu Entwicklungssprüngen (Revolution). In der Biologie Theorie über die Entstehung der Arten durch Variation, Selektion und Mutation (nach Charles Darwin).

Existenz, f: zu lat. „existere" = hervortreten. Dasein, Leben, Vorhandensein des Seienden, in der Existenzphilosophie die spezielle Seinsweise des Menschen. Für Sartre geht die „Existenz", dass der Mensch ist, seiner „Essenz", was er ist, voraus.

Existenzphilosophie f. /**Existentialismus,** m: Richtung in der Philosophie des 20. Jhs., die, ausgehend von „existentiellen Grunderfahrungen" des Menschen wie Leid, Angst, Krankheit, Tod, Erfahrung von der Sinnlosigkeit des Daseins, eine „Philosophie der Tat" zu entwerfen versucht: der Mensch muss sich diesen Erfahrungen stellen. Während in Deutschland die E. durch Martin Heidegger und vor allem Karl Jaspers formuliert wurde, waren es im französischen E. Albert Camus und Jean-Paul Sartre, die radikaler das Absurde bzw. den Ekel als existentielle Grunderfahrung beschrieben.

Falsifikation, f: zu lat. „falsus" = falsch. In der Wissenschaftstheorie gelten allgemeine Sätze oder Hypothesen als „falsifiziert" (ihrer Falschheit überführt), wenn sie durch Gegenbeispiele widerlegt sind. Gegensatz zu Verifikation.

Finalität, f: zu lat. „finalis" = das Ziel betreffend. In der Philosophie das Bestimmtsein eines Geschehens von seinem Ziel oder seinem Zweck her. (Gegensatz: Kausalität: das Bestimmtsein von seiner Ursache her.).

Freiheit, f: Begriff aus der praktischen Philosophie, der mindestens in 3 Weisen bestimmt wird: als Wahlfreiheit (Fähigkeit, zwischen Alternativen zu wählen), Handlungsfreiheit (Möglichkeit der Handlung ohne äußeren z. B. politischen Zwang) und Willensfreiheit (fähigkeit zur Selbstbestimmung und damit zur Verantwortung).

Geist, m: In der Philosophie der Materie entgegengesetztes allgemeines Prinzip, dann die Einheit des Vorstellens, Denkens und Wollens beim Individuum.

Geschichtsphilosophie, f: Der Begriff selbst geht auf Voltaire zurück und umreißt zwei Formen einer Auseinandersetzung mit Geschichte: die Deutung der Geschichte (Frage nach Ursache, Kräften und Zielen) und die Theorie und Methoden der Geschichtswissenschaften. Vertreter: Ch. de Montesquieu, I. Kant, J. G. Fichte, G. W. F. Hegel, K. Marx, F. Engels u. v. a.

Gesellschaftsvertrag, m: Sozialpolitische Theorie des 17. und 18. Jahrhunderts, die zur Erklärung und Legitimation von Herrschaftsformen einen ursprünglichen fiktiven Vertragsabschluss annahm, durch den die einzelnen Individuen zum allgemeinen Wohl auf Teile ihrer Rechte zugunsten eines Souveräns verzichtet haben sollen.

Gottesbeweise: Argumentation, die rein rational, d. h. für alle nachvollziehbar, die Existenz Gottes als logische Denknotwendigkeit zeigen soll.

Grund, m: In der Ontologie und Metaphysik das, von dem das Seiende abhängt, ohne das es nicht sein kann. Heute allgemein die Aussagen, die notwendig sind, um eine Hypothese oder Theorie zu stützen.

Hermeneutik, f: Die Kunst und Theorie der Deutung und Auslegung von Texten, Kunstwerken, aber auch Handlungen. Um etwas deuten zu können, zu verstehen, muss aber immer schon ein Vorverständnis vorausgesetzt werden (= hermeneutischer Zirkel). Vertreter: Wilhelm Dilthey, H.-G. Gadamer.

Hypothese, f: In der Wissenschaftstheorie bezeichnet man damit Sätze, deren Wahrheit noch nicht feststeht, die aber vorläufig als wahr betrachtet werden.

Idealismus, m: jede Auffassung, die sich auf eine jenseits der erfahrbaren Welt liegende Wirklichkeit bezieht. Vertreter: J. G. Fichte, F. W. J. Schelling, G. W. F. Hegel.

Idee, f: Vieldeutiger Begriff, in der Philosophie meint „Idee" meistens das „Wesen", den „Begriff", das „Substantielle" einer Sache.

Ideologie, f: In der Philosophie und der Politikwissenschaft meistens in der Bedeutung von „verzerrtes Wissen", propagandistisch zurechtgerückte und damit die Wahrheit verfälschende „Weltanschauung". Marx definiert „Ideologie" als falsches Bewusstsein.

Imperativ, m: In der Ethik Handlungsanweisung, die entweder ohne jede Einschränkung (unbedingt) oder mit Einschränkung (bedingt) gelten soll.

Induktion, f: In der Wissenschaftstheorie bezeichnet man damit den Schluss von einer endlichen Menge von Betrachtungen auf eine gültige Aussage.

Irrationalismus, m: (irrational = unvernünftig) Philosophische Position, die annimmt, dass es Bereiche gibt, die prinzipiell dem Verstand nicht zugänglich sind (Glaube, Gefühl, Intuition).

Kategorie, f: Grundbegriff der Erkenntnistheorie zur Bezeichnung der allgemeinsten und grundlegendsten Elemente der Erkenntnis – das, was letztlich von einer Sache, will sie erkannt werden, ausgesagt werden muss. Nach Kant gibt es vier Gruppen von Kategorien: die der Qualität, Quantität, Relation und Modalität.

Kausalität, f: lat. Ursächlichkeit. Bezeichnung für jedes allgemeines Verhältnis zwischen Ursache und Wirkung, dem die Auffassung zugrunde liegt, dass „nichts ohne Grund geschieht". Heute spricht man weniger von einfachen „Ursache-Wirkungs-Verhältnissen" als vielmehr von „vernetzten Kausalitäten" (Wechselwirkungen).

Kritik, f: In der Philosophie eine Methode, jeden Wahrheitsanspruch unter Einsatz der Vernunft auf seine Berechtigung hin zu überprüfen.

Kritischer Rationalismus, m: Philosophische Richtung im 20. Jh., von Karl Popper begründet, die davon ausgeht, dass es kein sicheres Wissen gibt, sondern nur Vermutungswissen, das ständig, auch in den exakten Wissenschaften, kritisch überprüft werden muss.

Kritische Theorie: Philosophische Richtung im 20. Jh., ausgehend vom Frankfurter Institut für Sozialforschung (Max Horkheimer, T. W. Adorno, Herbert Marcuse, Jürgen Habermas = Frankfurter Schule), die die Hauptaufgabe der Philosophie in einer kritischen Analyse der bürgerlich-kapitalistischen Gesellschaft sieht.

Legalität, f. In der Rechtsphilosophie Bezeichnung für politische Akte, die gegen keine gültigen Gesetze verstoßen.

Legitimität, f: In der Rechtsphilosophie gilt eine politische Handlung oder Herrschaftsform für legitim, wenn sie auf ihre ethisch-moralische Rechtfertigung hin überprüft worden ist. Legale

Handlungen können so dennoch illegitim sein.

Logik, f: Im umfassenden Sinn die Lehre vom korrekten Denken und Argumentieren, vor allem vom folgerichtigen Schlussfolgern, Man spricht aber auch von der Logik einer Sache, wenn man die Gesamtheit ihrer Gesetzmäßigkeiten damit meint. (z. B. Logik der Forschung).

Marxismus, m: Sammelbezeichnung für die Lehren von Marx, Engels und ihrer Nachfolger. Gemeinsam ist den verschiedenen Strömungen des Marxismus die Kritik der bürgerlichen Gesellschaft und eine materialistische Dialektik als philosophische Methode.

Materialismus, m: Mit diesem Begriff wird seit dem 18. Jh. eine eigentlich seit der Antike bekannte philosophische Position bezeichnet, die in der Materie das Primäre, Bestimmende, letztlich Ewige sieht und im „Geist" etwas Sekundäres, Abgeleitetes, Temporäres.

Materie, f: lat. „materia" = Stoff, Ursache. In der Naturphilosophie Bezeichnung für jeden unveränderlichen und unvergänglichen Urstoff aus dem alles zusammengesetzt sein soll und aus dem die verschiedenen Erscheinungsweisen von Materie – des Seienden – geformt sein sollen.

Maxime, f: „oberster Grundsatz", „oberste Regel", seit dem Mittelalter gebräuchlicher Begriff für Lebensregel.

Metaphysik, f: zu griech. „meta" = nach, über und „physis" = Natur. Im weiteren Sinne wird unter M. eine Grunddisziplin der Philosophie verstanden, die sich mit den Grundprinzipien des Seins und seinen ersten Gründen beschäftigt, bzw. nach dem Sinn vom Sein fragt.

Methode, f: Im allgemeinen ein planmäßiges Verfahren zur lösung bestimmter Probleme, die nach einiger Übung auch als Technik beherrscht wird und vermittelt werden kann.

Monade, f: zu griech. „monas" = Einheit, das Einfache, das Unteilbare. Nach Leibniz sind die Monaden letzte individuelle Kraftzentren, aus denen alles aufgebaut ist.

Monismus, m: zu griech. „monos" = einzig, allein. Jede philosophische Auffassung, die die Welt aus einem Stoff oder einem Prinzip aufgebaut denkt (Gegensatz: Dualismus bzw. Pluralismus).

Monotheismus, m: Religiös-theologische Position, die davon ausgeht, dass es nur einen Gott gibt, der zwar als Person, aber von der Welt, seiner Schöpfung, getrennt gedacht wird.

Mystik, f: Bezeichnung für Erfahrungen des Transzendenten, die weder rational (durch Sehen und Sprechen) strukturiert noch rational erklärbar sind. Im Mittelpunkt der christlichen Mystik steht die Vereinigung der Seele mit Gott.

Mythos, m: griech. Rede, Erzählung. Mythen erzählen meist von Göttern, personalisierten Naturerscheinungen, beispielhaft überhöhten historischen Ereignissen und liefern damit aus einer vorrationalen Ebene Erklärungen für Naturereignisse, die Entstehung der Welt u. ä. als auch verbindliche und vorbildliche Handlungsanweisungen für sittliches und politisches Verhalten.

Naturphilosophie, f: Zweig der Philosophie, der sich mit der Deutung der Natur und den Möglichkeiten ihrer Erkenntnis auseinandersetzt. Zentrale Probleme sind das Verhältnis Mensch/Natur bzw. Geist/Materie und die Fragen nach Raum und Zeit. Vertreter: G. Bruno, G. Galilei, N. Kopernikus, I. Newton, F. W. J. Schelling u. a.

Naturrecht, n: Bezeichnung für eine Reihe von rechtsphilosophischen Positionen, denen gemeinsam ist, dass sie das Recht auf ein „natürliches" Recht zurückführen, das aus der unveränderlich gedachten Natur des Menschen abgeleitet werden soll. Vertreter: G. W. Leibniz, C. Wolff, I. Kant.

Nihilismus, m: zu lat. „nihil" = nichts. Philosophischer Begriff, der eine Position bezeichnet, die „nichts", d. h. keine göttlichen oder menschlichen Autoritäten anerkennt und so den Menschen völlig auf sich allein gestellt sieht. Vertreter: Friedrich Nietzsche.

Norm, f: lat. Regel, Muster, Vorschrift. In der Moralphilosophie ein genereller Imperativ, der die Menschen zu bestimmten, moralisch erwünschten Handlungen auffordert.

Objektivität, f: In der Wissenschaftstheorie die Forderung, dass wissenschaftliche Aussagen subjektunabhängig, d. h. intersubjektiv im Sinne von: von jedem überprüfbar sein sollen.

Ontologie, f: Die allgemeine Lehre vom Sein bzw. dem Seienden, sofern diesem Wirklichkeit zugesprochen werden kann und es dem menschlichen Geist zugänglich erscheint. Vertreter: Nicolai Hartmann.

Pantheismus, m: griech. „All-Gott-Lehre": Theologisch-philosophische Position, nach der Gott nicht als Person, sondern in allen Dingen der Welt existiert, nicht von der Welt getrennt ist.

Paradigma, n: griech. Beispiel. In der neueren Wissenschaftstheorie bezeichnet man damit die grundlegenden Auffassungen und Vorstellungen, die eine Epoche prägen und ihr zugrunde liegen (z. B. das Paradigma des Ptolomäischen bzw. des Kopernikanischen Weltbildes).

Person, f: In der neuzeitlichen Philosophie wird damit vor allem die Identität des Menschen, seine unverwechselbare Subjektivität verstanden.

Pflicht, f: In der Moralphilosophie, vor allem Kants, gelten nicht Anordnungen von außen (Staat, Autorität) als verpflichtend, sondern nur solche Aufforderungen, deren Verbindlichkeitsanspruch von der Vernunft als objektiv notwendig eingesehen und begründet werden kann.

Phänomenologie, f: Bezeichnung für eine philosophische Richtung des 20. Jhs., die durch Edmund Husserl begründet wurde. Die P. verzichtet darauf, Dinge „an sich" zu erkennen, sondern analysiert, wie die verschiedenen Dinge dem menschlichen Bewusstsein erscheinen.

Polytheismus: Glaube an eine Vielzahl von Göttern und Gottheiten.

Positivismus, m: Wissenschaftstheoretische Position, die, im Gegensatz zum Rationalismus, davon ausgeht, dass das positiv Gegebene, die wahrnehmbaren Fakten, Grundlage der Erkenntnis sein muss. Vertreter: A. Comte. J. Bentham, J. S. Mill, Rudolf Carnap.

Postmoderne Philosophie: In Architektur und Kunst: Mischung von Stilarten. Die P. P. wendet sich gegen den Fortschrittsoptimismus und Utopien und kombiniert Elemente verschiedener Theorien. Vertreter: J. Lyotard, Michel Foucault.

Postulat, n: In der Philosophie seit Kant Annahmen, die aus Vernunftgründen gemacht werden müssen, ohne dass sie im strengen Sinn beweisbar wären.

Prästabilierte Harmonie, f: „vorherbestimmte Harmonie": Modell von Leibniz zur Lösung des Leib-Seele-Problems. Nach Leibniz sind Leib und Seele zwar getrennt, verhalten sich aber harmonisch wie zwei völlig synchrone Uhren.

Prinzip, n: lat. Anfang, Ursprung, Grundlage. Heute meist im Sinn von allgemein methodischen oder ethischen Grundsätzen verwendet.

Problem, n: In der Philosophie das, was mit dem zur Verfügung stehenden Wissen nicht gelöst werden kann: Ausgangspunkt des Fragens und des Forschens.

Rationalismus, m: Lat.: „ratio", Vernunft, Verstand: Erkenntnistheoretische Position, die davon ausgeht, dass die Vernunft Voraussetzung und Bedingung aller Erkenntnis ist und nicht Resultat von Erfahrung. Gegensatz zum Empirismus. Vertreter: R. Descartes, B. de Spinoza,

G. W. Leibniz.

Realismus, m: zu lat. „res“ = Ding, Sache. In der Philosophie allgemein der Standpunkt, der von einer objektiven, vom Subjekt unabhängigen, erfahrbaren Wirklichkeit (Realität) ausgeht.

Rechtsphilosophie, f: Disziplin der praktischen Philosophie, die die ethischen und logischen Grundlagen des Rechts, der Rechtsordnungen und Rechtsvorschriften erforscht, bzw. deren vernünftige Grundlage untersucht. Sie befasst sich also mit dem Wesen, der Herkunft, der Begründbarkeit, dem Sinn und Zweck von Recht.

Reduktion, f: Rückführung eines komplexen Tathestandes auf einfache Ursachen.

Reflexion, f: In der Philosophie das kritische Überprüfen eines Sachverhalts oder einer Behauptung, vor allen auch das Überprüfen der eigenen Denkvoraussetzungen.

Religionsphilosophie, f: Disziplin der Philosophie, die sich mit den Erscheinungsformen und Wahrheitsansprüchen und sozialpolitischen Funktionen von Religion beschäftigt. Vor allem im Zusammenhang mit der gesellschaftlichen Funktion von Religion, kann R. auch zur Religionskritik werden. Vertreter: Ludwig Feuerbach.

Res cogitans/res extensa: lat. Denkende Substanz /Ausgedehnte Substanz. Begriffspaar, das von Descartes eingeführt wurde, und die Annahme bezeichnet, dass es zwei völlig getrennte Substanzen – Geist und Materie – gibt, die von einander nicht ableitbar sind.

Schein, m: In der Philosophie Gegensatz zu Sein im Sinne von Scheinbarkeit oder Täuschung.

Scholastik, f: Bezeichnung für die philosophisch-theologischen Lehren des Mittelalters. Die scholastische Philosophie, die sich als Magd der Theologie verstand, ist einerseits orientiert an den religiösen und philosophischen Autoritäten (Bibel, Kirchenväter, Aristoteles), andererseits gekennzeichnet durch Arbeit an der Logik als System des Denkens. Zentrales Problem der Scholastik war die Frage nach dem Verhältnis zwischen Glaubens- und Vernunftwahrheit. Vertreter: Anselm v. Canterbury, Thomas v. Aquin, Meister Eckhart.

Sein, n: Zentraler Begriff der Philosophie. Die Frage nach dem „Sein“ ist für viele Philosophen gleichbedeutend mit der Frage, nach dem Wesen des Seienden, mit der Grundfrage, warum überhaupt etwas ist.

Sinn, m: In der Philosophie die erkennbare Bedeutung eines Zeichens oder einer Handlung, die oft erkennbar wird, wenn man nach dem Zweck, nach der Funktion, die ein Zeichen oder eine Handlung in einem größeren Zusammenhang einnimmt, fragt.

Sittlichkeit, f: In der Philosophie die Gesamtheit der moralischen Verpflichtungen, die ein Mensch gegenüber sich selbst, anderen Menschen und – nach neueren Überzeugungen – auch gegenüber der Natur hat.

Skeptizismus, m: zu griech. „skepsis“ = Zurückhaltung, Zweifel. Philosophische Position, die Wahrheitsansprüchen aller Art mit Zurückhaltung, Zweifel und prinzipieller Vorsicht gegenüber steht. Vertreter: M. de Montaigne.

Solipsismus, m: Radikale erkenntnistheoretische Position, die nur das eigene Bewusstsein gelten lässt, und alles übrige, die gesamte Außenwelt zu Vorstellungen des Bewusstseins erklärt.

Sophistik, f: zu griech. „sophos“ = Weise. Strömung in der griechischen Philosophie (5./4. Jh. v. Chr.). Die Sophisten waren professionelle Wanderlehrer, die vor allem Grundkenntnisse der Rhetorik (Kunst des Sprechens) und Ethik gegen Bezahlung vermittelten.

Spekulation, f: In der Philosophie, besonders bei Hegel, ein methodisches Denken, das sich in den Begriffen selbst fortbewegen will.

Sprachphilosophie f: Disziplin der Philosophie, die sich mit dem Ursprung und dem Wesen, der sozialen und geistigen Bedeutung, und dem Aufbau, der Struktur, der Leistungsfähigkeit und den Grenzen von Sprachen beschäftigt. Ein zentrales Problem ist das Verhältnis von Sprache, Denken und Erkenntnismöglichkeit. Vertreter: Ludwig Wittgenstein, J. R. Searle, B. Whorf.

Staatsphilosophie, f: Disziplin der politischen Philosophie, der es um die Frage nach dem Wesen, dem Aufbau und der Struktur, dem Wert, der Begründbarkeit und der Rechtfertigung des Staates als Organisationsform menschlichen Zusammenlebens geht.

Stoa, f: Um 300 v. Chr. gegründete Philosophenschule, die nach der Einheit zwischen dem Menschen und der Natur strebt, wobei die Befreiung von Affekten und Leidenschaften zu unerschütterlicher Ruhe und Gelassenheit führen soll. Vertreter: Zenon v. Kition, Cicero, Seneca.

Strukturalismus, m: zu lat. „ structura “ = Ordnung, Bau. Bezeichnung für eine wissenschaftliche Methode, der es um die Beschreibung und Analyse von Strukturen geht. Struktur ist allgemein definiert als eine Menge von Elementen, zwischen denen bestimmte Beziehungen herrschen. Vertreter: F. de Saussure, C. Levi-Strauss, J. Lacan, R. Barthes, M. Foucault.

Subjektivität, f: In der Philosophie vor allem erkenntnistheoretischer Begriff, der die Wurzeln des Erkennens in den Bereich des Subjekts legt: das Subjekt, sein Wahrnehmen, Empfinden und Denken konstituiert erst die Welt.

Substanz, f: In der Philosophie das Wesentliche, Unveränderliche, Entscheidende einer Sache.

Symbol, n: Zeichen oder Sinnbild, dass stellvertretend für etwas Gedachtes steht.

System, n: In der Philosophie vor allem des 19. Jhs. der Versuch, das gesamte Wissen als logisch zusammenhängende Einheit darzustellen.

Theodizee, f: Von Leibniz eingeführter Begriff, der den Versuch einer Rechtfertigung Gottes angesichts des Bösen in einer von Gott geschaffenen Welt meint.

Theorie, f: Heute versteht man unter Theorie ein System von Aussagen, oder Hypothesen, das sich durch einen Anspruch auf Allgemeingültigkeit und logisch-empirische Überprüfbarkeit auszeichnet.

Transzendenz, f: zu lat. „transcendere“ = überschreiten. Im Gegensatz zu Immanenz bedeutet Transzendenz in der Philosophie das, was jenseits der Erfahrungs- und Denkmöglichkeiten des Menschen liegt, liegen könnte oder müsste.

Transzendentalphilosophie, f: Nach Kant diejenige Philosophie, die aller konkreten Erkenntnis vorausgeht, weil sie das untersucht, was über diese Erkenntnis hinaus- bzw. ihr vorausgeht, nämlich die Bedingungen der Möglichkeit von Erkenntnis überhaupt. Allgemein kann von T. gesprochen werden, wo grundlegende Bedingungen des Denkens und Handelns untersucht werden.

Utilitarimus, m: Moralphilosophische Position, die davon ausgeht, dass dasjenige Handeln gut und erstrebenswert ist, das für eine möglichst große Zahl von Menschen den möglichst großen Nutzen bringt. Vertreter: Jeremias Bentham, J. S. Mill.

Utopie, f: In der Philosophie bezeichnet U. den Entwurf einer idealen, vernunftbegründeten, humanen Gesellschaft, in der die Prinzipien der Freiheit und Gerechtigkeit verwirklicht scheinen.

Verifikation, f. : zu lat. „verus" = wahr, wirklich echt. In der Wissenschaftstheorie gelten allgemeine Sätze oder Hypothesen als „verifiziert" (ihrer Echtheit überführt), wenn sie durch Beweise bestätigt werden. Gegensatz zu Falsifikation.

Vernunft, f: In der Philosophie wird mit Vernunft die Fähigkeit bezeichnet, Prinzipien des Denkens und Handelns nach den Gesichtspunkten ihrer Logik, Überprüfbarkeit und Argumentierbarkeit zu reflektieren.

Verstand, m: In der Philosophie die Fähigkeit abstrakt, zielorientiert zu denken und Probleme unter Berücksichtigung einer rationellen Zweck/Mittel-Relation zu lösen.

Wahrheit, f: Wahrheit gilt als eine Eigenschaft von Aussagen oder Gedanken bezüglich ihrer behaupteten Inhalte. Fakten (Ereignisse) als solche können nicht wahr sein, sondern nur Aussagen über sie oder Deutungen von ihnen.

Weisheit, f: Im Unterschied zur zweckorientierten Klugheit eine allgemeine Grundhaltung, die sich aus Lebenserfahrung, einem Verstehen komplexer Zusammenhänge, Wissen und einer daraus resultierenden Ruhe und Gelassenheit zusammensetzt.

Weltgeist, m: Begriff aus der Hegelschen Geschichtsphilosophie. Der W. , das Absolute, ist für Hegel das eigentliche Subjekt der Geschichte.

Wesen, n: Das „So und nicht anders sein". Zentralbegriff der Philosophie, der im Gegensatz zur Erscheinung das Eigentliche, Unveränderliche, Typische eines Gegenstandes, Menschen oder Gedanken meint.

Widerspiegelungstheorie, f: Zentralbegriff der marxistisch-materialistischen Philosophie. Die W. geht davon aus, dass die Erkenntnis ein Abbild der Außenwelt ist, wobei der Erkenntnisprozess stark von den gesellschaftlichen Verhältnissen, unter denen das erkennende Subjekt lebt (Klassenzugehörigkeit) , beeinflusst ist.

Wissenschaft, f: Bestimmte Form menschlichen Forschens, die davon ausgeht, dass Erkenntnisse systematisch begründet werden müssen, logisch-empirisch überprüfbar sind und prinzipiell von jedermann eingesehen und nachvollzogen werden können.

Wissenschaftstheorie, f: Disziplin der Philosophie, die die Voraussetzungen, Methoden, Kriterien und Folgen von Wissenschaften untersucht. Vertreter: Wiener Kreis, Rudolf Carnap.

Nach: Konrad Liessmann; Gerhard Zenathy: *Vom Denken. Einführung in die Philosophie.*

Philosophen und Wissenschaftler

Aristoteles (383 – 321 v. Chr.): Griechischer. Philosoph, Schüler des Platon, Begründer der wissenschaftlichen Philosophie, des philosophischen Disziplinensystems, der Logik und der Metaphysik. Hauptwerke: *Metaphysik; Nikomachische Ethik; Poetik.*

Bacon, Francis (1561 – 1626): Englischer Staatsmann und Philosoph, begründete den englischen Empirismus und das naturwissenschaftliche Denken.

Giordano, Bruno (1548 – 1600): Italienischer Philosoph mit pantheistischem Ansatz. Von der Inquisition festgenommen und als Ketzer verbrannt.

Camus, Albert (1913 – 1960): Französischer Schriftsteller. Vertreter des Existentialismus, sein schriftstellerisches Werk ist Ausdruck einer „Philosophie des Absurden", 1957 Nobelpreis.

Darwin, Charles (1809 – 1882): Englischer Naturforscher, Begründer der Evolutionstheorie. Hauptwerke: *Die Entstehung der Arten durch natürliche Zuchtwahl* (1860); *Die Abstammung des Menschen* (1871).

Descartes, René (1596 – 1650): Französischer Philosoph und Mathematiker, einer der Begründer des neuzeitlichen Rationalismus und des wissenschaftlichen Denkens. Hauptwerk: *Abhandlung über die Methode des richtigen Vernunftgebrauchs* (1637).

Elias, Norbert (1897 – 1990): Deutscher Kulturforscher, der Geschichtswissenschaft, Anthropologie, Soziologie und Psychologie verbindet. Hauptwerk: *Der Prozeß der Zivilisation* (1939).

Engels, Friedrich (1820 – 1895): Deutscher Philosoph, Freund und Mitarbeiter von Karl Marx. Mitbegründer des Dialektischen Materialismus, Herausgeber des 2. und 3. Bandes von Karl Marx' *Kapital.* Hauptwerk: *Der Ursprung der Familie, des Privateigentums und des Staates* (1884).

Einstein, Albert (1879 – 1955): Deutsch-amerikanischer Physiker. Begründer der Relativitätstheorie und Kämpfer gegen Atomwaffen. 1921 Nobelpreis.

Euklid, (etwa 365 – 300 v. Chr.): Griechischer Mathematiker, „Vater der Geometrie". Sein Hauptwerk *Elemente* vereinigt das mathematische Wissen seiner Zeit.

Feuerbach, Ludwig (1804 – 1872): Deutscher Philosoph und Religionskritiker, der Religion als Projektion des Menschen bestimmte. Hauptwerk: *Das Wesen des Christentums* (1841).

Fichte, Johann Gottlieb (1762 – 1814): Deutscher Philosoph, Hauptvertreter des subjektiven Idealismus, für den sich alle Erkenntnis aus der Analyse des Ich ableitet.

Freud, Sigmund (1856 – 1939): Österreichischer Psychiater, Begründer der Psychoanalyse, die sich mit dem Unbewussten und der Triebstruktur des Menschen beschäftigt. Hauptwerke: *Traumdeutung* (1900); *Das Unbehagen in der Kultur* (1930); *Abriss der Psychoanalyse* (1938).

Galilei, Galileio (1542 – 1624): Italienischer Mathematiker, Physiker. Begründer der neuzeitlichen Naturforschung. Beobachtung, das Experiment zur Begründung oder Widerlegung von Hypothesen, ist die Grundlage von Erkenntnis. Gesetze der Pendelschwingung und des freien Falls. Wegen Eintretens für das kopernikanische Weltsystem wurde er von der Inquisition zum Widerruf gezwungen.

Hegel, Georg Wilhelm Friedrich (1770 – 1831): Bedeutender Philosoph des deutschen Idealismus. Sein geschichtsphilosophisches und dialektisches Denken übte nachhaltigen Einfluss aus. Hauptwerke: *Phänomenologie des Geistes* (1807); *Wissenschaft der Logik* (1816).

Heidegger, Martin (1889 – 1976): Deutscher Philosoph, Begründer der Fundamentalontologie: einer Analyse des menschlichen Daseins, der Existenz. Hauptwerk: Sein und Zeit (1927).

Hobbes, Thomas (1588 – 1679): Englischer Philosoph und Staatsmann, der eine empiristische Erkenntnistheorie und eine Rechtfertigung des Staates aus der Natur des Menschen lehrte. Hauptwerk: *Leviathan* (1795).

Horkheimer, Max (1895 – 1973): Deutscher Soziologe und Philosoph, Mitbegründer der Kritischen Theorie der neomarxistischen Frankfurter Schule, Hauptwerke: *Dialektik der Aufklärung* (1947, gemeinsam mit T. W. Adorno).

Hume, David (1711 – 1776): Englischer Philosoph, Vertreter eines strengen Empirismus.

Kant, Immanuel (1724 – 1804): Bedeutender deutscher Philosoph, Begründer der Transzendentalphilosophie, versuchte die Möglichkeiten und Grenzen der Erkenntnis, Moral und Ästhetik neu zu bestimmen. Hauptwerke: *Kritik der reinen Vernunft* (1781); *Kritik der praktischen Vernunft* (1788); *Kritik der Urteilskraft* (1790).

Kepler, Johannes (1571 – 1630): Deutscher Mathematiker, Astronom, Philosoph: Erbringt den Beweis, daß sich die Erde in elliptischen (ovalen) Bahnen um die Sonne bewegt. Die Keplerschen Gesetze der Planetenbewegung sind die ersten in mathematischer Form dargestellten Naturgesetze.

Kopernikus, Nikolaus (1473 – 1543): Polnischer Astronom, Philosoph, Humanist. Bestätigte durch Beobachtung das heliozentrische Planetensystem (Erde kreist um die Sonne, dem Mittelpunkt des Universums) und ersetzte das ptolomäische oder geozentrische Weltbild. (Kopernikanische Wende)

Leibniz, Gottfried Wilhelm (1646 – 1716): Bedeutender deutscher Gelehrter, Mathematiker, Jurist, Diplomat und Philosoph, Vertreter einer rationalistischen Metaphysik, formulierte die Monadenlehre. Hauptwerke: *Monadologie* (1714); *Theodizee* (1770).

Locke, John (1632 – 1704): Englischer Philosoph und Staatstheoretiker, Begründer des Empirismus. Hauptwerke: *Über den richtigen Gebrauch des Verstandes* (1690); *Zwei Abhandlungen über die Regierung* (1690).

Marx, Karl (1818 – 1883): Bedeutender deutscher Ökonom, Philosoph und Revolutionär, Begründer des Dialektischen Materialismus, Kritiker und Analytiker der bürgerlichen Gesellschaft. Hauptwerke: *Die deutsche Ideologie* (1845); *Das Kapital* (1885/94).

Montesquieu, Charles-Louis de (1689 – 1755): Französischer Rechts- und Geschichtsphilosoph der Aufklärung, forderte die Trennung der Gewalten im Staat. Hauptwerk: *Vom Geist der Gesetze* (1753).

Newton, Isaac (1643 – 1727): Englischer Physiker; Entdecker der Gesetze der Schwerkraft, erfand zeitgleich mit Leibniz die Differentialrechnung.

Nietzsche, Friedrich (1844 – 1900): Deutscher Schriftsteller, Philosoph und Kulturkritiker. Hauptwerke: *Der Geburt der Tragödie aus dem Geist der Musik* (1872); *Also sprach Zarathustra* (1885).

Pascal, Blaise (1623 – 1662): Französischer Mathematiker und Philosoph, dessen scharfes Denken sich zwischen rationaler Wissenschaft und radikaler Religionsität bewegt.

Platon (428 – 348 v Chr.): Griechischer Philosoph, Schüler des Sokrates; Begründer der Akademie in Athen. Die von Platon entwickelte Ideenlehre macht eine scharfe Trennung zwischen Wesen und Erscheinung. Sie wurde maßgeblich für die Philosophien des Idealismus.

Hauptwerke: *Apologie; Politeia* (Über den Staat).

Rousseau, Emile (1712 – 1778): Französischer Philosoph, Schriftsteller und Musiker, der Kritik am Rationalismus der Aufklärung übte. Hauptwerk: *Der Gesellschaftsvertrag* (1762).

Sartre, Jean-Paul (1905 – 1980): Französischer Schriftsteller und Philosoph, bedeutendster Vertreter des Existentialismus, 1964 Nobelpreis. Hauptwerk: Das Sein und das Nichts (1943).

Schelling, Friedrich Wilhelm Joseph (1775 – 1854): Bedeutender deutscher Philosoph der Romantik, Vertreter einer idealistischen Identitätsphilosophie, die die Einheit von Natur und Geist behauptet.

Spengler, Oswald (1880 – 1936): Deutscher Kulturphilosoph, Vertreter einer zyklischen Geschichtsauffassung, die durch Auf- und Untergang der Kulturen gekennzeichnet ist. Hauptwerk: *Der Untergang des Abendlandes* (1919).

Schopenhauer, Arthur (1788 – 1860): Deutscher Philosoph, Vertreter eines radikalen Pessimismus und einer Mitleidsethik. Hauptwerk: *Die Welt als Wille und Vorstellung* (1819).

Sokrates (ca. 470 – 399 v. Chr.): Griechischer Philosoph und Ethiker, der mit seiner Methode des Dialogs die Lehrbarkeit der Tugend und ein Wissen des Nichtwissens demonstrieren wollte.

Spinoza, Baruch (1632 – 1677): Holländischer Philosoph, Vertreter eines philosophischen Pantheismus und einer rationalistischen Ethik. Hauptwerke: *Theologisch-ethischer Traktat* (1670); *Ethik* (1677).

Voltaire, (1694 – 1778): Bedeutender französischer Schriftsteller und Philosoph der Aufklärung, Mitarbeiter an der Enzyklopädie.

Weber, Max (1864 – 1920): Deutscher Ökonom und Soziologe. Hauptwerk: *Die protestantische Ethik und der Geist des Kapitalismus* (1920); *Wirtschaft und Gesellschaft* (1921).

Nach: Konral Liessmann; Gerhard Zenathy: *Vom Denken. Einführung in die Philosophie.*

Kommentierte Literaturliste

Allgemeine Nachschlagewerke

Für den Unterricht mit dem vorliegenden Lehrwerk sind einige Nachschlagewerke notwendig, die unserer Meinung nach unverzichtbar sind.

Das erste ist ein mehrbändiges Lexikon. Empfehlenswert sind *Meyers Lexikon*, das *Fischerlexikon* oder das *dtv-Lexikon*.

Als einsprachiges Wörterbuch ist *Langenscheidts Großwörterbuch Deutsch als Fremdsprache* notwendig.

Zur kulturgeschichtlichen und geschichtlichen Information schlagen wir folgende Bücher vor:

- Müller, Helmut: *Deutsche Geschichte in Schlaglichtern.* Mannheim 1996
- Kinder, Hermann; Hilgemann, Werner; Hergt, Manfred: *dtv-Altas zur Weltgeschichte.* 2. Aufl. München 2008

Deutsche Schulbücher vermitteln Geschichte anschaulich. Z. B.

- Schmid, Heinz Dieter u. a (Hg.) : *Fragen an die Geschichte.* Frankfurt/Main 1984

Empfehlenswert sind weiterhin:

- *Kunst – Die Weltgeschichte.* Mailand, Köln 1997
- Potthorn, Herbert: *Das große Buch der Baustile.* München 1997
- Hattstein, Markus: *Weltreligionen.* Köln 1997

Philosophiegeschichten

Der Roman Sofies Welt ist eine sehr gut zu lesende Einführung in die Geschichte der Philosophie, die sich auch hervorragend als Unterrichtsbegleiter eignet. Der Roman ist auch ins Chinesische übersetzt. Zum besseren Verständnis wurde ein Lexikon herausgegeben.

- Gaarder, Jostein: *Sofies Welt.* Roman über die Geschichte der Philosophie. München, Wien 2000
- Böhmer, Otto: *Sofies Lexikon.* München, Wien 1997

Noch eine Philosophiegeschichte für junge Leute:

- Simon-Schäfer, Roland: *Kleine Philosophie für Berenike.* Stuttgart 1996

Hier weitere wissenschaftliche, aber dennoch gut lesbare Bücher:

- Friedell, Egon: *Kulturgeschichte der Neuzeit.* 2 Bde. 9. Aufl. München 1991
- Helferich, Christoph: *Geschichte der Philosophie.* 2. Aufl. Stuttgart 1992
- Russel, Bertrand: *Denker des Abendlandes. Eine Geschichte der Philosophie.* Stuttgart 1976
- Spierling, Volker: *Kleine Geschichte der Philosophie. 50 Portraits von der*

Antike bis zur Gegenwart. München 1992
- Skirbekk, Gunnar: *Geschichte der Philosophie*. Frankfurt/Main 1993
- Störig, J. H.: *Kleine Weltgeschichte der Philosophie*. Frankfurt/Main 1993
- Weimer, Alois: *Spuren des Denkens: Geschichten um Philosophen*. Frankfurt/Main 1993
- Weischedel, Wilhelm: *Die philosophische Hintertreppe. 34 große Philosophen im Alltag und Denken*. 24. Aufl. München 1994

Nachschlagewerke zur Philosophie

Unter den vielen Lexika fanden wir diese am verständlichsten:

- Hügli, Anton; Lübke, Paul (Hg.): *Philosophenlexikon. Personen und Begriffe der abendländischen Philosophie*. Reinbek bei Hamburg 1998
- Kunzmann, Peter u. a.: *dtv-Atlas zur Philosophiegeschichte*. München 1993
- Lutz, Bernd (Hg.): *Metzler Philosophenlexikon*. Stuttgart 2003
- Prechtl, Peter; Burkhard, Franz-Peter (Hg.): *Metzler Philosophielexikon*. Stuttgart 2008
- Schüler Duden: *Die Philosophie*. Mannheim 2001

Literaturliste

Apel, Max; Ludz, Peter: *Philosophisches Wörterbuch.* Berlin, New York 1976

Bahr, Erhard (Hg.): *Was ist Aufklärung? Thesen und Definitionen.* Stuttgart 1986

Böhmer, Otto: *Sofies Lexikon.* München, Wien 1997

Braun, Eberhard; Heine, Felix u. a.: *Politische Philosophie.* Reinbek bei Hamburg 1984

Brockhaus: *Enzyklopädie in 24 Bänden.* 19. v. neu bearb. Aufl. Mannheim 1992

Descartes, René: *Abhandlung über die Methode des richtigen Vernunftgebrauchs und der wissenschaftlichen Wahrheitsforschung.* Stuttgart 1990

D'Holbach, Paul Thiry: *System der Natur.* Frankfurt/Main 1978

Elias, Norbert: *Über den Prozess der Zivilisation.* Bd. 1. 17. Aufl. Frankfurt/Main 1992

Freud, Sigmund: *Abriss der Psychoanalyse. Das Unbehagen in der Kultur.* Frankfurt/Main 1972

Freud, Sigmund: *Das Ich und das Es.* Frankfurt/Main 1942

Freud, Sigmund: *Die Traumdeutung.* Frankfurt/Main 1942

Friedell, Egon: *Kulturgeschichte der Neuzeit.* 2 Bde. 9. Aufl. München 2000

Gaarder, Jostein: *Sofies Welt. Roman über die Geschichte der Philosophie.* München, Wien 2000

Gössmann, Wilhelm: *Deutsche Kulturgeschichte im Grundriss.* Ismaning 1996

Götz; Dieter u. a. (Hg.): *Langenscheidts Großwörterbuch Deutsch als Fremdsprache.* Berlin und München 1997

Hattstein, Markus: *Weltreligionen.* Köln 1997

Hegel, Georg Wilhelm Friedrich: *Wissenschaft der Logik.* Frankfurt/Main 1969

Helferich, Christoph: *Geschichte der Philosophie.* 2. Aufl. Stuttgart 1992

Henke, Roland u. a.: *Zugänge zur Philosophie.* Grundband für die Oberstufe. Berlin 1995

Hügli, Anton; Lübke, Paul (Hg.): *Philosophenlexikon. Personen und Begriffe der abendländischen Philosophie.* Reinbek bei Hamburg 1998

Kafka, Franz: *Der Prozess.* Frankfurt/Main 1982

Kant, Immanuel: *Kritik der reinen Vernunft*, zit. nach Skirbekk und Gilje: *Geschichte der Philosophie.* Band 2. Frankfurt/Main 1993

Kinder, Hermann; Hilgemann, Werner; Hergt, Manfred: *dtv-Atlas zur Weltgeschichte.*

2. Aufl. München 2008

Koch, Wilfried: *Baustilkunde. Das große Standardwerk zur europäischen Baukunst von der Antike bis zur Gegenwart.* München 1994

Kunst – Die Weltgeschichte. Mailand, Köln 1997

Kunzmann, Peter u. a.: *dtv-Atlas zur Philosophiegeschichte.* München 1993

Laplange, J.; Pontalis, J.-B.: *Das Vokabular der Psychoanalyse.* 11. Aufl. Frankfurt 1992

Laugenbach, Wilhelm: *Weltgeschichte im Aufriss.* Frankfurt/Main 1978

Le Goff, Jacques: *Die Geschichte Europas.* Frankfurt/Main 1997

Leibniz, G. W.: *Unvorgreifliche Gedanken betreffend die Ausübung und Verbesserung der deutschen Sprache.* 2 Aufsätze. U. Pörksen (Hg.). Stuttgart 1983

Liessmann, Konrad; Zenathy, Gerhard: *Vom Denken. Einführung in die Philosophie.* München 1987

Lohmann, Hans-Martin: *Freud zur Einführung.* Hamburg 1987

Lutz, Bernd (Hg.): *Metzler Philosophenlexikon.* Stuttgart 2003

Mannomi, Octave: *Freud.* Reinbek bei Hamburg 1988

Müller, Helmut: *Deutsche Geschichte in Schlaglichtern.* Mannheim 1990

Müller, Max; Halder, Alois: *Kleines philosophisches Wörterbuch.* Freiburg 1971

Nagel, Thomas: *Was bedeutet das alles? Eine ganz kurze Einführung in die Philosophie.* Stuttgart 1990

Nietzsche, Friedrich: *Jenseits von Gut und Böse.* Stuttgart 1988

Orlandi, Enzo: *Dürer und seine Zeit.* Wiesbaden 1970

Potthorn, Herbert: *Das große Buch der Baustile.* München 1997

Prechtl, Peter; Burkhard, Franz-Peter (Hg.): *Metzler Philosophielexikon.* Stuttgart 2008

Rousseau, Jean-Jacques: *Gesellschaftsvertrag.* Stuttgart 1977

Russel, Bertrand: *Denker des Abendlandes. Eine Geschichte der Philosophie.* Stuttgart 1976

Sartre, Jean-Paul: *Drei Essays.* Berlin 1963

Schmid, Heinz Dieter u. a. (Hg.): *Fragen an die Geschiche* Bd. 1 u. 2. Frankfurt/Main 1984

Simon-Schäfer, Roland: *Kleine Philosophie für Berenike.* Stuttgart 1996

Spierling, Volker: *Kleine Geschichte der Philosophie. 50 Portraits von der Antike bis zur Gegenwart.* München 1992

Spengler, Oswald: *Der Untergang des Abendlandes*. München 1923/1979

Skirbekk, Gunnar: *Geschichte der Philosophie*. Bd. 1 u. 2. Frankfurt/Main 1993

Spinoza, Baruch de: *Die Ethik*. Stuttgart 1990

Störig, Hans Joachim: *Kleine Weltgeschichte der Philosophie*. Frankfurt/Main 1993

Warburton, Nigel: *Was können wir wissen, was dürfen wir tun?* Einstieg in die Philosophie. Reinbek bei Hamburg 1998

Weischedel, Wilhelm: *Die philosophische Hintertreppe. 34 große Philosophen im Alltag und Denken*. 24. Aufl. München 1994

Weimer, Alois: *Spuren des Denkens: Geschichten um Philosophen*. Frankfurt/Main 1993

Grundfragen der Philosophie	**Mittelalter** **ca. 500 – 1500 nach Chr.**	**René Descartes** **1596 – 1650**	**Benedictus de Spinoza** **1632 – 1677**
Was ist der Mensch?			
Welche Bedeutung hat die Religion?			
Wer bestimmt die Werte? (Gesetz, Recht, Macht)			
Wahrheit Erkenntnis			
Glück und Freiheit			

Grundfragen der Philosophie	**G. W. Leibniz 1646 – 1716**	**John Locke 1632 – 1704**	**Immanuel Kant 1724 – 1804**
Was ist der Mensch?			
Welche Bedeutung hat die Religion?			
Wer bestimmt die Werte? (Gesetz, Recht, Macht)			
Wahrheit Erkenntnis			
Glück und Freiheit			

Grundfragen der Philosophie	Aufklärung Französische Revolution 1789	Jean-Jacques Rousseau 1712 – 1778	Georg Wilhelm Friedrich Hegel 1770 – 1831
Was ist der Mensch?			
Welche Bedeutung hat die Religion?			
Wer bestimmt die Werte? (Gesetz, Recht, Macht)			
Wahrheit Erkenntnis			
Glück und Freiheit			

Grundfragen der Philosophie	Karl Marx 1818 – 1831	Friedrich Nietzsche 1844 – 1990	Anfang des 20. Jahrhunderts
Was ist der Mensch?			
Welche Bedeutung hat die Religion?			
Wer bestimmt die Werte? (Gesetz, Recht, Macht)			
Wahrheit Erkenntnis			
Glück und Freiheit			

Grundfragen der Philosophie	Sigmund Freud 1956 – 1939	Jean-Paul Sartre 1905 – 1980	
Was ist der Mensch?			
Welche Bedeutung hat die Religion?			
Wer bestimmt die Werte? (Gesetz, Recht, Macht)			
Wahrheit Erkenntnis			
Glück und Freiheit			

Zeit	Europäische Geschichte	Kultur/Wissenschaft/Technik
ca. 1900 – 1500		
1500 – 1122		
1122/1050 – 249		
722 – 481		
	Griechenland	
776	Olympische Spiele	um 750 Homers „Ilias“ und „Odyssee“
750 – 550	**Griechische Kolonisation** an Küsten des Mittelmeeres u. Schwarzen Meeres	Satz des Pythagoras, Magnetismus **Klassische Kunst:** Zeustempel in Olympia
431 – 404	Peloponnesischer Krieg zwischen Athen und Sparta; Niederlage Athens	Tragödie: Aischylos, Sophokles, Euripides Komödie: Aristophanes
336 – 323	**Alexander der Große** erobert Persien und errichtet ein Weltreich	**Geschichtsschreibung:** Herodot **Ausbreitung der griech. Kultur** (Hellenismus): Euklid: Geometrie, Archimedes: Hebelgesetz
221 – 206		
	Römisches Reich	
ab 250	Aufstieg Roms zur vorherrschenden Macht im Mittelmeerraum	Römisches Recht **Horaz, Tacitus**
202 – 209		
209 – 223		
225 – 200		
200 – 280		
265 – 317		
304 – 581		

Europäische Philosophie	China	Zeit
	Epoche d. halblegendären Xia-Dynastie Frühbronzezeitliche Erlitou Kultur Shang-Dynastie Bronzezeit Zhou-Dynastie	ca. 1900 – 1500 1500 – 1122 1122/1050 –249
	Chunqiu-(Frühlings- u. Herbst-) Periode	722 – 481
Vorsokratiker Suche nach dem Urprinzip, Urstoff Thales (625 – 545), Pythagoras (580 – 500), Heraklit (536 – 470)	*Konfuzius* (551 – 479) redigiert chinesische Klassiker	776 750 – 550
Klassische griechische Philosophie **Sophisten:** lehren Skeptizismus und Relativismus	Zhanguo-Periode (475 – 221)	431 – 404
Protagoras (480 – 410)	Zeit der Streitenden Reiche	**336 – 323**
SOKRATES (ca. 470 – 399): sokratischer Dialog, scheinbares Wissen PLATON: (427 – 347): über ewige Ideen und gerechten Idealstaat ARISTOTELES (384 – 322): Höhepunkt des systematischen Denkens	Klassische Zeit des Feudalismus *Laotse, Mo Di, Mengzi* *Shang Yang*	
	Einigung unter der Qin-Dynastie Kaiser *Qin Shi Huangdi* Bau des Großen Erdwalles	221 – 206
Hellenistische und römische Philosophie Athen wird „Weltuniversität"		ab 250
	Westliche Han-Dynastie Kaiser *Liu Che (Wudi)* (141 – 87) Ausgreifen nach Zentralasien Historiker *Sima Qian* (145 – 86), Aufblühen der konfuzianischen Schule	202 – 209
	Xin Dynastie Östliche Han-Dynastie, (*Liu Xiu*)	209 – 223 225 – 200
	Eroberungen in Zentralasien u. Annam Han-Annalen, Vordringen des Buddhismus	
	Sanguo-Periode: „Drei Reiche" Shu, Wei und Wu Kunst: *Cao Fuxing in Wu*	200 – 280
	Westliche Jin-Dynastie Übersetzungen buddhistischer Schriften	265 – 317
	Epoche der 16 Staaten (Shiliuguo) in Nordchina	304 – 581

Zeit	Europäische Geschichte	Kultur/Wissenschaft/Technik
304 – 581		
317 420 ab 375	**Völkerwanderung** Einfall der Hunnen	
391	Christentum als Staatsreligion im Römischen Reich	
395	**Teilung des Römischen Reiches** in ein West-und ein Ostreich	
476	**Ende des Weströmischen Reiches**	
386 – 535		
420 – 589		
ab 500	**Mittelalter: 500 – 1500** Aufstieg der Franken	
581 – 619		
618 – 908		
800	**Karl der Große** wird zum Kaiser gekrönt; Frankenreich	Klöster als Kultur- und Bildungsträger ***Althochdeutsche Literatur:*** 750 – 1100 hauptsächlich geistige Dichtung: Hildebrandlied
907 – 979 907 – 1125		

Europäische Philosophie	China	Zeit
	Xiongnu, Tibeter, Tungusen u. a. gründen Staaten Einfluss des Buddhismus (Dunhuanghöhlen)	304 – 581
Epikureer: Maßvoller Genuss als höchstes Gut Epikur (341 – 271), Lukrez (96 – 55)	Östliche Jin-Dynastie in Südchina	317 420 ab 375
Stoiker: leidenschaftslose Pflichterfüllung nach Vernunft Zenon v. Kition (336 – 263), Cicero (105 – 43), Seneca (4 – 65)		391
Skeptiker: leugnen jede sichere Erkenntnis		**395** **476**
	Wei-Dynastie des Turkvolkes Toba in Nordchina Buddhistische Höhlentempel Long Men	386 – 535
	Süddynastien: (Nanchao) in Südchina: Frühe Song (420 – 479) Südl. Qi (479 – 502), Südl. Liang (502 – 557), Chen (557 – 589) Entstehung der buddhist. Schulen Chan (jap. Zen) und Tiantai	420 – 589
		ab 500
	Sui-Dynastie eint 589 ganz China Bau des Kaiserkanals Höhlentempel von Yun Gang	581 – 619
	Tang-Dynastie: Großreich des Mittelalters Blüte der Dichtkunst, Kalligraphie, Malerei Kaiser *Li Shimin* (626 – 649): chin. Herrschaft in Zentralasien Kaiser *Li Longji (Xuanzong)* (712 – 756) Niedergang des Tang-Reiches (Araber, Tibeter, Aufstände) Dichter: *Li Bai, Du Fu*	618 – 908
Frühes Christentum und Mittelalter **Patristik**: Kirchenväter: Augustinus (354 – 430) **Scholastik** (etwa 8. – 16. Jh.): Glaubenswahrheit als Vernunftererkenntnis Anselm von Canterbury (1033 – 1109)	Über Zentralasien Kontakte zum Westen Kenntnis der Papierherstellung im Westen Fünf Dynastien im Norden	**800**
Thomas v. Aquin (1242 – 74)	Zehn Reiche im Süden	907 – 979
	Kitan-Reich: Dynastiename Liao (seit 947) in der Mandschurei, später in Teilen Nordchinas	907 – 1125

Zeit	Europäische Geschichte	Kultur/Wissenschaft/Technik
960 – 1279		
1032 – 1227		
1096	Beginn der Kreuzzüge zur Eroberung Jerusalems durch das Christentum	***Mittelhochdeutsche Literatur:*** 1100 – 1400 Nibelungenlied (um 1200), Hartmann von Aue, Minnesang: Walther von der Vogelweide Gotik (1150 – 1450): besonders Kathedralen
1115 – 1234		
1206 – 1227		
1210 – 1215		
1260 – 1294		
1453	**Ende des Oströmischen Reiches**	Gutenberg druckt die Bibel (1452)
1492	**Kolumbus landet in Amerika**	Vasco da Gama entdeckt den Seeweg nach Indien (1498)
1368 – 1644		
	Ab 1500 NEUZEIT	
	Renaissance: 1500 – 1600	
1517	**Beginn der Reformation**	Kopernikus: Die Erde dreht sich um die Sonne (1514)
1524/25 1545 – 1563	Thesenanschlag Martin Luthers Bauernkrieg in Deutschland Gegenreformation und Reformen in der katholischen Kirche	Luthers Bibelübersetzung (1524) Humanismus: Erasmus von Rotterdam Renaissance: Leonardo da Vinci, Raffael, Michelangelo Spätgotik: A. Dürer, H. Bosch
1599 – 1911 seit 1636 1644 – 1659		
	Barock: 1600 – 1720	
1618 – 48	**Dreißigjähriger Krieg**	*Barock:* 1600 – 1720

Europäische Philosophie	China	Zeit
	Song-Dynastie, neokonfuzianismus: *Zhu Xi* (1130 – 1200) Song-Malschulen	960 – 1279
	Xixia-Reich in Nordwestchina (Tanguten)	1032 – 1227
Meister Eckhart (1260 – 1327)	Letzte Grotten von Dunhuang	
		1096
	Tungusischen Nüzhen (Dynastiename Jin)	1115 – 1234
	Tschinggis Khan: Mongolenreich	
	Ende des Jin-Reiches, 1227 Annexion	1206 – 1227
	von Xixia	1210 – 1215
	Yuan-Dynastie (1271 – 1368):	
	Khubilai Khan	1260 – 1294
	Eroberung des Song-Reiches Kontakt mit islamischer Welt ...	
	... und dem Abendland, *Marco Polo*	**1453**
	Ming-Dynasie: *Zhu Yuan-zhang*	**1492**
	Große Mauer, Blüte der Romanliteratur	1368 – 1644
Renaissance-Philosophie	Papiergeldherstellung	**1517**
Überwindung der Scholastik	See-Expeditionen im Indischen Ozean, nach Arabien und Afrika	
Nikolaus von Kues (1401 – 1464)		1524/25
N. Machiavelli (1469 – 1527)		1545 – 1563
Thomas Morus (1478 – 1538)		
	Reich der Mandschuren:	1599 – 1911
	Dynastiename Jin	seit 1636
	Qing-Dynastie	1644 – 1659
	Eroberung Chinas, bis 1757 Annexion Ostturkestans und Tibets	
Empiristen: bauen ihre Systeme ausgehend v. d. Einzelerfahrung auf	Blüte der Romanliteratur	**1618 – 48**

Zeit	Europäische Geschichte	Kultur/Wissenschaft/Technik
1648	Westfälischer Frieden	Literatur: M. Opitz, Andreas Gryphius, Grimmelshausen
1661 – 1715	Ludwig XIV: „Der Staat bin ich!“ Absolutismus in Frankreich	Kunst: Prachtbauten (Vorbild: Versailles) Malerei: Rubens, Rembrandt
1688/89	Glorious Revolution, Bill of Rights Redefreiheit, Parlamentarismus	Galilei: klassische Physik Keppler: Planetenbewegung Isaac Newton: Gravitationsgesetze
	Aufklärung: 18. Jahrhundert	
1740 – 1786	Friedrich Ⅱ. König von Preußen Aufgeklärter Absolutismus	***Aufklärung:*** 18. Jahrhundert Voltaire, G. E. Lessing Musik: J. Haydn, W. A. Mozart James Watt: Dampfmaschine (1769) James Cook entdeckt Australien (1770)
1776	Amerikanische Unabhängigkeitserklärung	
	Französische Revolution: 1789 – 1799	
1789	Französische Revolution Erklärung der Menschen- und Bürgerrechte	***Weimarer Klassik:*** 1786 – 1832 Frühe Werke von Schiller und Goethe Musik: Beethoven
	19. Jahrhundert	
1804 – 14 **1806**	Napoleon Ⅰ. Kaiser in Frankreich **Ende des Hl. Römisches Reiches Deutscher Nation**	***Romantik:*** 1795 – 1840 Hölderlin, Novalis, H. von Kleist, C. Brentano, J. von Eichendorff
1815	Wiener Kongress: Restauration	Musik: F. Schubert, R. Schumann, F. Chopin
1832	Hambacher Fest: Demonstration des liberalen Bürgertums	***Vormärz:*** 1830 – 1848 Heinrich Heine, Georg Büchner

Europäische Philosophie	China	Zeit
Frances Bacon (1561 – 1626): induktive Methode, Philosophie als Wissenschaft		**1648**
Thomas Hobbes (1588 – 1679): Staatstheorie John LOCKE (1632 – 1704): Leere Tafel; Ideen aus der Erfahrung	Einfluss aus dem Westen	1661 – 1715
David Hume (1711 – 1176) Zweifel an Erkennbarkeit der Außenwelt **Rationalisten**: Leiten ihre Systeme aus angeborenen Ideen ab R. DESCARTES (1596 – 1650): deduktive Methode, Erkenntnis durch Denken, Leib-Seele-Dualität B. de Spinoza (1632 – 1677): Seele und Materie, Pantheismus G. W. LEIBNIZ (1656 – 1712): Monadenlehre		1688/89
Französische Aufklärungsphilosophie: Ch. de Montesquieu (1689 – 1755): Gewaltenteilung J. -J. ROUSSEAU (1712 – 1778): Gesellschaftsvertrag, Kulturpessimismus		**1740 – 1786**
		1776
Synthese von Empirismus und Rationalismus bei Immanuel KANT (1724 – 1804): Gesicherte Erkenntnis nur d. Verbindung v. empirischer Anschauung mit apriorischen Kategorien Moralische Gebote müssen für alle Menschen gelten (Kateg. Imperativ)		1789
		1804 – 14
Deutscher Idealismus		**1806**
J. G. Fichte (1762 – 1814): Grundlage d. Ph. ist Ich (subjektiver Idealismus) F. W. J. Schelling (1775 – 1854): Identitätsphilosophie (objektiver Idealismus)		1815
G. W. F. HEGEL (1770 – 1831): Dialektik als Methode, absoluter Idealismus		1832

Zeit	Europäische Geschichte	Kultur/Wissenschaft/Technik
1848	**Revolutionäre Unruhen** in Europa Nationalversammlung in der Frankfurter Paulskirche	Beginn der Industrialisierung: Entstehung des Proletariats und der Arbeiterbewegung ***Poetischer Realismus:*** 1848 – 1890 Th. Storm, Th. Fontane, G. Keller
1866	Preußisch-Österreichischer Krieg Preußische Vorherrschaft in Deutschland	Ab 1850 große Fortschritte in den Naturwissenschaften Darwin: Evolutionstheorie Elektromagnetismus
1870/71	Deutsch-Französischer Krieg: **Proklamation des Deutschen Kaiserreichs** in Versailles	Entstehung der Großindustrie Imperialismus: Aufteilung Afrikas und Asiens Musik: R. Wagner, J. Brahms, P. Tschaikowsky Impressionismus: Renoir, Manet
1871 – 90	O. v. Bismarck: dt. Reichskanzler: Trennung Kirsche-Staat	***Naturalismus:*** 1880 – 1900 G. Hauptmann
1900 – 01 1905 1911 1912	**20. Jahrhundert**	
1914 – 18	**Erster Weltkrieg**	Bedeutende Veränderung des Welt- und Menschenbildes Albert Einstein: Relativitätstheorie (1915) Sigmund Freud: Psychoanalyse ***Expressionismus:*** (1905 – 1925) E. Lasker-Schüler, G. Trakl, G. Benn Franz Kafka
1917	**Oktoberrevolution in Rußland**	Kunst: Abstrakte Malerei, Expressionismus, Kubismus, Surrealismus
1918	**Revolution in Deutschland:** Ende des Kaiserreichs	Musik: Zwölftonmusik (A. Schönberg) und Jazz
1918 – 33	**Weimarer Republik:** 1. deutsche Republik Frauenwahlrecht Friedensvertrag von Versailles	Episches Theater: B. Brecht
1929	„Schwarzer Freitag“ Beginn der **Weltwirtschaftskrise**	
1933	Hitlers Machtergreifung	Literatur unter dem Hakenkreuz

Europäische Philosophie	China	Zeit
Positivismus: Naturwissenschaftliche Verfahren und Ergebnisse A. Comte (1798 – 1857), J. Bentham (1746 – 1832), J. S. Mill (1806 – 73) S. Kierkegard (1813 – 55): Einzelsubjekt mit Angst als Grundgefühl A. Schopenhauer (1788 – 1860): pessimistisches Welt- u. Menschenbild	Erster Opiumkrieg (1840 – 1842) Taiping-Aufstand (1850 – 1862) Zweiter Opiumkrieg (1856 – 1858) Dritter Opiumkrieg (1859 – 1860)	**1848**
F. Nietzsche (1844 – 1900): Religionskritik, Werteverfall, Übermensch L. Feuerbach (1804 – 72): Kritik an christlicher Gottesvorstellung		1866
K. MARX (1818 – 1883): materialistisches Geschichts- und Gesellschaftsbild, Fortschritt als Ergebnis von Klassenkämpfen		**1870/71**
	Reformversuch (1898) von Kang Yu-Wei (1858 – 1927) und Liang Chi-Chao (1873 – 1929)	1871 – 90
	Boxeraufstand	1900 – 01
	Sun Yat-sen: *Chinesischer Revolutionsbund* (1866 – 1927)	1905
	Gründung der Republik (Zhonghuaminguo)	1911
	China wird Republik	1912
Neue Erkenntnis in Logik und mathematischer Grundlagenforschung **Wiener Kreis:** R. Carnap (1891 – 1970) **Analytische Philosophie:** Bertrand Russel (1872 – 1970) Bemühen um exakte Wissenschaftssprache führt zur Sprachphilosophie: L Wittgenstein (1889 – 1952)	4. Mai-Bewegung (1918)	**1914 – 18**
Sprachphilosophie: L Wittgenstein (1889 – 1952)		**1917**
		1918
Entwicklung des Marxismus führt zum Marxismus-Leninismus, Mensch als geworfener Entwurf	Gründung der Kommunistischen Partei Chinas (1921) Gründung der Volksbefreiungsarmee (1927)	**1918 – 33**
		1929
		1933

Zeit	Europäische Geschichte	Kultur/Wissenschaft/Technik
1934–35		
1937–45		
1939–45	**Zweiter Weltkrieg**	Innere Emigration, Exilliteratur
1945	Potsdamer Konferenz: Vier-Mächteherrschaft über Deutschland Atombomben auf Japan	Trümmerliteratur ***Zwei deutsche Literaturen*** Gruppe 47: Richter, Bachmann, Böll
	Nach 1945	
1948	UNO-Erklärung der Menschenrechte	
1949	**Gründung der Bundesrepublik Deutschland und der DDR**	
1950–53		
1958		
1961	Bau der Berliner Mauer	
1966–76		
1968	Studentenunruhen in der Bundesrepublik	
1969	W. Brandt Bundeskanzler: Ostpolitik	
1979		
ab 1985	Liberalisierung Osteuropas	
1989	Fall der Berliner Mauer	
1990	**Deutsche Einheit**	

Europäische Philosophie	China	Zeit
	Der Lange Marsch unter der Führung Mao Tse-tungs (1893 – 1976)	1934 – 35
	Widerstandskrieg gegen Japan	1937 – 45
Rückgriff auf frühen Marx		**1939 – 45**
(Entfremdung) und Hegels Dialektik: Kritik an moderner Industriegesellschaft		1945
Frankfurter Schule:		1948
M. Horkheimer (1895 – 1973) T. W. Adorno (1903 – 63)		
H. Marcuse (1898 – 1979) J. Habermas (∗ 1929)	Gründung der Volksrepublik	**1949**
	Koreakrieg	1950 – 53
	Der Große Sprung nach vorn	1958
	Bruch mit der Sowjetunion	
Existentialismus		1961
	Kulturrevolution	1966 – 76
J.-P. Sartre (1905 – 80): Mensch zur Freiheit verurteilt		1968
Postmoderne Kritik		1969
Subjektphilosophie und Ablehnung aller	Öffnung Chinas	1979
spätaufklärerischen Theorien, Hinwendung zu Pluralismus und Relativismus		ab 1985
M. Foucault (1926 – 84)		1989
J. F. Lyotard (∗ 1924)		**1990**